MARTIN GECK (Hrsg.)

... und über allem schwebt Richard

Martin Geck (Hrsg.)

… und über allem schwebt Richard

Minna Wagner und Cäcilie Avenarius:
Zwei Schwägerinnen im Briefwechsel

Georg Olms Verlag
Hildesheim · Zürich · New York
2021

Bibliografische Information der Deutschen Nationalbibliothek
Die Deutsche Nationalbibliothek verzeichnet diese Publikation in der
Deutschen Nationalbibliografie; detaillierte bibliografische Daten sind im
Internet über http://dnb.d-nb.de abrufbar.

© 2019 Martin Geck
© Georg Olms Verlag AG, Hildesheim 2021
www.olms.de
Gedruckt auf säurefreiem und alterungsbeständigem Papier
Einbandgestaltung: Kurt Blank-Markard, Berlin
Satz: Ditta Ahmadi, Berlin
ISBN 978-3-487-08627-9

INHALT

VORWORT

Zwei Schwägerinnen im Briefwechsel: Minna Wagner (1809–1866) und Cäcilie Avenarius (1815–1893). Da eine die Gattin des Komponisten, die andere seine Halbschwester war, nimmt es nicht Wunder, dass sich dieser Briefwechsel weitgehend um den Mann dreht, dem sich die Gattin trotz stärkster Verletzungen lebenslang verbunden fühlte, dem auch die Halbschwester im Wesentlichen die Treue hielt – ungeachtet ihres Widerwillens gegen Wagners private Eskapaden und ihrer Sympathie für die leidende Schwägerin.

Der Briefwechsel wird jedoch nicht nur innerhalb der engeren Wagner-Biografik auf Interesse stoßen, sondern auch bei interessierten Wagnerianern, die Leben und Schaffen des ›Meisters‹ für den Zeitraum von sieben Jahren aus dem Blickwinkel zweier ihm nahestehender Frauen betrachten wollen. Es geht vor allem um die Jahre 1859 bis 1866, also um die Zeit zwischen Vollendung und Uraufführung von »Tristan und Isolde«. Von den damaligen Ereignissen wissen die Schwägerinnen zwar nur aus zweiter Hand oder durch die Presse; gleichwohl bietet ihre Korrespondenz interessante Einblicke in den teils stärker, teils schwächer ausgeprägten »Richard«-Kult der Familie, aber auch in die Skepsis, mit der man seinen Affairen begegnete. Charakteristisch ist ein Brief der Schwester Luise Brockhaus vom 31. Dezember 1865. Dort beklagt sie sich darüber, dass Wagner nicht einmal zum Tode ihres Mannes kondoliert habe, fährt jedoch fort: »Dein bewegtes sturmvolles Leben kann Dir – das sehe ich wohl – wenig Zeit zu Familien-Briefen übrig lassen aber ein Wort der schwesterlichen Theilnahme wirst Du freundlich aufnehmen.«*

Aus erster Hand – wenngleich höchst subjektiv gefärbt – kann Minna Wagner über den Pariser »Tannhäuser«-Winter 1860/61 berichten. Aufschlussreich sind auch ihre Erinnerungen an die Rigaer und Pariser Jahre. Hingegen ist ihre Schilderung der Wesendonck-

---

* S. Anmerkungen, S. 234ff.

Affaire vermutlich mehr Zeugnis ihrer – verständlichen –Verletztheit als Tatsachenbeschreibung. Jedoch ist es ein Akt der Gerechtigkeit, ihrer Stimme hier noch einmal ausdrücklich das Wort zu erteilen – was Friedrich Herzfeld, ihr erster Biograf, sträflich unterlassen hat:* Herzfeld kommt zwar das Verdienst zu, aus dem hier erstmals vollständig abgedruckten Briefwechsel mit Cäcilie Avenarius ausführlich zitiert zu haben; jedoch erscheint Minna angesichts des vom Autor gepflegten Heroenkults in so schlechtem Licht, dass man sich geradezu schämt, aus der Vielzahl entsprechender Äußerungen zu zitieren. Inzwischen haben Eva Rieger und Sibylle Zehle in ihren Büchern über Minna Wagner die Gewichte neu verteilt.*

Als Herausgeber des Briefwechsels verzichte ich auf eine detaillierte neuerliche Gewichtung; vielmehr sollen die Dokumente möglichst für sich sprechen. Schon gar nicht will ich Abschließendes zu dem in vielen Facetten schillernden Verhältnis zwischen Minna und Richard Wagner sagen. Und so gern ich als Wagner-Forscher registriere, dass der Briefwechsel Wagners Biografie um einige Nuancen bereichert – recht eigentlich geht es mir nicht um die Namen Wagner oder Avenarius, sondern um ein Stück Alltagsgeschichte. Diese wird einem selten so kompakt geboten wie in dem vorliegenden – im Wesentlichen auf ein knappes Jahrzehnt konzentrierten – Briefwechsel: Es geht ja nicht nur um Wagner – dieses Aspektes mag man mit zunehmender Lektüre müde werden, ohne ihn jedoch ausblenden zu können. Vor weiterem Horizont fesselt die Lebensrealität zweier bürgerlicher Frauen um die Mitte des 19. Jahrhunderts. Da fällt Licht auf ihre familiären Freuden und Sorgen – inklusive Empfindlichkeiten und Klatschereien. Man nimmt Teil an ihrem Lebensstil, ihrem Umgang mit Dienstboten, ihren Krankheiten und diversen Kuren.

Womöglich wird es Medizinhistoriker nicht überraschen, was Minna Wagner und Cäcilie Avenarius sich gegenseitig über ärztliche Verschreibungen und Anwendungen von Hausmitteln mitteilen. Mich selbst hat jedoch verblüfft, wie selbstverständlich etwa von »Digitalis, Chinin, Morfium u. s. w.« die Rede ist; und wie umstandslos die beiden Frauen auf Kuren geschickt werden, ohne dass es eine zureichende Indikation gegeben hätte. Vor allem hat mich das Leiden beider Frauen berührt – doch auch ihr Wille, dieses Leiden solidarisch zu teilen.

Gerade zur »Tristan«-Zeit geht es in Wagners Opern und musikalischen Dramen um die höchsten Höhen der Liebe und die Abgründe tiefster Qual; zugleich sind da zwei Frauen in der nächsten Umgebung des Komponisten, die *realiter* lieben und *realiter* leiden. Und beides läuft geradezu bewusstlos nebeneinander her! Man denkt an Schopenhauers blinden Weltwillen: Der Künstler Wagner gibt ihm – unter ausdrücklicher Berufung auf den Philosophen – auf der Bühne im hohen Stil das Wort, während die zwei Frauen, ohne viel von Schopenhauer zu wissen, sich diesem Weltwillen – nolens? volens? – unterwerfen.

Bis auf weiteres gehört wohl beides in die Welt; und vermutlich bedingt sogar eins das andere. Seitens der Kunst könnte es jedoch sinnvoll sein, beide Sphären getrennt zu halten: Die Vorstellung des modernen ›Regietheaters‹, man dürfe empirisches Leiden etwa eins zu eins in die ›Handlung‹ von »Tristan und Isolde« übersetzen, ist heikel; denn auf der Bühne droht eine Not die andere herabzuwürdigen: Leicht lässt sich die pathetische Geste denunzieren und ebenso leicht das Alltägliche trügerisch überhöhen. Zu den Geheimnissen anrührender Musik gehört, dass sie zwar aus ihrer jeweiligen Zeit heraus entsteht, jedoch den Augenblick sowohl des Schöpfers als auch des Hörers transzendiert.

Selbst die krassen Widersprüche in Wagners menschlichen Zügen müssen und dürfen als solche stehen bleiben. Es war nicht nur Verbitterung, die Minna Wagner sagen ließ: »Der Künstler ist *groß*, der Mensch desto *kleiner*.«

Auch sei vorsorglich betont, dass der nachfolgende Briefwechsel naturgemäß nur die Sicht der beiden Schreiberinnen auf Wagner spiegelt und somit dem Komponisten nicht gleichermaßen gerecht werden muss. Dass Minna bis zum Ende ihres Lebens an ihrem Mann gehangen hat, ist nicht allein im Sinne von Gattentreue oder gar weiblicher Schwäche zu deuten. Ebenso wenig taugt die von ihr selbst betonte ökonomische Abhängigkeit von ihrem Mann als ausschließliches Erklärungsmuster. Vielmehr wäre es lohnend, im Kontext des nachfolgend mitgeteilten Briefwechsels der Schwägerinnen auch

Wagners Briefe an Minna in den Blick zu nehmen, also gleichsam die umgekehrte Blickrichtung zu wählen. Man würde dann feststellen, dass Wagners Briefe an seine Frau weder von reiner Verständnislosigkeit oder Empathiearmut geprägt sind, noch Gegenteiliges bloß theatralisch vortäuschen. Es gibt in diesen Schreiben berührende Momente von Fürsorglichkeit und deutlicher Bemühungen, der Frau entgegenzukommen, ihr also nicht nur im habituellen Klageton zu begegnen, sondern sie von Fall zu Fall auch aufzuheitern. Vergleiche dazu in den Anmerkungen die Verweise von Martin Dürrer auf die in diesem Briefwechsel erwähnten Briefe Richard Wagners. Immerhin wird Wagner seiner zweiten Frau Cosima, von der er sich verstanden fühlt, in einem anderen Modus begegnen – nämlich mit großer, auch deutlich ausgesprochener Dankbarkeit.

Solche Erwägungen können zwar das Unrecht, das Minna in ihrer subjektiven Wahrnehmung erleidet, nicht tilgen; sie relativieren jedoch die Rücksichtslosigkeiten, für die Wagner selbst bei aller Egozentrik durchaus ein Gespür hat. Wer seine Kunst schätzt, muss auch *diesen* Widerspruch aushalten: Nichts geht ihm über den – selbst angesichts der Nachricht von Minnas Tod strikt durchgehaltenen – Willen, »Werke zu schaffen und zu vollenden«.* Fraglos behandelt er die Personen in seiner Umgebung weniger als gleichrangige Subjekte denn als willig ihm zuarbeitende Objekte. Man darf diese Haltung verstörend finden – speziell das von ihr geprägte Frauenbild, das freilich auch den meisten seiner weiblichen Bühnenfiguren den Weg vorzeichnet: Aufopferung bis in den Tod. Man mag gleichwohl als Musikhistoriker die Frage stellen, wer von Wagners Kollegen eine höhere Ehemoral aufgebracht hätte – etwa Haydn, Rossini oder Verdi? Und man kann bezweifeln, dass jene anderen von vornherein moralisch ›besser‹ waren, die sich auf das Unternehmen Ehe erst gar nicht einließen: Händel, Beethoven, Schubert, Brahms, Bruckner, Tschaikowsky! Im Vergleich zu ihnen lag Wagners ›Fehler‹, leicht zynisch gesprochen, womöglich vor allem darin, sich als öffentliches Medium für vielerlei Klatschgeschichten immer neu anzubieten und zudem die eigenen Eskapaden zur stillen Freude der Nachwelt ausufernd zu dokumentieren.

Der hier erstmals veröffentlichte Briefwechsel* ist insofern bemer-
kenswert, als nach Wissensstand des Herausgebers bisher keine Briefe
von Cäcilie Avenarius im Druck erschienen sind. Minna Wagners
Briefe an Cäcilie Avenarius blieben gleichfalls bisher unveröffentlicht.
Minna Wagners Briefwechsel aus den Jahren 1859 bis 1865, soweit erhalten, besteht weitestgehend aus den hier mitgeteilten Briefen an ihre
Schwägerin.

Diese Briefe Minna Wagners an Cäcilie Avenarius sind aus dem
Besitz der Familie Avenarius über Umwege in die Sächsische Landes-
bibliothek – Staats- und Universitätsbibliothek Dresden (SLUB) ge-
langt (Signatur *Mscr.Dresd.App.2829,1–46*). Ihre Veröffentlichung erfolgt mit freundlicher Genehmigung der Bibliotheksleitung. Dasselbe
gilt für die am Ende dieses Bandes mitgeteilten Dokumente zu Minna
Wagners Todesumständen. Sie stammen aus dem Nachlass des Haus-
arztes Anton Pusinelli und blieben im Besitz von dessen Familie, bis
seine Nachkommin Margarete Busch sie im Jahre 2001 der SLUB
schenkte, die sie unter der Signatur *Mscr.Dresd.App.2725* archiviert hat.

Die Briefe von Cäcilie Avenarius an Minna Wagner wurden von
deren Tochter Natalie Bilz-Planer bald nach dem Tod ihrer Mutter an
die Wagner-Sammlerin Mary Burrell (1850–1898) verkauft. Von dort
kamen sie an das Curtis Institute of Music in Pennsylvania, das sie in
einer Veröffentlichung von 1950 anhand ausführlicher Inhaltsanga-
ben dokumentiert hat.* 1992 gelangte das gesamte Briefkonvolut
durch eine Schenkung in das Nationalarchiv der Richard-Wagner-
Stiftung Bayreuth. Dort wird es unter der Signatur *Burrell-Collection
Lot 79/I-III* verwahrt und hier mit freundlicher Genehmigung der
Richard-Wagner-Stiftung Bayreuth erstmals vollständig und unge-
kürzt abgedruckt.

Sofern es dem Leseverständnis dienlich erschien, habe ich die im
Briefwechsel erwähnten Namen und Ortschaften in den Anmerkungen kommentiert. Es erschien mir jedoch weder notwendig noch
sinnvoll, jedem Namen aus dem Bekanntenkreis Minna Wagners
nachzugehen. In diesem Sinne erhebt meine Edition nicht den Anspruch der im Verlag Breitkopf & Härtel erscheinenden Ausgabe der

»Sämtlichen Briefe« Wagners; deren Bände enthalten in dankenswerter Weise sowohl »Themenkommentare« als auch einzelne Kommentierungen. Mir lag meinerseits an einer gewissenhaft erarbeiteten, jedoch vor allem leserfreundlichen Ausgabe.

Die Textwiedergabe folgt der originalen Orthographie einschließlich der sächsischen Idiome. Jedoch wurden kleinere Verschreibungen stillschweigend verbessert, auch Kommata dort ergänzt, wo es im Interesse des Leseflusses sinnvoll erschien. Mit anderen Worten: Die Edition soll wissenschaftlich zuverlässig sein, will jedoch nicht den strengen philologischen Maßstäben von Urtextausgaben gerecht werden. Selbst diese können ja den Eindruck des Originals nicht wiedergeben, wie dies im Fall von oftmals flüchtig hingeworfenen Briefen bestenfalls einem Faksimile gelingt.

… Sei herzlich umarmt von Deiner treuen Schwester Cecilie

Minna Wagner und Cäcilie Avenarius: Zwei Frauenschicksale in Briefen

Die Schwägerinnen Minna und Cäcilie – wo mögen sie sich erstmals persönlich begegnet sein? Vielleicht im Winterhalbjahr 1839/40 in Paris. Dort war Richard Wagner im September 1839 mehr gestrandet als gelandet: In Riga hoch verschuldet, hatte er mit Gattin Minna und Hund Robber eine abenteuerlicher Flucht über die Ostsee angetreten, die ihn über London nach Paris führte. Zuvor hatte er Kontakt mit Eduard Avenarius (1809–1885) aufgenommen, der dort seit kurzem die Pariser Niederlassung des Leipziger Verlagshauses Brockhaus, die »Librairie allemande de Brockhaus & Avenarius«, leitete. Diese hat u. a. dadurch einen Platz in der Geschichte erhalten, dass in ihren Räumen 1842 unter Mitwirkung von Heinrich Heine die Gründungsversammlung des Pariser Hilfsvereins zugunsten der Vollendung des Kölner Doms stattfand.

Bei Wagners Eintreffen in Paris war Avenarius mit dessen Halbschwester Cäcilie Geyer verlobt, seit April 1840 dann verheiratet. Die zwei Jahre nach Wagner geborene Cäcilie war die Tochter des Schauspielers Ludwig Geyer, den Mutter Johanne Rosine in zweiter Ehe geheiratet hatte. Seit früher Jugend bestand zwischen den Halbgeschwistern ein guter Kontakt. In einem Brief vom 30. Dezember 1852 gedachte der Komponist Cäcilies in seiner Kinderzeit, speziell einer »Loschwitzer Strandpartie« mit allerlei peinlichen Folgen: »[…] hätten wir den Schlüssel [zur Wohnstubentür] nicht in den Kürbis gelegt, wäre damals Alles besser abgegangen.«* Häufig erinnerte er sich daran, Cäcilie »mit der großen Maskje« erschreckt zu haben. Noch kurz vor seinem Tod erzählte er Cosima von diesem Kindheitserlebnis und intonierte auf »Cilie« eine Rufterz: »Cilie, in deinem Bett ist eine große Maskje«.*

Cäcilie Avenarius geb. Geyer, Paris 1844, Pastell von Ernst Benedikt Kietz

Der Familientradition zufolge kümmerte sich der kleine Richard jedoch fürsorglich um seine jüngere Schwester; und erwiesenermaßen hielten sich die Geschwister trotz ersichtlicher Differenzen in späteren Jahren die Treue. Cosima scheint Cäcilie nicht unbedingt gewogen gewesen zu sein. Als Richard im August 1869 in Triebschen mit Avenarius über die Herausgabe seiner »Gesammelten Schriften und Dichtungen« konferierte, notierte sie jedenfalls in ihrem Tagebuch: »Zu Tisch Seroffs und Herr und Frau Avenarius, letztere beide wenig angenehm, er namentlich ist furchtbar roh.« (Zwei Sätze später heißt es: »Abends Besuch des Professor Nietzsche, immer sehr angenehm.«)*

1839 in Paris angekommen, klammerte sich der mittellose Wagner alsbald an seinen künftigen Schwager, pumpte ihn zudem beständig an, was anfänglich zu Missvergnügen und gegenseitigen Distanzierungen führte. Seitdem die Familien eine Zeitlang in Meudon, einem Pariser Vorort, in enger Nachbarschaft lebten, besserte sich das Verhältnis. Wie Wagner später brieflich andeutete, scheint man am 5. September 1841 anlässlich von Minnas Geburtstag geradezu Freundschaft geschlossen zu haben. Das hatte zur Folge, dass die Familie Avenarius bereitwillig Minnas 1826 geborene, außereheliche Tochter Natalie bei sich aufnahm, als die Wagners 1842 nach Deutschland zurückkehrten: Womöglich wollte man das nicht gerade innig geliebte Familienmitglied, das Minna bis zum ihrem Tod beharrlich als jüngere Schwester ausgab, in Dresden nicht gleich dabei haben. Ihrerseits könnte sich das damals sechzehnjährige Mädchen in der mit Kindern gesegneten Avenarius-Familie leidlich wohlgefühlt haben; in diesem Sinne lässt

*Minna Planer
in jungen Jahren,
um 1835*

sich Minnas Brief an Cäcilie vom Juni 1842 (s. S. 28) sowie eine Andeutung Natalies in einem später aus der Rückschau geschriebenen Brief verstehen (s. S. 229ff.). Im Sommer 1843 wurde Natalie dann nach Dresden nachgeholt.

Die guten familiären Beziehungen zwischen den Familien Wagner und Avenarius dauerten derweil noch einige Jahre an. 1843 wurde Wagner sogar für eine Patenschaft beim zweiten Sohn Richard Avenarius gewonnen. (Dieser besuchte seinen Patenonkel gut zwei Jahrzehnte später anlässlich der Münchner »Tristan«-Proben. Im Laufe der Jahre wurde er als Philosoph und Mitbegründer des von ihm so genannten Empiriokritizismus bekannt.)

1851 vermittelte Eduard Avenarius, inzwischen nach Deutschland zurückgekehrt, in einem Streit zwischen Wagner und seinen Verlegern Breitkopf & Härtel. Als Sympathisant der Revolution von 1848 hatte er mit Wagners entsprechenden Ambitionen offenbar keine Schwierigkeiten, beriet ihn vielmehr weiterhin in geschäftlichen Dingen, nach Verlegermanier freilich habituell zur Vorsicht einladend.

Im Frühjahr 1859 kamen sich die Schwägerinnen anlässlich eines Besuches von Minna bei Cäcilie noch einmal sehr nahe. Man traf sich in Berlin, wohin Eduard Avenarius 1855 übergesiedelt war, um sich am Spirituosengeschäft zweier seiner Brüder zu beteiligen, ohne deshalb seine verlegerischen Ambitionen völlig aufzugeben. (Diese setzte der Kulturreformer Ferdinand Avenarius, jüngster Sohn von Eduard und Cäcilie, mit der Gründung der angesehenen Zeitschrift »Kunstwart« fort.)

Der Besuch des Jahres 1859 bildete den Ausgangspunkt einer über fast sieben Jahre andauernden, intensiven Brieffreundschaft der Schwägerinnen Minna und Cäcilie. Wie schon aus ihrem ersten Brief hervorgeht, lebte Cäcilie zu dieser Zeit in augenscheinlich geordneten Eheverhältnissen, während es in diesem Punkt um Minna schlecht bestellt war. Da deren Lebensgang verschiedentlich beschrieben worden ist, soll er hier nur knapp referiert werden. In einer Handwerkerfamilie unter ärmlichen Verhältnissen aufwachsend, wurde sie als Sechzehnjährige von einem adeligen Garde-Hauptmann geschwängert. Um diese Schande zu vertuschen, gab Minnas Mutter die im Februar 1826 geborene Natalie als ihr eigenes Kind aus – selbst gegenüber ihrem offenbar gutgläubigen Mann. Natalie wuchs somit in den Augen der Umwelt, aber auch nach ihrer eigenen lebenslangen Überzeugung als Minnas Schwester auf.

Man muss es fast als ein Wunder bezeichnen, es aber zugleich Minnas Begabung, Fleiß und Beharrlichkeit zurechnen, dass sie im Fach der ersten Liebhaberin zu einem angesehenen Mitglied der Bethmann'schen Schauspieltruppe und danach des Königsberger Stadttheaters aufstieg. Seit 1834 wurde sie von dem vier Jahre jüngeren Richard Wagner, damals Kapellmeister der Bethmann'schen Truppe, heftig umworben. Die schöne Minna zweifelte und nahm erst einmal ein Engagement in Königsberg an. Nachdem Wagner ihr dorthin nachgereist war, heiratete man im November 1836.

Soweit es sich aus der Rückschau beurteilen lässt, litt das häusliche Leben von vornherein unter Wagners Unausgeglichenheit und Schuldenmacherei. Jedenfalls entzog sich Minna der Ehe schon nach wenigen Monaten durch Flucht in ihr Elternhaus: Zusammen mit ihrer ›Schwester‹ Natalie, die nach Königsberg mitgekommen war, schloss sie sich einem Kaufmann namens Dietrich an, wobei offen bleiben darf, ob dieses Reiseabenteuer mit intimem Umgang verbunden war.

Wagner reiste den beiden mit der Extrapost nach, musste die Verfolgung jedoch schon in Elbing wegen Geldmangels abbrechen. Nach fünf Monaten der Entzweiung kehrte Minna – diesmal ohne die im Elternhaus verbliebene Natalie – zu Wagner zurück, der inzwischen

Minna Wagner 1853 in Zürich (mit Hund Peps), Aquarell von Clementine Stockar-Escher

zum Kapellmeister in Riga avanciert war. Künftig folgte sie ihrem Ehemann, soweit es dieser zuließ, durch Höhen und Tiefen. Ihre Gattentreue korrespondierte freilich mit zunehmender Verbitterung und wachsendem, oft freilich höchst berechtigtem Hang zum Lamentieren, den Wagner je länger je mehr unerträglich fand. Um es auf den Punkt zu bringen: Letztendlich reklamierte Wagner – wie etwa auch sein Zeitgenosse Verdi – das seit der Antike verbriefte und über viele Jahrhunderte hinweg immer wieder in Anspruch genommene Recht des Genies auf die treusorgende Ehefrau *und* Muse. Minna konnte dies in Personalunion nur bedingt leisten. Sie liebte »Rienzi«, »Der fliegende Holländer«, »Tannhäuser« »Lohengrin«. »Tristan und Isolde« lehnte sie ab, allein der Handlung wegen, deren »Veranlassung«* sie zu kennen glaubte.

Erst in Cosima würde Wagner beide Rollen in einer Person akzeptieren – nicht zuletzt deshalb, weil er inzwischen genug gebeutelt und dementsprechend kompromissbereit geworden war. Doch womöglich bedurfte es in diesem Fall gar keines Kompromisses: Als sich

Wagner einmal bei Cosima darüber beklagte, dass er seine Frauen immer aus zweiter Hand bekommen habe, legte sie in ihrem Tagebuch ein Demutsverhalten an den Tag, das für Minna bei aller Bewunderung für ihren Mann niemals in Frage gekommen wäre : »O wie von ganzer, ganzer Seele würde ich es ihm gönnen, daß ein fleckenreines Wesen sich ihm weihte!«*

Zurück zu Minna: Auf der schon erwähnten Flucht von Riga über London nach Paris verlor sie vermutlich ein Kind. In Paris, wohin sie Natalie nachholte, war sie für Wagner unersetzlich, da sie mit sparsamsten Mitteln hauszuhalten wusste. In seinem bettelarmen Freundeskreis bewährte sich sich geradezu als ›Mutter der Kompagnie‹. In der ärgsten Not versetzte sie ihren Schmuck und ihren silberbestickten blauen Schlepprock, letzte Erinnerung an die erfolgreiche Theaterkarriere. Im Anschluss an die kargen Pariser Jahre konnte sie für einige Jahre als Gattin des Dresdner Hofkapellmeisters Wagner aufatmen, der plötzlich in aller Munde war. Diese vielleicht schönste, wiewohl auch von ständigen Schuldforderungen an ihren Mann überschattete Zeit ihrer Ehe dauerte allerdings nur sechs Jahre. Danach musste Wagner als steckbrieflich gesuchter Revolutionär in die Schweiz fliehen.

Minna folgte ihm nach, musste jedoch alsbald erleben, dass ihr Mann eine Romanze mit Jessie Laussot begann, der Gattin eines französischen Weinhändlers aus Bordeaux. Von diesem musste Wagner durch heftige Drohungen daran gehindert werden, mit Jessie ins Ausland durchzubrennen. »Denken Sie sich, meine liebe Mathilde,« so schrieb Minna damals ihrer Freundin Mathilde Schiffner, »daß Richard seit dem 4. Juli [1850] unerwartet zu mir zurückgekehrt ist. Ich glaubte ihn wirklich seit längerer Zeit in dem Orient. Statt dessen hatte er sich seit zwei Monaten in der Schweiz in meiner Nähe herumgetrieben, da er sich doch nicht gleich zu mir getraut, weil ich von allem, was vorgefallen, unterrichtet sein könnte«.*

Die Gattin kann zwar nicht »vergessen«, wohl aber »verzeihen«. Doch bald schon droht ihr noch größeres Unheil: Ein freundschaftlicher Verkehr mit dem Zürcher Ehepaar Wesendonck weitet sich zu einer Affaire aus, als die Wagners ein Sommerhäuschen in unmittelbarer Nachbarschaft der Freunde beziehen und Wagner mit Mathilde Wesendonck ein wohl nicht nur künstlerisches Verhältnis eingeht.

Nach dem dramatischen Auszug des Ehepaars Wagner aus dem Haus Wesendonck im Frühherbst 1858 lässt sich Minna in Dresden nieder. Richard zieht zunächst nach Venedig, danach zeitweilig wieder in die Schweiz. Nach Dresden hätte er ihr schon deshalb nicht folgen können, weil er in Sachsen unverändert steckbrieflich gesucht wird. Er wäre dazu auch ohnehin nicht bereit gewesen, da er sich seiner Frau inzwischen weitestgehend entfremdet hat. Immerhin alimentiert er nicht nur sie, sondern auch Natalie, die sich künftig vor allem bei ihrer Mutter aufhält, wenn sie nicht etwa – ein Beispiel für vermutlich weitere – im Zwickauer Haushalt der Schwester Dienste tut.* Wagners Zuwendungen sind allerdings unregelmäßig und unzuverlässig.

Im Herbst 1860 lässt sich Minna überreden, Wagner nach Paris zu folgen, wo beide im März 1861 eine skandalträchtige Aufführung des »Tannhäuser«, aber auch allerlei gesellschaftlicher Verkehr erwartet. In Paris werden sie ein letztes Mal – für eineinhalb Jahre – in Wohngemeinschaft leben.

Vermutlich blieb Wagner auf seine erste Frau lebenslang fixiert: Vielleicht diente sie ihm als unbewusst gesuchter Ersatz für eine unbefriedigend gebliebene Mutterbeziehung. Ihr Tod im Januar 1866 dürfte ihn deshalb nicht unberührt gelassen haben. Jedoch war nun – aus seiner Sicht – die Bahn frei für eine Ehe mit Cosima von Bülow. Was er dieser hernach über seine erste Frau erzählte und für »Mein Leben« diktierte, hat das Bild dieser Verbindung recht einseitig zu Ungunsten Minnas geprägt: Er rechnete sie vor allem zu seiner verständnislosen Umwelt und damit zu den vielen Sündenböcken, auf denen er seine Erbitterung über die Schwernisse seiner künstlerischen Existenz abzuladen gedachte.

Zur Erleichterung der Brief-Lektüre folgt hier eine schematische Darstellung der verwandtschaftlichen Verhältnisse, soweit sie für das Verständnis der Zusammenhänge von Belang sind.

Wagners Bruder Albert (1799–1874) sah seinem jüngeren Bruder Richard sehr ähnlich. Er hatte als Sänger und Schauspieler Erfolg. Ab 1852 wirkte er an der Berliner Hofoper, zog sich aber nach dem Tod seiner Frau im Jahr 1865 von der Bühne zurück. Zur Zeit des Briefwechsels hatte er Kontakt zu seiner Stiefschwester Cäcilie.

Luise Brockhaus

Wagners Schwester Rosalie, verheiratete Marbach (1803–1837), war eine gefeierte Theaterschauspielerin. Wegen ihres frühen Todes spielt sie im Briefwechsel keine Rolle.

Wagners Bruder Julius (1804–1862) war als Goldschmied ausgebildet, jedoch im Leben erfolglos.

Wagners Schwester Luise (1805–1872), im Briefwechsel meist Louise genannt, heiratete den Verleger *Friedrich Brockhaus* (1800–1865) und lebte mit ihm in Leipzig.

Wagners Schwester Klara (1807–1875), im Briefwechsel oft Clärchen genannt, konnte auf eine Karriere als Sängerin verweisen. Schon als Sechzehnjährige gab sie in Leipzig die Hauptrolle in Rosssinis »Cenerentola«. Sie

Klara Wolfram in späteren Jahren

heiratete den Opernsänger und späteren Kaufmann *Heinrich Wolfram* und zog mit ihm nach Chemnitz. Die Kinder aus ihrer Ehe hießen Fritz, Mariechen und Röschen. Die beiden Töchter sind zur Zeit des Briefwechsels verlobt, Letztere mit dem Schauspieler Hoppe.

Wagners Schwester Ottilie (1811–1883) heiratete den Orientalisten *Hermann Brockhaus* (1806–1877), Bruder des schon genannten Verlegers Friedrich Brockhaus, und lebte in Leipzig.

Ottilie Brockhaus

Wagners Halbschwester Cäcilie (1815–1893), im Briefwechsel meist Cècilie oder ähnlich genannt, war, wie erwähnt, mit dem Buchhändler *Eduard Avenarius* (1809–1885) verheiratet und lebte mit ihm zunächst in Paris, später in Leipzig und zur Zeit des hier mitgeteilten Briefwechsels in Berlin. Der Ehe entstammten die Söhne Max (1841–1871), Richard (1843–1896), Ludwig (1851–1911) und Ferdinand (Ferdel, Ferdchen) (1856–1923).

... die verhängnisvollen Käsekäulchen, worüber ich mich ernstlich in meine Seele hinein schäme

Die Briefe Minnas an Cäcilie aus den Jahren 1842 bis 1855

Erstaunlicherweise findet sich Minna nach ihrer Rückkehr nach Deutschland in Dresden nur schlecht zurecht. In Paris, wo ihr Mann vor allem mit der Komposition des »Rienzi« und des »Fliegenden Holländer« beschäftigt war, hat sie zwar unter den bedrängten Verhältnissen gelitten, jedoch wichtige Funktionen gehabt. Nunmehr erweckt sie den Eindruck, Richard weitgehend ausgeliefert, selbst aber ohne wirkliche Aufgaben zu sein.

MINNA AN CÄCILIE, Dresden 29.–30. April 1842

29.–30.4.1842
Meine liebe Cècilie!
So komme auch ich denn endlich dazu, Dir zu schreiben. Richard ist seit einigen Tagen von Berlin und Leipzig wieder zurück, und somit können wir ausführen, was uns bisher unmöglich war, nämlich zusammen nach Paris zu schreiben. Du glaubst nicht wie mir noch heute zu Muthe ist, wie traurig ich bin und wie ich nicht aufhöre, an Euch, meine Lieben zu denken! Richard war genöthigt sich zu zerstreuen, seine Angelegenheiten beschäftigen ihn, ich aber, wenn ich Zerstreuungen hätte finden können, habe sie geflohen, denn Alles widert mich an, Paris ist mir wie ein Himmel, und nur mit Thränen denke ich daran zurück. Wer hätte das glauben sollen, als wir nach Paris kamen, daß es mir einmal so schwer werden könnte, es wieder zu verlassen! Richard hat mir versichert, er habe von Berlin aus Euch Alles geschrieben und geschildert, wie bitterlich ich fast die ganze Reise über geweint habe; nie ist es mir so hart angekom-

men, mich zu trennen. Für nichts habe ich hier noch Sinn, bei meinen Eltern, auf die ich in Richards Abwesenheit allein angewiesen war, langweilte ich mich, so sehr sie auch bemüht waren, mir es nach Wunsche zu thun. Alles ist mir so eng und kleinlich; das neue Theater habe ich noch nicht gesehen und allen früheren Bekannten weiche ich aus. Ach! liebe Cècilie, so sehnlichst ich wünsche, Dich mit dem Engels-Max den Sommer noch in Töplitz zu sehen, so muß ich Dir im Uebrigen doch sagen, sehne Dich nicht darnach für immer wieder nach Deutschland zurückzukehren, es wird Dir wie mir gehen, Alles kommt uns so erbärmlich vor. Auf einen Besuch ist das natürlich etwas anderes, aber wenn man denkt, daß es für immer ist, so ist es gräßlich. Dabei ist hier Alles so theuer geworden, daß man nicht einmal den Trost hat wenigstens bedeutend wohlfeiler zu leben.

Nun meine theure Cècilie ich thue wohl Unrecht, Dir das Alles so abschreckend zu schildern, im Gegentheile, sollte ich Dir Alles recht lockend vormalen, damit Du noch mehr Lust bekämst, uns zu besuchen; und das ist ja mein heißester Wunsch! Ich wüßte nicht, was ich darum gäbe, wenn ich jetzt das herzige Maxl sehen und recht abküssen könnte! Gewiß hat er seit unserer Trennung große Fortschritte gemacht und das oui! oui! oui! schon längst an den Kinderschuhen abgelaufen, es ist mir fast betrübend zu denken, daß ich ihn verändert wiederfinden sollte. – er ist ein einziger Götterjunge, ich suche umsonst sein liebenswürdiges Ebenbild unter der unsäglichen Menge von Kindern, die es hier giebt, ich werde es aber nie finden, so wie ich noch nie ein Kind kannte, was mich so begeisterte!

Wenn Du und Dein guter Mann, es nur möglich machen könntet, daß wir uns diesen Sommer, doch ein paar Monate sähn! Das ist der einzige Gedanke, der mich beständig beschäftigt. Ach, wenn wir doch etwas dazu beitragen könnten. Groß wird meine Freude sein, wenn wir den ersten Brief von Euch erhalten, ich bin so begierig zu erfahren, wie es geht, ob Alles wohl ist und ob Du noch meiner gedenkst? Mein ganzes Herz ist bei Euch, in dem lieben, lieben Paris, das mir durch Euch so theuer geworden ist. Gewiß kommen wir bald einmal wieder hin, denn ich lasse Richard nicht in Ruhe; hier wird es mir <u>nie</u> mehr gefallen! Schreib mir nur recht bald ein paar Zeilen, und mögen diese mir recht viel Gutes von Euch sagen. Sei versichert, das dies mein heißester Wunsch ist.

Grüße innigst Deinen lieben, braven Mann, dem wir so viel Dank schuldig sind, wenn er sich unserer nur stets mit Liebe erinnert! Dein Maxl küsse ich tausendmal und weine ihm die heißesten Thränen zu: schreibe mir nur <u>recht viel</u> von ihm, denn wenn ich dabei auch weine, so thut es mir doch herzlich wohl.

Adieu, Adieu, meine liebe gute Cècilie, gebe uns Gott ein recht baldiges und freudiges Wiedersehen behalte mich lieb, und sei immer und ewig versichert der treuesten Liebe

Deiner

Minna.

Viele Grüße an den guten Herrn Vieweg, an die Herren Rochow und Vendei so wie an Hh. Tischendorf.*

Dein Brief ist soeben bei uns angekommen – – Dir etwas darauf zu antworten, ist mir in diesem Augenblicke <u>unmöglich,</u> ich bin untröstlich und zu sehr ergriffen, habe ich bis jetzt schon mit unsicheren Händen geschrieben, so würden meine Thränen auch noch das verwischen, was ich etwa noch zu schreiben vermögte. Meine heutige Antwort besteht nur in Thränen um unserer Trennung willen.

MINNA AN CÄCILIE, Teplitz 14. Juni 1842

Töplitz d. 14ten Juni 42.

Meine liebe Cècilie!

Gewiß glaubst Du, daß wir schon seit längerer Zeit in dem lieben Töplitz seien, und in Wonne und Entzücken Eurer nicht mehr gedächten! Wie sehr würdet Ihr uns Unrecht tun, denn noch nie habe ich aufgehört täglich, ja stündlich mit Thränen im Auge mich unter Euch zu versetzen, – zweitens aber sind wir erst seit einigen Tagen hier, in dem Paradiese angelangt. Du hast mir nicht zuviel gesagt es ist himmlisch! – als wir auf der Nollendorfer Höhe angelangt waren und ich die mächtig schöne Bergkette erblickte, ging mir das Herz auf, und ich hätte die ganze göttliche Natur umarmen mögen. Ich bin gewiß wenn Eure Verhältnisse es erlaubten und Dein lieber Mann mit Dir nebst Mäxchen die Reise, sei es mit unendlichen Beschwerden von Paris bis Dresden zurückgelegt, und Ihr dann die kleine Tour hierher machtet, er gewiß sich entschädigt fühlen würde. – Noch immer gebe ich die Hoffnung, Euch oder doch Dich und Maxel hier zu sehen, nicht ganz auf; aus Deinen Briefen sehe ich doch wenigstens noch, daß Du an eine Möglichkeit insofern denkst, als Euch von Leipzig aus eine Nachricht zukommen könnte, die Euch eine Reise nach Deutschland gestatten dürfte. Ach, die abscheulichen Verhältnisse! Immer mußte ich ihnen grollen, als ich dann nun dieses gesegnete, ersehnte Thal von Töplitz vor mir liegen sah, und im Jubel nicht Dich an die Brust drücken durfte, Dich, die Du mir immer so viel von der Schönheit dieser Gegend und dieses Aufenthaltes erzähltest, daß das Wiedererkennen derselben mit dem lebhaftesten Gedanken an Dich zu Eins wurde! Zum ersten Male habe ich wieder recht frei und heiter aufgeathmet und meine Seufzer gelten jetzt nur Euch, meine Lieben! –

Beschränkt, doch ohne drängende Sorgen ist es mir erlaubt, meiner Gesundheit zu leben: wie glücklich könnte mich das machen, wenn – – Immer wieder komme ich darauf! – Wird es mir denn etwas helfen? Mache ich vielleicht auch noch Dir das Herz schwer? Fast muß ich es fürchten – deshalb will ich meinen Gefühlen etwas Einhalt thun, und Dich einen Augenblick recht nüchtern von unserer Übersiedlung und Einrichtung unterhalten. –

Am 9ten d. M. erst konnten wir nach Töplitz gehen. Richard wird Dir wohl ausführlicher melden, warum?* – Von Dresden aus nahmen wir einen sehr simplen Wagen und gaben dafür mit meiner Schwester,* welche uns begleitet hat, nicht mehr als Richard und ich allein mit Gelegenheit bezahlt haben würden; dabei hatten wir noch den Vortheil ganz nach unserer Bequemlichkeit zu fahren und ungestört plaudern zu können.

Deine Mutter ist an demselben Tag nebst ihrem Dienstmädchen mit einem Lohnkutscher hieher gereist. Richard hatte ihr vorgeschlagen mit uns zusammen die Reise zu machen, doch sie hatte es abgelehnt, da es sie zu sehr aufregen würde. – Wir nahmen noch am Tage unserer Ankunft eine Wohnung in dem letzten Hause von Schönau; die Aussicht ist nicht besonders, der Schloßberg steht wie verlassen allein vor uns, bestiegen haben wir ihn aber noch nicht, um Eure Namen dort aufzufinden, meine dummen Beine wollen gar nicht recht fort, und dann der ewig glühende Sonnenschein! Doch nächstens, um 4 Uhr des morgens, soll es trotzdem geschehen. Im Uebrigen wohnen wir sehr ländlich, ungenirt, ganz wie wir es uns gewünscht und nirgend anders hätten finden können. Gute Wirthsleute, freundliche Dienstmädchen, reinliche Küche, und die Hauptsache sehr billig: Für 2 Stübchen und 2 Betten zahlen wir nicht mehr als den Monat 8 Thr. Deine Mutter hat dagegen nur eine solche Stube, freilich näher am Bade, muß aber 10 Thr. bezahlen. Es ist auch nicht mehr so billig, wie früher.

Meine Kur hat gestern begonnen, aber noch nicht mit Baden, sondern mit Eger Wiesenquelle; denke Dir, meine liebe Cècilie, jeden Morgen muß ich nüchtern eine solche Flasche trinken! Der Geschmack ist abscheulich, salzig, eine Stunde muß ich darauf gehen, dann erst ist es mir erlaubt, eine Tasse Caffee mit viel Milch zu genießen. – Wie gern unterwerfe ich mich Jedem, wenn es nur etwas hilft und ich habe viel Hoffnung dazu; schon der Arzt ein bekannter und gescheuter Mann, namens Ulrich, flößt mir unbedingtes Vertrauen ein. Meine Schwester, das gute Thier, ist froh, daß sie eine Zeitlang von dem grämlichen Alten entfernt ist, und macht mir Alles höchst bequem. Die Mutter hätte mir nicht helfen können; und Baden wäre ihr nicht erlaubt; ihre Augen wurden auch besser und somit ist uns allen geholfen! – –

Unsere Sachen kommen endlich einige Tage vor unserer Abreise von Dresden auch an, aber, Gott! in welchem Zustande! Meine zwei Goldteller, Tassen das Porzellan, Caffeebrett, kurz alles, was ich schon als Mädchen überall mit hingenommen und auf dieselbe Weise gepackt, sind in kleine Stückchen zerbrochen angekommen! Die Duanisten* haben wahrscheinlich Alles ausgepackt gehabt und dann durcheinander geworfen, daß die Sachen in dieser Unordnung keinen Platz gehabt haben dann auch noch schwere Papiere mit hinein gezwängt, daß es natürlich von dem Alles entzwei gehen mußte. Das haben <u>Deutsche</u> Hände gethan! Die Russen, Engländer, Franzosen waren bis dahin in dieser Hinsicht geschickter.

Jedoch ist es Zeit, daß ich mich zum Abschied wende, welchen Schmerz macht es mir, mich von Dir, liebe Cècilie, nach einer so kurzen Unterhaltung wieder trennen zu müssen. Ach und mein Mäxchen! Seitdem ich den Engel kenne, ist es als wäre er der Meinige, und alle Kinder erregen in mir mehr Interesse und machen mich um sie besorgt.

Nun fängt er gar an zu sprechen! Welchen Genuß würde es mir bereiten, von ihm auch meinen Namen zu hören! Die glückliche Natalie! wie beneide ich sie, sie hört sich und alle anderen von ihm rufen, sie sieht wie schnell er läuft, tanzt, allein aufsteht, des Vaters Pfeife holt, alle Kunststückchen pp.! Sie sagt ganz recht, daß er ein kluges Gold [?] Pracht und Engelskind sei, ich drücke ihn, und wenn er noch so sehr dabei weint, 100000000000 Küsse auf sein kleines Rosenmündchen. Natalie kann genug sagen, wie glücklich sie sich bei Euch, Ihr Guten, fühlt, daß ihr ein neues Leben aufgegangen und wenn je eine Hoffnung zu ihrer Besserung sei, diese nur bei Euch zu Stande kommen könnte.

Gott, liebe Cècilie, wie können wir, wie kann <u>sie</u> Dir das genug danken, wenn sie wirklich ein nettes, ja nur ein erträgliches Mädchen würde! Gieb ihr nur immer recht viel zu thun, daß sie im gehörigen Schwunge bleibt! Es giebt wirklich nichts häßlicheres als ein junges dickes Mädchen, hänge ihr den Brotkorb immer ein bischen hoch, damit sie sich dehnen muss und nicht ein so kleiner Knurz bleibt. Ein gutes Herz und guten Willen hat sie stets gezeigt und wir zweifeln nicht, da <u>Du</u> uns zumal [zu der Hoffnung] berechtigst, daß sie bei Dir ein brauchbares Geschöpf werden wird.

Nun habt ihr sie auch noch beschenkt! Gott möge es an Euch und Deinem Mäxchen vergelten, was Ihr Gutes an uns gethan, wenn wir es einmal nicht im Stande sein sollten.

Lebe wohl! Der Himmel gebe, daß Euch unser Schreiben gesund antreffen möge. In der Hoffnung bald wieder von Euch zu hören, grüßt und küßt Dich

Deine

treue

Minna.

Meine Schwester läßt Dich unbekannterweise recht herzlich grüßen.

MINNA AN CÄCILIE, Dresden 29. Dezember 1848

Dresden d. 29. Dec. 48.

Meine liebe gute Cècilie,
ich sollte Dich eigentlich bös nennen um des Schreckens wegen den Du mir durch Dein Geschenk gemacht hast, und Vorwürfe kann ich Dir nicht ersparen, daß Du Dich durch Deine große Freundlichkeit gegen mich so weit hast verleiten lassen, mich so kostbar zu beschenken. Wie sehr hätten mich die Blumentöpfe, als gleichzeitiges heiliges Andenken der seeligen Mutter allein erfreut, und wie niedergeschmettert hast Du mich dagegen durch das theure luxuriöse Schnupftuch! Ich kann es nur als Andenken an Dich bewahren bei meinem so höchst zurückgezogenen Leben und bei dem Mangel fast jeder Veranlassung, mich in solchem Luxus zu zeigen, werde ich wohl kaum dazu kommen Staat damit zu machen.

Nein, du liebe närrische Cècilie, was hast Du da gemacht! Hast Du mich bloß Deinen Geschmack wollen bewundern lassen, so hast Du das vollkommen erreicht, aber doch immer auf Kosten meiner Beschämung. Auch machst Du ein viel zu großes Aufhebens von Nataliens Geschenk und bringst zumal mich sehr unrichtig in Verbindung, da ich das Verdienst der ganz geringfügigen Angelegenheit lediglich nur meiner Schwester überlassen muß, die auch Dir einen herzlichen Dank für das schöne Kleid, Schürze und Deinen Brief Dir durch mich auszusprechen aufgetragen hat, sie hat sich unendlich darüber gefreut.

Da ich soweit in das Danken komme, so will ich hiermit überhaupt das Kapitel der Vorwürfe schließen, von denen Du errathen wirst wie sie gemeint sein konnten, mit dem Danken werde ich nicht so früh ferdig werden, denn Dein ganzer Brief zeugt von Deiner Theilnahme und großen Liebenswürdigkeit, indem Du an Alles so genau denkst was zwischen uns irgend in Anregung gekommen ist. Also: schönsten Dank, daß Du trotz allen Schwierigkeiten und Bemühungen, die es Dir kostet, so unausgesetzt für meine kleine Schutzbefohlene sorgst! Ich habe sie diese Weihnachten so gut wie möglich besorgt; Gott gebe seinen Segen! –

Bei uns ging es ziemlich bescheiden her, und doch hatte ich genug zu thun, eben weil mir das Geld fehlt und das so Nöthige so zusammengestopft werden mußte. Wäre Dein Geschenk zur rechten Zeit, wie Du es beabsichtigt zu haben scheinst, angekommen, so würde die Bescheerung allerdings reichlicher ausgefallen sein, ich muß Dir aber bemerken, daß Deine Sendung nebst Brief vom 22ten d. M. erst am 27ten hier ankam, und ich erwähne dies hauptsächlich deswegen, daß Du mich nicht für zu saumselig hältst, indem ich jetzt erst antworte und danke.

Um nun nicht ganz zurückzubleiben, packe ich Dir hierbei einen Butterzopf ein, den ich selbst gedreht und in meiner Kochmaschine gebacken habe, leider wird er nicht mehr neubacken genug in Deine Hände gelangen, doch frägt [Deine] kleine Familie nicht darnach und so möge sie verzehrenden Antheil nehmen! – –

Da ich Stollen sehr liebe, hätte ich Euch eigentlich gern dabei selbst mitgeholfen, allein mit dem besten Willen und bei der größten Lust die ich dazu habe, wäre es mir doch jetzt nicht schon möglich meine Wirtschaft zu verlassen; in allem Ernste, meine liebe Cècilie, so sehr ich mich auf meinen Besuch bei Dir freue, kann ich mich doch unmöglich entschließen, jetzt und so bald meinen Vorsatz auszuführen, namentlich Richard's wegen, der ernstlich nur zu Hause lebt, jetzt sogar in meiner Stube mithaust und dem noch zumal im Winter nie ganz wohl ist, ob es nun Einbildung oder sonst etwas bei ihm ist, genug, er äußert immer, es wäre ihm als ob ihm noch eine tüchtige Krankheit bevorstünde usw. auch ist er wirklich bald wohl, bald einmal wieder nicht auf dem Zeuge. Bei unserer Einsamkeit und der Abgelegenheit unserer Wohnung nun hat es für mich etwas sehr beängstigendes ihn allein lassen zu sollen, und wenn er auch sonst nicht so thut, so weiß ich doch sehr gut von ihm selbst, wie ich ihm sogleich fehle, wenn er einmal einen Abend allein zu Hause ist. Kurz, beste Cècilie, ich verschiebe meinen Besuch vorläufig noch und zumal aus dem Grunde um dann, wenn ich komme, nicht nur auf ein paar Tage zu kommen, was ich jetzt als einzige Bedingung meines Fortgehens setzen müßte. Aufgeschoben soll aber ganz gewiß nicht aufgehoben sein!

Clären habe ich sehr lange nicht geschrieben und will das Versäumte gegen sie bald nachholen. Daß sie sich amüsiert, freut mich, denn gewöhnlich klagt sie über Chemnitzer Langeweile, am Ende geht es bei ihr lustiger her, als bei uns Uebrigen, deshalb trage ich eigentlich auch etwas Bedenken, Röschen hierher einzuladen, da ich weiß, ich kann sie mit keiner Zerstreuung unterhalten. Nun, meine liebe gute Cècilie, tritt das neue Jahr getrost an, und möge es Dir nachhaltige Linderung für die Wunden bringen, die Dir das vergangene schlug: sei glücklich im Besitze Deiner prächtigen Kinder und drücke ein Auge über Deinen politischen Gatten zu: möge ihm bald eine politische Stellung beschieden werden, die ihn heitrer macht, als es in seiner jetzigen der Fall zu sein scheint.

Was mir mein Strübelkopf zu schaffen macht, aber auch in <u>jeder</u> <u>Hinsicht</u>, politisch und pekuniär darüber könnte ich Dir gleich ganze Bände schreiben, die höchst trübe und traurig ausfallen würden, darum schweige und schlucke ich was ich vermag; nochmals, habe tausend Dank für Deine Geschenke und Deine herzliche Theilnahme; wenn ich zu Dir komme, wollen wir uns gehörig ausplaudern und über nächstes Frühjahr einigen, das Du jedenfalls bei uns zubringen mußt. Lebe wohl! Viele herzliche Grüße von mir und Richard an Dich und Deinen guten Mann nebst Kindern. Auch Kühnes grüßen schönstens von uns. Nochmals, Lebe wohl und behalte lieb

Deine

alte

Minna

[Fehlender Brief von Cäcilie Avenarius]

MINNA AN CÄCILIE, Dresden 25. Februar 1849

Dresden d. 25ten Feb. 49.

Meine herzige liebe Cäcilie!

Unmöglich kann ich Richards Brief* verabfolgen lassen ohne Dir meinen herzlichsten Glückwunsch aus der Ferne zuzurufen.

Bleib gesund, das ist die Hauptsache! für alles Uebrige wird der liebe Gott und Dein guter Mann schon sorgen. Nun, meine liebe Cäcilie, nimm diesen Kuchen, mit eben aber der liebenswürdigen Nachsicht auf, wie die verhängnisvollen Käsekäulchen, worüber ich mich ernstlich in meine Seele hinein schäme, die Frau hatte sonst recht gute gebacken, scheint sich aber mit dem Fortschritt der Zeit total verworfen zu haben; entschuldige mich so gut Du kannst, auch bei der Stadt Leipzig, wenn es noch möglich, daß mich die Gassenjungen nicht steinigen wenn ich jemals hinkommen sollte. Natalie wollte ebenfalls schreiben, ist aber mit der kleinen Arbeit, die sie Dir mitschicken wollte nicht fertig geworden, sie mußte für die Schiffner* schnell einige Kleider besetzen, doch mit nächster Gelegenheit wird sie Dir schreiben, danken, schicken.

Herzlichen Dank auch von mir für die ausdauernde Fürsorge für unseren kleinen Pflegling;* sie macht mir keine Sorge, da Du sie so liebevoll mit mir theilst, sie ist gesund, kräftig und wird einstens so wollen wir hoffen, ein gutes dankbares braves Mädchen sein.

Kläre hat mir öfteren geschrieben, ich mußte ihr ein Dutzend Taschentücher besorgen: sie schimpft wie gewöhnlich auf ihr geistloses Nest. Wahrscheinlich ist Röschen schon in Leipzig; was Du mir über diesen Punkt geschrieben bin ich vollkommen Deiner Meinung. Ich würde sie nur mit Zittern bei mir sehen. Was wir überhaupt darüber fühlen, denken, sprechen – bleibt unter uns, das versteht sich von selbst. Lebe wohl, sei zu Deinem Geburtstag so fidel, als Du nur kannst, ich werde mit Richard ein Glas 46 er auf Dein Wohl trinken. Du und die Deinigen seien herzlich von mir gegrüßt und geküßt!

Ewig

Deine

alte treue

Minna

(Verzeihe mein Geschreibsel oder besser Geschmiere.)

MINNA AN CÄCILIE, März 1850

März 1850

Meine geliebte Cècilie!

Auf jeden Fall habt Ihr von Richard, der seit ein paar Wochen in Paris ist, schon einen Brief, er wollte Euch immer selbst recht ausführlich schreiben und nahm mir es ab, Euch Nachricht von uns zu geben. Dessen ungeachtet schreibe ich Dir, wenn auch nur wenige Zeilen, die Dir beweisen sollen daß ich Dich, trotz meinen Schweigens eben noch so warm in mein dankbar Herz geschlossen, als wenn ich oft und viel schriebe. Leider wird es mir jetzt sehr schwer etwas zu thun, was die Augen angreift, da die Meinigen so sehr schwach geworden sind, daß ich die Schriftzüge oft nicht mehr sehe und während ich dieses schreibe, selbst verschiedenemale absetzen muß. Darum entschuldige dieses schlegte Geschreibe, hab ich nur erst eine paßende Brille dann wird es schon wieder gehen. Die heißen Thränen, die ich seit jener verhängnisvollen Zeit vergossen, sind auch schuld, daß ich gar nicht recht wohl bin, ich gräme mich gar zu sehr über das verlorene Glück und sehe einer sehr traurigen Zukunft entgegen. Ich hab Dir nicht traurig schreiben wollen und leider ist in meinem jetzigen Leben nichts, was mich aufrichten könnte. Dabei habe ich noch das schrecklichste Heimweh, das alte Zürich, und wie wir hier leben, kann mich meine Vergangenheit nicht vergessen machen. Wenn ich nur von Heimat spreche, stürzt mir ein Strom von Thränen aus den Augen, wo wird meine Heimath wohl bald sein? – Gestern, meine gute Cècilie, konnte ich dieses Briefchen nicht schließen, ich mußte mich hinlegen und ein paar Stunden recht herzlich weinen. Das war mein Sonntagsvergnügen.

Gott gebe, daß Du und die Deinigen recht wohl und gesund sind. Clärchen schrieb mir, daß sie Dich so blühend und wohl gefunden, das war doch wieder eine wahrhafte Freude, die ich darüber empfand. Siehst Du wohl, mein Cèlchen, ich wußte wohl, daß Dir die reine Luft gut sein würde, nur bedaure ich Dich nicht noch gesehen zu haben. Richard verreist von Paris nach London um dort seinen Lohengrin ins englische übersetzen zu lassen, und wenn Gott hilft, einstens zur Aufführung zu bringen. In 4 bis 6 Wochen kommt er erst zurück, war auch nicht ganz wohl, als er abreiste. Doch rieth ihm der Arzt, da es die Nerven waren denen eine Veränderung oft wohltätig ist. Ich medicinire jetzt immer, fürchterliche Aufgeregtheit, unsägliche Kopf- und Brustschmerzen sind meine Leiden. Leb wohl, meine liebe Cècilie! Grüße die Verwandten herzlichst, nur den garstigen Julius nicht; Küsse Deine Kinder und auch Deinen Mann von mir. Dich schließe ich in Gedanken in meine Arme und küsse dich 1 000 000 mal

Deine

ewig treue

Minna.

... war doch die Zeit meines Pariser Aufenthaltes die schönste meines Lebens

Der Briefwechsel zwischen Minna und Cäcilie von April 1859 bis Juli 1860

Im April 1859 beginnt ein kontinuierlicher Briefwechsel zwischen Minna und Cäcilie. Minna wohnt seit einigen Jahren in Dresden. Wagner hat ihr 1000 Taler jährlichen Unterhalts zugesagt, zahlt jedoch so unregelmäßig, dass Minna auf Vermietungen angewiesen ist. Sie ist vielfach leidend, fährt oft zur Kur. Cäcilie ist zu diesem Zeitpunkt 44 Jahre alt. Sie hat vier Söhne im Alter von 18, 17, 8 und 3 Jahren und sorgt sich oft um den Benjamin, den leicht kränkelnden Ferdinand.

Im ersten Zeitraum des Briefwechsels geht es vor allem um Minnas Aufenthalt in Paris anlässlich der »Tannhäuser«-Aufführung vom März 1861. Nach Minnas Interpretation (s. S. 143f.) will Wagner sie dort an seiner Seite wissen, um der negativen Resonanz entgegenzuwirken, die sein Verhältnis zu Mathilde Wesendonck im Zürcher Freundeskreis ausgelöst hat. Laut Minna erhofft sich Wagner, dass seine Freunde den Boykott der Wesendoncks beenden würden, wenn sie sich wieder einmal an seiner Seite zeigte. Wie sie der Freundin Mathilde Schiffner klagt, soll sie nunmehr in Paris »als Frau des berühmten R. W.« ein Seidenkleid tragen,* ihn jedoch in seinen diversen Aktivitäten möglichst wenig stören. Ihr Zimmer ist von demjenigen Wagners durch einen großen Salon getrennt und beider Verhältnis distanziert. Für eine Zeitlang weilt sie während der Pariser Zeit zur Kur in Deutschland. Auch ihr Mann macht von Paris aus Abstecher nach Deutschland. Minna begleitet ihn auf einigen seiner der Karriere dienenden Reisen.

CÄCILIE AN MINNA, Berlin 10. April 1859

Berlin am 10 April. 1859.

Meine liebe Minna!

Da Du Dein Versprechen nicht hältst mir einmal zu schreiben und vielleicht mich ganz vergessen hast, so ist es meinem Herzen Bedürfniß mich durch einige Zeilen in Deinem Gedächtniße – womöglich in Deiner Liebe wieder aufzufrischen. Dein Wiedersehen hat mir große Freude bereitet und meine Sehnsucht nach längerem Zusammensein sehr angeregt, denn nur zu kurze Zeit hattest Du Böse mir Deine liebe Gegenwart gegönnt was ich Dir eigentlich gar nicht recht vergeben kann. Nächsten Morgen, nachdem wir von einander Abschied genommen hatten eilte ich in Dein Hotel, Du sagtest mir daß Ihr erst Nachmittag reisen würdet – da wart Ihr aber fort zu meinem großen Bedauern. Auch mein Mann hatte Dich noch einmal sehen wollen und war ebenso verstimmt wie ich, daß Du uns davon geflogen warst. Jetzt bist Du nun gerade in der Heimath und erreichbar, wir werden ja alle älter und es wäre doch eigentlich in der Ordnung daß wir, bevor Du wieder nach weiter Ferne ziehst uns noch einmal recht ordentlich genießen. Ich weiß es nicht ob es Dir so geht wie mir – wenn man schon eine so lange Reihe von Jahren sich kennt und so manche Schicksale miteinander durchgemacht hat, da meine ich sollte man immer fester und fester aneinander halten, denn unsere ferneren Lebensjahre sind uns ja noch immer knapper zugemessen – der Tod kann kommen und uns auf immer von einander trennen, dann bereut man bitter daß man die schönen Gelegenheiten sich zu sehen nicht besser genutzt hat.

Du hast meine enge Häuslichkeit gesehen, liebe Minna, wenn sie Dir nicht unbehaglich erschienen ist, so mache uns die Freude und besuche uns noch ehe Du nach Schandau gehst.* Kannst Du, vielleicht des Arztes wegen nicht von Dresden fort so möchte ich fast suchen es möglich zu machen noch dort auf einige Tage zu kommen um mich nur einmal recht mit Dir auszusprechen wozu wir bei Deinem flüchtigen Besuche ja gar nicht gekommen sind. Unser Thiergarten wird jetzt übrigens wunderschön –

8 Tage später:

Bis dahin hatte ich vor 8 Tagen geschrieben da erhielt ich einen Brief von Clärchen und ich bin bis heute noch nicht wieder zum schreiben gekommen. Clärchen meldet Ende April den Besuch von ihrem Fritz an, worauf sich meine Jungen sehr freuen und sie bittet mich sehr herzlich um meinen Besuch, sie zieht, wie Du vielleicht schon wissen wirst, diesen Sommer nach Lichtenwalde bei Chemnitz, ein ganz reizender Ort, ich kenne ihn und dort soll ich einige Tage zu ihr kommen. Ich habe sie nun sehr gebeten sie möchte erst mit Fritz zu uns kommen dann würde ich mit ihr nach Chemnitz reisen und auf der Rückreise Dich und Ottilie besuchen, darauf habe ich noch keine Antwort. Sie schreibt mir auch sie hätte von Dir einen langen zärtlichen Brief erhalten. Du Garstige, warum gönnst Du mir denn nicht auch ein paar Zeilen? War denn Deine Liebe zu mir so sehr loker daß ein kleiner Verdacht, oder Misverständniß sie ganz verdrängen konnte?

Denke Dir, welcher merkwürdige Zufall mir passirt ist. Ich war mit meinen Dienstleuten seit langer Zeit so übel berathen daß ich neulich eine Anonce in die Zeitungen setze worin ich eine ältere gewissenhafte Person aus gebildetem Stande zur Stütze der Hausfrau und Pflege meiner kleinen Kinder verlange. Nur meine Adresse, nicht der Name war angegeben. Da erscheint unter Vielen eine ältere Frau vor mir, ihr Gesicht kommt mir bekannt vor und ich erkenne die Mad. Görold die 5 Jahre lang in Paris in so nahen Beziehungen mit uns gestanden hat, die aber als wir übersiedelten Paris auch verließ um in Rußland eine Stelle in einem adligen Hause zur Erziehung für Kinder anzunehmen. Wir hatten seit diesen 14 Jahren nie wieder etwas von ihr gehört und glaubten sie längst im Grabe. Nun denke Dir nur, liebe Minna unsere gegenseitige Ueberraschung, wir weinten beide Freudenthränen, selbst mein Mann war zu Thränen gerührt. An ihr habe ich nun endlich die treue, anhängliche Seele gefunden, deren ich hier in Berlin so sehr bedurfte. Seit dem 2ten April ist sie in meinem Hause und meinen Kindern eine zweite Mutter. Daher habe ich nun auch Reisepläne gefaßt, ich athme endlich wieder auf, denn ich weiß daß meine Kinder wie meine Wirthschaft in treuen zuverläßigen Händen sind.

Am 18. Wieder wurde ich gestern durch Besuche am schreiben behindert und somit habe ich dann heute Morgen, als Montag, Deinen lieben Brief erhalten für den ich Dir herzlich danke, denn er hat mich sehr erfreut obgleich ich mit großem Bedauern daraus sehe daß Du Aermste so krank gewesen bist. Gott gebe nur daß Du Dich nun ganz wieder erholt hast. Bleibt es denn noch dabei meine liebe Minna, daß Du im Juni nach Schandau gehst? Ich halte nun gar nicht viel von Schandau, die hiesigen Aezte erklären es seiner feuchten Ausdünstung wegen für ein ungesundes Nest. Ich soll nach meines Arztes willen der, wie ich mit meinem Befinden sehr schlecht zufrieden ist wieder womöglich ein Seebad gebrauchen, das thue ich aber nicht. Ich habe schon gedacht wenn Lichtenwalde ein kaltes Bad besitzt, da möchte ich mich dort bei Clärchen etwas länger aufhalten um meinen sehr geschwächten Körper, namentlich meine fürchterlich gereizten Nerven in Ruhe und Landluft etwas zu stärken. Doch darüber bin ich noch nicht im Klaren. Anfang Mai zieht Clärchen nach Lichtenwalde. Dann soll ich kommen. Hoffentlich macht sich das Wetter bis dahin besser, denn jetzt haben wir doch merklich reinen Winter.

Durch die Zeitungen hatte ich erfahren daß Richard wieder in der Schweiz sei – ich wußte aber durchaus nichts Näheres, wußte auch bis ich heute den Brief empfing nicht an welchem Orte er dort lebt. Also in Luzern, nun da mag es ihm wohl besser gefallen wie in Venedig; dort in der himmlischen Gegend wird er sich wohl, so gut es geht, glücklich fühlen. Ich habe natürlich von Richard keinen Brief wieder, da ich ihm noch nicht einmal für seinen lieben Brief* gedankt habe. Damals schrieb er nur, er glaube nicht daß Ihr Paris zu Eurem ferneren Aufenthalt wählen würdet, da er Paris haßte. Nun ist es also doch so von Euch beschlossen. Gott, es wird mir ganz wehmüthig ums Herz; wenn ich Euch wieder mit in so weite Ferne ziehen sehe und doch hat Paris für mich wieder andererseits einen unendlichen Zauber, denn, wenngleich mit manchen Kämpfen verbunden war doch die Zeit meines Pariser Aufenthaltes die schönste meines Lebens und ich hänge jetzt noch mit meinen schönen Erinnerungen an Paris wie an einem heißgeliebten Wesen. Läßt Gott alles gut gehen, wir bleiben gesund, und die Geschäfte gehen endlich wieder besser, die schon seit Jahr und Tag fast ganz darnieder liegen, so unternehme ich wirklich auch die Reise nach Paris, um Euch dort beide wieder zu sehen, Ihr wärmt mir dann auf ein Paar Wochen ein kleines Plätzchen bei Euch an.

Freilich hat sich seit ich dort fort bin vieles verändert; meine Jugend ist dahin, alle unsere damaligen Freunde sind fort. Doch, man wird ja auch in so einer Reise vor Jahren in seinem Inneren ganz umgestaltet. Nachdem man sich eine Zeit lang gesträubt hat, ergiebt man sich darin daß man alt geworden ist und macht sich vertraut mit den Reizen die uns das Alter bietet. Paris soll ja so enorme Umgestaltungen unter der jetzigen Regierung erfahren haben, es mag sehr interessant sein das zu sehen. Doch es würde mich nicht mehr reizen wenn ich nicht die herrliche Aussicht hätte dort noch einmal auf unsere alten Tage mit Euch zusammen zu sein, wo wir als ganz junge Eheleute vereint waren. Unser Zusammenleben in Bellevue, wie war das doch hübsch! Lieber Gott, was ist seit dem Alles über unsere Häupter gezogen! Erinnerst Du Dich noch wann wir des Morgens zusammen nach Meudon gingen und Fleisch einkauften! Ach, ich mag an all das Gemüthliche was für mich in dem Landleben dort lag gar nicht denken, denn ich werde sehr traurig bei den Erinnerungen.

Was Du mir von Dir dereinst schriebst hat mich sehr ergriffen. Es sollte mich doch sehr schmerzen wenn sie schon aus der Welt ginge.* Ist sie voll von Bitterkeit, so kann ich es ihr nicht ganz verdenken. Diese Frau hat durch ihr prachtvolles Genie so viele Tausende beseeliget und begeistert, daß ich es am Ende natürlich finde wenn sie über ihr vergessensein schimpft. Ich verehre sie heute noch aus alter Dankbarkeit sehr hoch und wollte mich sehr glücklich schätzen wäre es mir vergönnt ihr es noch einmal in allem Enthusiasmus zu sagen. Wer nun freilich ihr bürgerliches Treiben kennt und mit ansieht wie Du, die mag wohl nicht ganz so mehr hingerissen sein, wie ich in meinen schönen Erinnerungen es noch immer von ihr bin.

Ich habe Dir doch einen sehr langen Brief geschrieben und das will bei mir jetzt viel sagen, denn von allen Seiten laufen schwere Klagen über meine Schreibfaulheit ein – ich muß auch ehrlich bekennen daß ich nicht gern mehr Briefe schreibe, man merkt das auch meinem

Styl sehr gut an. Revangiere Dich, mein Minel, und erfreue mich mit ebenfalls einem langen Briefe, wir müssen uns wahrhaftig wieder neu kennenlernen. Wie lange bleibst Du also noch in Dresden? Willst Du zu mir kommen oder soll ich zu Dir kommen?

Kannst Du mich im letzteren Falle auf einem Sopha placieren? Ich bin ein mutloses (?) Frauenzimmer, ich wohne so sehr ungern allein im Gasthofe Du müßtest dann auf die paar Tage mit mir ins Gasthaus ziehen.

Sollte es sich machen daß ich zu Dir käme, da laß um Gottes-willen Julius nichts davon merken, verreise lieber wieder ein bischen nach Leipzig. Da könnte mir's wirklich verleiten meine liebe Vater-stadt wieder zu sehen.

Mein Mann und Kinder lassen Dich Alle herzlich grüßen. Max ist schon wieder seit 7 Tagen auf Geschäftsreise. Diesmal ängstige ich mich sehr um ihn weil das abscheulich kalte Wetter eingetreten ist. Den Tag als Du bei uns warst wurde mein kleiner Ferdinand noch sehr krank so daß ich die ganze Nacht ihm kalte Umschläge um den Kopf machen mußte, darum war er auch gar nicht so nett mit Euch. Ja, man hat immer seine Noth mit Kindern! Du hast doch in der Be-ziehung ein viel ruhigeres Leben. Grüße doch die gute Mathilde recht herzlich von mir; auch auf das Wiedersehen mit ihr freue ich mich sehr. Ebenso grüße auch Schwester Natalie, die nun wohl auch noch einmal mit nach Paris wandern wird? Wie sehr wird sie sich darauf freuen, denn sie schwärmt ja sehr für Paris. Nun lebe wohl, meine liebe gute Minna und behalte lieb

Deine alte Cecilie.

MINNA AN CÄCILIE, Dresden 15. April 1859

Dresden d. 15ten April 59.

Meine liebe Cècilie!

Nur ein paar Zeilen heute, da ich noch immer etwas viel zu thun und noch etwas angegriffen bin. Es ist mir noch Alles wie ein angenehmer Traum, daß ich in dem eleganten Berlin war, Dich und die lieben Dei-nigen wiedersah. Leider war die Zeit nur zu kurz zugemessen, sonst,

kann ich Dir versichern, hätte ich mich nur erst nach längerem Auf-
enthalte, von Euch Lieben, trennen können.

Den Tag nach meiner Zurückkunft von dort, wurde ich krank,
eine Halsentzündung befiel mich, Fieber, daß ich eigentlich erst vor
5 Tagen wieder ganz genesen bin. Es hatte sich eine Grippe aus der
Erkältung, die ich mir auf der Herreise 3ter Klasse zugezogen, etabi-
lirt. Der alten treuen Mathilde, die mich für ihr Geld nach Berlin begleitete, brachte ich dieses Opfer. – bei dem heftigen Wind, der an
dem Tag wehte und sich eben viele rauchende Viehhändler mit auf
diesen Pläzen fuhren, die einem durch ihre Düfte veranlassen öfter
die Fenster zu öffnen* –

Von Richard erhielt ich gestern wieder Nachricht, es geht ihm gut,
die schweizer Luft bekommt ihm bei weitem besser als die italiänische,
was bei nervösen Menschen ja immer der Fall ist. Bis July bleibt er also
in Luzern, um seinen Tristan fertig zu machen, wozu Gott seinen Segen geben mag. Mehr als vier Mal wurde er während der beiden ersten
Akte durch Kranksein unterbrochen. Wie schön wäre es, wenn Du mit
Deinem guten lieben Mann im July einen Ausflug am Vierwaldstätter-
see machtest, bis dahin ist Richard noch dort und bekanntlich ist diese
Gegend am schönsten in der ganzen Schweiz. Sein Zelt hat er am See
aufgeschlagen, im Schweizer Hof in Luzern. Zu seiner Bequemlichkeit
hat er sich ein paar Stück von unserm Möbel aus Zürich kommen
lassen und gefällt ihm so ganz außerordentlich.

Für nächsten Herbst bleibt es dabei da geht es nach Paris pour tou-
jours! Unsern geliebten Julius habe ich mir während meines Krankseins, bis vorige Woche fern gehalten, das zweite Wort war, gieb mir ein
paar Thaler was aber diesmal nicht geschah, nicht einmal Groschen gab
ich ihm, weil mir diese Art von Willkommen zu stark war. Seit gestern
früh bin ich für ihn wieder auf 8 Tage nach Weimar gereist. Gott möge
mir solche Lügen verzeihen, aber es ist die einzige Art mir Ruhe zu-
schaffen, mich nicht zu ärgern, er ist wirklich ein unverschämter, zu-
dringlicher Mensch. Ging es dem Richard nach, so müßte ich ihm stets
die Thüre verschlossen halten. – Es ist schlimm aber 100 Jahre wird
unser guter Julius wenigstens leben, da hast Du ganz recht mein Cèlchen! Denke Dir mein Kind, daß ich eben die Nachricht erhielt, daß

Frau von Bock (Schroeder-Dévrient) auf dem Todte darnieder liegt. Sonntag und Montag war ich noch bei ihr und fand sie ganz elend wie aus dem Grabe gezogen, sie selbst hatte keine Hoffnung auf Besserung und sprach nur erbittert über ihren Zustand. Ihre Krankheit ist furchtbarer Blutverlust, Du weißt, daß das bei einer Frau wie die Bock auf das Fürchterlichste enden kann, besonders, da sie die gräßlichsten Schmerzen dabei hat. Aufrichtig gesagt, ich würde es für kein Unglück halten, wenn diese Frau schnell stürbe, sie ist mit Gott, sich und mit allen Menschen zerfallen, daß ihr von ihrer Größe nichts, als die größte Erbitterung geblieben ist, mit einem Wort, sie ist eine unglückliche Frau, bei deren Anblick sich einem das Herz im Leibe umdreht.

Gott schütze jede Frau vor Krankheit. –

Dir und den Deinigen möge er stets Gesundheit schenken. Mit diesem innigen Wunsche nimm tausend herzliche Grüße für Dich und Deinen lieben Mann von

Deiner

alten treuen

Minna.

Natalie läßt sich Dir bestens empfehlen.

CÄCILIE AN MINNA, Berlin 17. August 1859
Berlin am 17 Aug. 1859.
Meine gute liebe Minna!
Du willst mich grausam strafen daß ich mit meinem vorigen Briefe an Dich so lange zögerte, sonst wärst Du doch wohl wieder so freundlich gewesen mir einmal Nachrichten von Dir zukommen zu lassen. Bitte, verzeihe mir doch meine damalige scheinbare Undankbarkeit und laß mich recht bald wissen wie es mit Deinem körperlich wie geistigen Befinden geht. Hoffentlich bist Du noch in Schandau und ich riskiere nicht etwa daß meine heutigen Zeilen nicht in Deine lieben Hände kommen. Das wäre schrecklich! Aber lange wirst Du dort auch nicht mehr bleiben können, denn es mag jetzt sehr feuchte Morgen und Abende in Schandau geben. Was wird nun mit Dir, meine Minna, wo gehst Du dann hin?

Von ganzem Herzen wünsche ich daß Dir der Aufenthalt in der Gebirgsluft recht gut bekommen ist und Du Arme nicht mehr so zu leiden hast. Ich denke mir immer Du bist mit einem male unter eine Menge Bekanntschaften gerathen und dabei kommt man freilich nicht zu schreiben. Bei Brockausens warst Du doch gewiß auch, trotzdem daß Fritz neulich in einem Briefe an meinen Mann nichts davon erwähnt hat. Wo ist denn jetzt Richard, ich kann mir gar nicht denken daß er immer noch in Luzern sein sollte, so lange hält er doch am Ende gar nicht an einem Orte aus wo ihm seine Häuslichkeit fehlt. Wie wird es dann noch mit Paris, oder geht Richard noch nach Amerika? Hier in Berlin ist jetzt alles sehr still da der König so krank darnieder liegt und doch nicht sterben kann.

Mir ist dieser Sommer, ehrlich gestanden sehr langweilig vergangen außer den Ausflügen zu Dir und Clärchen hat auch keine einzige angenehme Veränderung unser Leben unterbrochen. Mein Max ist seit 8 Tagen wieder aus Colberg zurück wohin wir ihn seiner Gesundheit halber schicken mußten, er ist, Gottlob recht frisch und kräftig wiedergekommen, wie einem das ja immer geht nach längerem Landaufenthalt und Faullensen, ob aber sein eigentliches Leiden gehoben ist, das, leider, bezweifle ich. Ich bin sehr elend und schwach, mein Arzt wollte mich noch jetzt durchaus zur See schicken [,] es schien dies aber mein Mann nicht ganz recht diesmal und ich selbst bedachte die Ausgaben die wir schon durch Reisen diesen Sommer gemacht haben und bin daher zu Hause geblieben, auch ist meine Sorge um die beiden kleinen Jungen zu groß als daß ich so blos an mich selbst denken sollte.

Ich sehe aber dem nächsten Winter mit bangen entgegen, da wird es mir wohl übel angehen da ich nicht wie sonst alle Sommer, etwas zu meiner Erfrischung gethan habe.

Ich kann Dir, meine beste Minna, auch nicht das geringste Interessante mittheilen, denn ich habe rein auch gar nichts erlebt und genau betrachtet, muß man ja immer noch Gott dafür danken wenn er uns so ruhig hier leben läßt ohne schmerzliche Zwischenfälle.

Sei mir also, gute Minna, nicht mehr böse und laß mich hören wie es mit Euch geht.

Ich will so unartig sein diesen Brief nicht zu frankiren, weil ich mir einbilde, solltest Du nicht mehr in Schandau sein, daß er Dir dann nachgeschickt wird. Ich bitte Dich aber sehr mit Deinem nächsten Briefe ein Gleiches zu thun. Nun lebe herzlich wohl, mein altes Minnel, grüße Natalie herzlich von mir und behalte mich trotz allem immer noch lieb. Deine Cecilie.

MINNA AN CÄCILIE, Bad Schandau 17. August 1859

Schandau d. 17ten August [1859]

Meine ganz gute liebe Cècilie!

Zuförderst herzlichen Dank, für Deinen lieben Brief vom vorigen Monat! Er beruhigte mich in soweit, weil ich daraus ersah, daß Dir nichts Erhebliches begegnet ist. Die kleinen Fatalitäten mit den Dienstboten ließ[en] sich wieder ausgleichen, die Kranke mit ihrer Halsentzündung, die mich ein Jahr wenigstens ein halb Dutzend Mal geneckt, konnte nach kurzer Zeit doch wieder genesen und Dir die Mühe und Sorge wieder abnehmen. Leider weiß ich nur zu gut, daß die Hausfrau in solchen Fällen am schlimmsten daran ist, besonders Du, mein armes Cèlchen, die Du glaubtest in dieser verschrobenen Görolden eine zuverlässige Person, eine Hülfe an ihr zu haben, und nun auf ein Mal sich so enttäuscht zu sehen, sich höchstens noch eine Noth aus gutem Herzen auf den Hals geladen [zu haben]. Nimm mir es nicht übel, wenn ich Dir aufrichtig gestehe, daß ich nicht fest an Deinem Glücke, als Du mir schriebst, daß Du die Görold wieder gefunden, glauben konnte, da ich mich entsann, daß sie Dir damals in Paris Scenen gemacht hatte, z. B. in Krämpfen, Ohnmachten u. s. w. verfiel, sobald Du ihr die geringste Zumuthung neben Deinem Dienstmädchen machtest. Sie ist doch, wenn auch eine unglückliche, kranke aber doch etwas verrückte Frau, mit der Du auf die Länge der Zeit doch nicht auskommen konntest, besser also so. –

Hoffentlich wie ich von ganzem Herzen wünsche, bist Du und die lieben Deinigen gesund und wohl, auch wünsche ich, daß Max recht frisch aus dem Seebad zurückgekehrt sein mag. Ich hätte Dir wohl gegönnt, daß Du ihn hättest begleiten können, stärkend wäre es gewiß für Dich gewesen, ja das dumme Geld, daß das immer zu kurz ist, immer nicht weit reicht. Daß Max allein dahin gehen mußte, war für Dich allerdings etwas beunruhigend, indess er ist so ein ausgezeichneter, ruhig verständiger guter Mensch, in dem ein viel zu fester, guter Grund gelegen ist, daß ich unbedingt glaube, daß er das befolgt, was ihm Vater, Mutter und der Arzt rathet; wenn er auch noch jung ist, so ist er gewiß zuverlässig, diesen Eindruck haben mir Deine beiden Aeltesten [?] hinterlassen.

Lange schon wollte ich Dir schreiben, doch wollte ich noch abwarten bis ich Dir etwas Bestimmtes über meine nächste Zukunft mittheilen könnte. Gewisses weiß ich nun freilich auch jetzt noch nichts, es hängt Alles noch in der Schwebe, doch noch länger warten, Dir eine Nachricht von uns zu geben kann ich auch nicht, stellt sich noch später etwas heraus, so werde ich nicht ermangeln, Dir es wissen zu lassen, Richard ist zur Zeit noch immer in der Schweiz auf dem Rigi, im Kaltbad, um sich etwas zu erholen, da er in letzterer Zeit seine Arbeit wieder ergriffen und endlich, nach zwei Jahren, seinen Tristan fertig gemacht hat, Gott sei gedankt! Mache ich mir nun auch gerade keine Hoffnung, daß diese Oper die Runde macht auf den deutschen Theatern, so weiß ich doch, daß Richard vor der Beendigung dieses verhängnisvollen Tristan auch nichts Anderes begonnen hätte. Diese Liebesbrunst mußte ihm erst aus dem Leibe und somit hoffe ich, daß der Himmel ihn zu einem neuen, vernünftigen Werk stärken möge. –

Ende October soll dieser Tristan in Karlsruhe in das Leben gerufen werden, Gott gebe seinen Segen! Und ich soll dann meinen Mann, nach Verlauf von 15 Monaten, zum ersten Male wiedersehen. Gott, möchte der October noch etwas lange auf sich warten lassen, mir bangt vor diesem Wiedersehn welch einer grassen Zukunft gehe ich entgegen, was wird mir Richard für Kränkungen aufgespart haben?! –

Mich ganz von ihm [zu] trennen, ihn nie wieder zu sehen, dazu kann ich mich auch nicht bestimmen, die Noth, das Elend was ich mit ihm durchlebte, hat mich an ihn nur noch fester gebunden, aber mich freuen auf unsere Zusammenkunft kann ich nicht, er hat mir zusehr in das Herz gegriffen, mich zu scheußlich behandelt. – Ich habe verziehen, doch <u>vergessen</u> werde ich es nur jenseits, was ich erleiden mußte. Vorgestern erhielt ich den letzten Brief von Richard,* in denen er mir klagt, daß er noch immer vergebens auf seinen Paß vom Gesanden warte, der ihm das Visum nach Paris verweigerte und deshalb erst dorthin schreiben wollte, ob er die Erlaubniß dazu erhalte. Ich denke, daß dies nur eine Verzögerung sein wird, da man im vorigen Jahr ihm keine Schwierigkeiten machte, Paris auf mehrere Wochen zu besuchen. Nach Amerika wird mein lieber Mann nicht gehen, es wurden 3 Monate verlangt, wo er sich 35 000 Franc hätte sicher verdienen können, allein er mag nicht. Wie schön hatte ich mir das gedacht, ich wäre in dieser Zeit nach Berlin gekommen, um Dich öfter sehen zu können. Es ist ja auch gänzlich gleichgültig, wo ich mein Geld verzehre, da ich ja keine Heimath habe. Doch nun werde ich auf dieses Glück verzichten müssen. Bis Ende September bleibe ich hier, dann muß ich nach Dresden um dort meine sieben Sachen zupacken. Wohin ich sie schicken soll, weiß ich noch nicht. Ich theile Dir es, wie gesagt mit, sobald ich es erfahre. Meine Schwester* schrieb mir vor zwei Wochen aus Petersburg und lud mich recht herzlich ein sie dort zu besuchen, ich frug Richard darum, der es mir aber gänzlich verbot, er sagte nach Rußland ließe er mich auf keinen Fall, ich sollte es nur doch noch mit ihm versuchen. Meine Notenmappe, die ich ihm zum Geburtstag schickte ist kaum erwähnt worden, sie kam zu einer unglücklichen Zeit, als er nicht lange erst in Zürich bei Wesendoncks gewesen war, es lebte die Erinnerung noch zu neu in ihm, dachte an die Seidenfrau zu lebhaft. Nun, ich werde meine alten Augen künftig schonen und es Anderen überlassen, Mappen zu schicken. –

Klärchen schrieb ich vorige Woche. Sie ist mir vielleicht böse, ihren Brief so lange unbeantwortet gelassen zu haben. Aber meine gute, liebe Cècilie, wie kannst Du nur glauben, daß ich ihr etwas, was wir aufrichtig besprochen, wiedersage, das war nie meine Sache, Du kennst mich doch noch immer nicht. Du und ich haben Klärchen, trotz ihrer vielen Schwächen, doch lieb, sie ist gräßlich heftig und empfindlich, besonders was ihre Mädchen betrifft, wie sie sie immer nennt, ich möchte in keinen Zank mit ihr gerathen, das konnte mir nur ein Mal mit ihr begegnen. – Ich spreche mich gegen Dich ganz offen über ihre Töchter aus, ohne Dich, wie Du mir es thust zu bitten, ihr nichts wieder zu sagen, ich meine, wenn man das volle Vertrauen zueinander hat, so ist dies nicht erst nöthig, es muß unter uns bleiben, ohne Verbot oder Bitte. –

So muß ich Dir denn aufrichtig bekennen, daß mir der Brautstand Röschens nicht gefällt und noch gar nicht an eine Heirath mit jenem Hoppe glaube. Du weißt, daß ich diesen Menschen in Chemnitz bei Wolframs sah, als eigentlich die Verlobung dort stattfand. Sein Äußeres ist gerade nicht abstoßend, doch hat er etwas Unbestimmtes, spricht nur höchst wenig und war nichts weniger als zärtlich mit seiner Braut, was am Ende an einem so entscheidenden Tag wohl erlaubt wäre, Röschen war auch kalt. Kurz, es ist ein Mensch aus dem man nicht klug wird, ob er dumm, schlegt oder gut ist. Letzteres leuchtet mir jetzt ein, daß er es nicht ist. Mathilde geht bei der Familie Eichberger in Dresden öfter aus und ein. Diese waren an verschiedenen Theatern, wo auch dieser Hoppe engagirt war und diese gaben ihm allerdings das Zeugnis eines nicht guten Menschen und der seine erste Frau ganz infam behandelt haben soll. Unvorsichtig finde ich es nur von Vater und Mutter und Röschen, daß sie ohne vorher sich genau nach einem solchen Mann erkundigt zu haben, eine öffentliche Verlobung zu proclamiren. Die Eltern sind gewisser Maßen dadurch entschuldigt, daß ihre Tochter endlich einen nicht häßlichen Mann bei ihnen einführte, den sie erklärte zu lieben. Dieser oder keiner soll der Mann ihrer Wahl werden, worüber die guten Eltern doch glücklich sind, besonders, da ihre hübsche Tochter einstens sich mit einem Lumpen verlobte. Es wäre wirklich höchst beklagenswerth, wenn das Mädchen wieder Unglück hätte und abermals mit einem Lumpen andrer Art sich verlobte, der sie noch einmal sitzen ließ. Röschen, das steht fest, liebt Hoppe. Wollte man jetzt dazwischentreten und der Familie sagen, zerreißet diesen ohnehin lockeren Bund, er ist ein schlegter Mensch, in welches Wespennest würde man stören, die Beweise her, würde man sagen, die hat es gesagt, der hat es gesagt, niemand hat dann was gesagt, um sich Unannehmlichkeiten zu ersparen.

Mein Trost ist, daß sie sich ohnehin nicht heirathen werden, man läßt sie also gewähren. – Röschen früher zu uns für längere Zeit einzuladen, hatte ich nie den Muth, da sie ein verwöhntes, unpraktisches pretensiöses Ding ist, die mir noch dazu kalt und undankbar erscheint. Welchem Verdruß würde ich mich ausgesetzt haben, wenn ich bewußtlos die Aufmerksam nur einmal außer Augen gesetzt haben würde, es wurden mir schon damals, als Röschen auf Marcolinis* 4 Wochen bei uns war, bekam ich hinterher von ihrer Mutter bittere Vorwürfe, das junge Mädchen nicht genug bedient zu haben, sie hatte mich verklatscht, Ich fand das so erbärmlich, daß ich es ihnen nicht einmal übelnahm, ich ließ reden.

Seit 6 Tagen haben Brockhausens Prossen* an einen bömischen Edelmann verkauft, welches ich für ein großes Glück für diese Leute ansehe, es trägt nur 2 Prozent. Anfang October gehen sie von dort fort, wohin ist noch unbestimmt, in eine große Stadt auf jeden Fall. Louise war öfter, leider vergebens bei mir, lud mich auch ein paar Mal zum Mittagessen ein, wofür ich ihr dankte. Nur zwei Mal war ich bei ihr, nicht mehr. Der Weg von hier bis dorthin ist weit und schlegt (1 ½ Stunde und immer Fahren ist mir zu kostspielig). Von der Grabsteinauffrischung sagte ich ihr wiederholt, es wird Alles schönstens besorgt, Du darfst unbesorgt sein. Am 6. d. M. fand endlich in Dresden die erste Lohengrin-Aufführung statt, natürlich ging ich hin und wohnte zwei Vorstellungen bei. Im ganzen muß ich sagen, mit Ausnahme des Hauptträgers, Telramund, Ortrud und Chöre, daß die Berliner Aufführung besser ist. Der König, der Heerrufer, Szenarium und usstattung waren in Berlin besser. Elsa dort ausgezeichnet. Der Kapellmeister schleppte die Tempi, daß das Publikum Lange Weile empfinden mußte. Es sind nur einige Striche gemacht worden, die dem Ganzen doch unter den obwaltenden Umständen gut thun. Mir ist diese Oper ein großes, edles, heiliges Werk. Tristan ist ganz das Gegentheil im Sujet. –

Nun, meine liebe gute Cècilie, habe ich Dir viel vorgeplaudert und Dir ein kostbares Viertelstündchen geraubt. Laß nicht wieder mich nach einer Nachricht von Dir so lange schmachten. Sei innig gegrüßt und geküßt von

Deiner

Dir unwandelbar treuen Minna.

Deinem vortrefflichen Mann und lieben Kindern, sage von mir
die herzlichsten Grüße!

Natalie läßt sich Dir schönstens empfehlen!

[Fehlende Briefe von Cäcilie Avenarius bis 16. März 1861]

*Minna Wagner,
Paris 1859*

MINNA AN CÄCILIE

(Postscriptum zu einem Brief Richard Wagners
an Eduard Avenarius), Paris, 6. Juni 1860

Meine liebe Cècilie,

Unmöglich kann ich diesen Brief abgehen lassen ohne den leren
Raum nicht zu benutzen, Dir und den lieben Deinigen die herzlichsten Grüße zu senden.

Wie sehr hoffte ich immer von Dir eines schönen Tages einen
Brief zu erhalten, in dem Du mir Deinen lieben Besuch anzeigen würdest, leider noch immer vergebens, Du böse Frau!

Ende dieses Monats gehe ich auf 4 Wochen ins Bad, meine Brust ist von den ewigen Giften doch sehr angegriffen, die ich seit einigen Jahren schlucken mußte. Ende August erwarte ich Röschen hier, Kläre schrieb mir deshalb einige Male und nahm es schon sehr übel auf, als ich ihr einen Abschlag darauf gab. –

Du wirst es vielleicht wissen, daß sie den Brautstand abermals gelaßen hat, und nun soll sie sich in französischem Sprechen vervollkommnen, um meistens ihr Brod mit Stundengeben zu verdienen, da es mit der Schauspielkunst doch nicht zu gehen scheint u. s. w.

Adieu

Deine

Minna

MINNA AN CÄCILIE, Bad Soden, 21. Juli 1860

Bad Soden d. 21ten July [1860]

Meine liebe, beste Cècilie!

Es ist gewiß recht grausam von Dir, daß Du mir so eine Ewigkeit keine Nachricht, wie es Dir mit Deiner Gesundheit ergeht gegeben hast. Seit d. 5. d. M. bin ich hier in dem scheuslichen Nest Soden, also wieder einmal auf deutschem Boden und mir ist es als könnt ich Dich mit meinen Armen erreichen, so nah als ob Du meine Stimme hören könntest, darum rufe ich Dir zu, schreibe, schreibe mir bald!

In den nächsten 14 Tagen muß ich natürlich zurück nach Paris, wo uns ein naher Umzug bevorsteht, da wir doch der neuen sogenannten Boulevards wegen, die selbst die rue Newton nicht vor den Um- und Ausgrabungen mehr verschont, fast unterminirt werden. Als Richard vor beinahe [einem] Jahr, das kleine Häuschen seiner stillen einsamen Lage wegen miethete, wußte noch niemand, was dort geschehen sollte. Zögern wir noch lange, so können wir effecktiv kein Stück Möbel mehr herausschaffen, denn schon jetzt, schrieb mir Richard, kann kein Wagen mehr vorfahren und 8 Meter tief wird unsere Straße dort gelegt. Nichts kann man mit Ruhe abmachen, mir wenigstens geht es nicht anders und das bereits seit mehr als 2 Jahren, als ich über Hals und Kopf unsere Sachen zum Theil verkaufen, einpacken mußte, um fort zu kommen. Es hieß dann wieder von Ort zu Ort zu wandern, ohne zu wissen wo ich mein Nest aufbauen dürfte, plötzlich muß ich dann nach Paris, von dort meiner quälenden Herz-leiden [wegen], bestanden die Aerzte darauf, hierher und nun möchte ich auch schon wieder dort sein, eine Wohnung suchen helfen, da R. durchaus keine Zeit dazu hat, er muß nächstens die Partitur von Tannhäuser einrichten und überreichen, da es bestimmt dabei bleibt, daß die Proben Anfang Sept. ihren Anfang dort nehmen, im Decem-ber die Aufführung stattfindet. Doch vorher noch alle die Parthien ausgeschrieben und zur Einsicht übergeben werden müssen. Doch 14 Tage muss ich noch hier bleiben, sonst wäre diese Reise umsonst, die ich ohnehin gern erspart hätte. Leider aber hatte ich mich in letz-terer Zeit so sehr geärgert, daß es unbedingt nothwendig wurde, etwas für meine Gesundheit wieder thun zu müssen. Aerger habe ich, Gott weiß es, vollkommen in meinem Hause genug und braucht nicht noch von Außen her zu kommen, wie es diesmal auch noch der Fall war. Du weißt, meine liebe Cècilie, daß ich sehr gern jemanden von der Familie bei mir habe und die man gern sieht, da hat man auch gewiß immer Platz, wie ich es ja selbst in meinem kleinen Logis in Dresden Dich bei mir zu haben, möglich zu machen suchte. –

Kaum war ich von Klärchen dort angelangt, hatte noch nicht ein-mal vollkommen ausgepackt, als ich sie auch schon mit Einladungen, mich in meinem Asyl zu besuchen, bestürmte. Sie schlug es mir aber immer ab, bald hatte sie Röschens Ausstattung zu besorgen, dann mußte sie nach Hüttewalde, dann wieder kam Hoppe usw. Endlich d. 4ten Juni zog ich nach Schandau, wohin ich sie ebenfalls einlud, was sie wegen Louisen nicht annehmen wollte. Doch später wollte sie mich besuchen, um der ersten Aufführung von Lohengrin beizuwohnen, schnell schrieb ich sie solle nur kommen, wir führen zu jeder Vorstel-lung herein und es mache mich glücklich sie zu sehen pp. Klärchen kam aber nicht. Hoppe und Gott weiß wer Alles sie abhielt, sie ver-schob es bis ich d. 11ten October wieder in die Stadt zog und endlich d. 17ten November von dort nach Paris abreisen mußte. Ihre ersten Briefe, die ich nun in Paris erhielt, strotzten voller Vorwürfe, daß ich sie in Dresden zu keiner Lohengrin-Aufführung hätte haben wollen, was sie mir nicht verzeihe, und ich hätte sie doch in meiner Wohnung dort unterbringen können, sie sei doch bescheiden und lauter Unsinn. Nun aber muß ich Dir sagen, daß ich die kleine Wohnung, in der Du mich besuchtest, schon am 11ten Juni aufgeben mußte, den 6ten August aber erst die erste Aufführung von Lohengrin stattfand. Aber blind ungerecht, wie sie in ihrer gräßlichen Leidenschaft ist, so war sie es auch mit mir, sie hatte ja lange genug mit mir gestanden, muß doch auch einmal an die Reihe kommen, mit der sie sich schlegt steht und der sie nun einen tüchtigen derben Brief geschrieben hat, na, der aber habe ichs gesagt, die wird sich wundern und klein nachgeben, so wenigstens schrieb Klärchen mir oft, daß sie sich mit einer oder der anderen Schwester gestellt habe, warum also mich verschonen? – Die ich solches Vernehmen hasse, ich habe größere Sorgen und Kummer. Vor einigen Monaten nun schrieb Klärchen an mich und erzählte mir, daß ich Röschen zu mir nehmen sollte, aus der Heirath mit H. würde nichts, zum Theater ginge sie auch nicht wieder, jetzt solle sie zu uns um sich in der französischen Sprache zu vervollkommen, damit sie später in Chemnitz ihr Brod damit verdienen könne. Richard, nicht ich, bei Gott nicht, konnte das Mädchen zu <u>Dir</u> gesagt, nicht leiden, seitdem sie bei uns zum Besuch war, dieser Widerwille nahm aber noch dadurch zu, als er hörte, daß sie mit diesem ganzen Wesen zum Theater ginge, also nur eine <u>verdorbene</u> Theaterprinzess wie er sie nennt. Mit diesem kalten unangenehmen undankbaren Wesen, wie Du sie ebenfalls in einem Deiner Briefe, den ich noch ganz kürzlich wieder einmal las, ganz richtig bezeichnetest. Auch wir sind noch nicht in den Stand gesetzt, ein solches anspruchvolles Mädchen auszustatten, was allemal scharf gerügt wird. – Kurz, ich legte Richard Klärchens Brief, den ich nicht den Muth hatte ihm seines Inhalts wegen vorzulesen vor, und frug, was er zu thun oder ich antworten sollte. In aller Schnelligkeit und Aufgeregtheit, sagte er mir so viel, was ich abschläglich antworten sollte, daß es mich völlig schmerzte. Dieses unangenehme Mädchen soll bleiben wo sie ist, nicht in mein Haus kommen usw. aber ich bitte Dich es K. <u>nie</u> wieder zu sagen. Ich schrieb aber ganz anders, ich sagte Klärchen solle es einst kommen uns zu besuchen, ob es ihr auch bei uns gefallen würde pp. unsern Haushalt für geeignet hielt, eine ihrer Töchter uns anzuvertrauen, ganz zart verfuhr ich, war natürlich unter den obwaltenden Umständen nicht gleich außer mir vor Freuden. Darauf erhalte ich wieder einen Brief von K. worin sie sagt, wir müßten dazu beitragen Röschen auf diese Art eine Selbständigkeit zu verschaffen, indem sie eine zeitlang bei uns sein müsse. Du kannst wohl denken, meine gute Cècilie, daß ich ohne Anstand und ohne selbst erst noch Richard zu fragen, schrieb, es verstünde sich von selbst, daß Röschen zu uns kommen müsse, doch bald spätestens im August schon und sie solle so lange bleiben, wie sie nur wolle recht lange usw., 1 Jahr ich wolle Alles dazu beitragen daß es ihr gefallen solle, nur diese kleine Bedingung müßte ich machen, daß Röschen ihre Stunden bezahlen und Wäsche, Du weißt was das für ein Artikel in Paris ist, und im Haus kann man dort nicht waschen. Nun, das hat mir K. sehr bös ausgelegt und ich gebe gern zu, daß das Wort Bedingung ein falscher Ausdruck von mir war, aber gewiß ebenso wenig bös gemeint war als wenn ich von der hiesigen Theuerniß schrieb, was Hausfrauen, wenn sie an fremde Orte kommen, wohl besprechen.

Ferner bat ich, Julius, der mir einen lamentablen Brief geschrieben hatte, doch 5 Thaler in meinem Namen zu schicken, ich hoffe, daß es ihren Mann nicht geniere, auch das genieren legt sie mir böse aus. Sagt mir in ihrem Schreiben schließlich, sie sei zu alt geworden um zu bitten und sich zu beugen und somit Gott befohlen. Ich war wirklich über einen solchen Brief außer mir, so bös hätte ich mir Klärchen doch nicht gedacht, sie hat mich furchtbar beleidigt und ich kann nie eine Correspondenz mit ihr eröffnen, bis sie es einsieht, wie häßlich sie sich gegen mich benommen, bevor dies nicht geschied, erhält sie nie einen Buchstaben von mir. Hast Du Gelegenheit, so bitte ich Dich, ihr das gelegentlich wissen zu lassen.

In diesem Augenblick erhalte ich zwei Briefe, den einen aus Dresden, den anderen von Richard aus Paris.* Während seinem Dortsein haben ihn viele hohe Herrschaften kennengelernt und ihn öfter eingeladen, z. B. der sächsische und preußische Gesandte, die nicht einmal wußten, daß er Verbannter war. Vor kurzem war der erstere Ex. v. Seebach in Dresden und sprach mit dem König für Richard. Vorgestern ist dieser also zu R. gekommen und hat das Kngl. Rescript selbst gebracht, welches dahin lautet, daß er ungehindert in künstlerischer Ausübung Deutschland, mit Ausnahme Sachsens betreten darf, also er hat seine <u>Freiheit</u> nach 11 Jahren wieder. Doch kommt diese Freude etwas spät, daß sie schon etwas abgestumpft ist. Möglich, daß er mich in 14 Tagen bis 3 Wochen von hier abholt. Doch ist er diesen Winter in Paris nothwendig und wird Deutschland nicht besuchen können. Doch ists gut und freut mich diese Amnestie um seinetwillen, was mir daraus erblühen wird, werden wir ja sehen. Auch schrieb ich Klärchen, daß Du uns Hoffnung gemacht, uns in Paris zu besuchen. Doch sie verhöhnte mich und sagte, Du dächtest nicht daran, uns zu besuchen. Ist das wahr?

Soden ist ein kleines langweiliges schmutziges Nest,* ich hielt es allein nicht aus, habe keine angenehmen Erinnerungen und habe deshalb Mathilde die nach Prag reisen wollte, gebeten, hierher zu kommen sie kommt ohne die Wurst nach der Speckseite zu werfen und erwarte sie in diesen Tagen.

Hoffentlich ist Dir Dein Aufenthalt gut bekommen, schreib nur wie es Dir mit Deiner Gesundheit!

Wie befinden sich die lieben Deinigen? Grüße Alle herzlichst! Deinen Mann grüße noch ganz besonders. Tausend Grüße und Küsse Dir von

Deiner

alten treuen

Minna.

... Ich bin heimathlos und das ist keine Kleinigkeit, wenn man 25 Jahre verheirathet, alt und krank ist

Der Briefwechsel zwischen Minna und Cäcilie von März 1861 bis [?] 1862

Inzwischen ist man aus Paris zurück. Den dortigen Skandal kann Wagner leicht verschmerzen, da sich ihm neuerdings wieder Perspektiven in Deutschland eröffnen: König Johann I. hat im Juli 1860 eine Teilamnestierung verfügt, die zwar nur für die Bundesländer außerhalb Sachsens gilt, nach einem weiteren, auf Drängen Minnas »mit grosser Bitterkeit u. Ingrimm« aufgesetzten Gesuch jedoch zwei Jahre später vervollständigt wird.*

Die Folge der Stationen, die Wagner als Wanderer zwischen dem Pariser »Tannhäuser«-Skandal vom Frühjahr 1861 und dem Münchner Ludwig II.-Wunder vom Mai 1864 ansteuert, zeigt die Rastlosigkeit eines Künstlers, der den Ort, wo es »Frieden« für sein »Wähnen« geben wird, noch nicht gefunden hat: Karlsruhe, Paris, Karlsruhe, Wien, Paris, Winterthur, Zürich, Karlsruhe, Paris, Bad Soden, Paris, Bad Soden, Frankfurt a. M., Weimar, Nürnberg, München, Bad Reichenhall, Salzburg, Wien, Venedig, Wien, Paris, Mainz, Paris, Karlsruhe, Mainz, Biebrich, Frankfurt a. M., Karlsruhe, Biebrich, Karlsruhe, Biebrich, Frankfurt a. M., Biebrich, Leipzig, Dresden, Biebrich, Nürnberg, Wien, Prag, Wien, Biebrich, Berlin, Königsberg, Petersburg, Moskau, Petersburg, Berlin, Wien, Budapest, Wien, Prag, Karlsruhe, Zürich, Mainz, Berlin, Löwenberg, Breslau, Wien, München, Mariafeld bei Zürich, Stuttgart, München.

Minna Wagner macht derweilen vor allem ihr Herzleiden zu schaffen, während Wagner von latenten Schuldgefühlen geplagt wird, und deshalb ab und an fürsorgliche Briefe schreibt. Anfang 1862 taucht er in Berlin bei den Avenarius' auf. Dass dies zu Missverständnissen und Verstimmungen unter den Schwägerinnen führt, wie sie in dem nachfolgenden Briefwechsel deutlich anklingen, hat Wagner später in »Mein Leben« bestätigt:

Sehr auffallend war es dagegen, daß mein Schwager Avenarius [...]
mich zunächst wenigstens bat, bei ihm abzusteigen, um mich selbst
von der Möglichkeit eines längeren Auskommens in seinem Hause
zu überzeugen. Meine Schwester Cäcilie verbat sich nur Minnas Mit-
kunft, welche sie jedoch für einen etwaigen Besuch in ihrer Nähe gut
unterbringen zu können glaubte. Zu ihrem Unglück mußte diese
Ärmste nun wieder nichts andres zu tun haben, als mir einen
wütenden Brief über das verletzende Benehmen meiner Schwester
zu schreiben: die Möglichkeit, unter irgendwelchen Umständen so
bald wieder zwischen die alten Hetzereien zu geraten, schreckte mich
sogleich von der Annahme des Vorschlages meines Schwagers ab.*

Wagner, dessen selbstbezüglicher und der Gattin abträglicher Darstellung man
nicht recht trauen mag, erlebt quälende Tage, als Minna bald darauf, nämlich
im Februar 1862, bei ihm in Biebrich am Main auftaucht. Für ihn sind es
»zehn Tage der Hölle«. »Ich kann unmöglich mehr mit meiner Frau zusam-
menleben«, bekennt er dem Freund Peter Cornelius in seiner »Herzensnoth«*
Zu allem Unglück empfängt er während Minnas Anwesenheit ein Kistchen mit
Geschenken von Mathilde Wesendonck. Minna lässt es auf dem Zoll öffnen –
in der Meinung, es handele sich um Noten. Doch »da war es wieder von die-
sem M weibe ein gesticktes Kissen, Thee, Eau de Câlagne [!], eingewickelte
Veilchen!«*

   Minna fährt unverrichteter Dinge nach Dresden zurück und richtet dort
pro forma eine gemeinsame Wohnung ein. Das Verhältnis der Ehegatten wird
dadurch noch gespannter, dass Wagner bei Minnas Dresdner Hausarzt Pusi-
nelli interveniert: Dieser möge Minna verdeutlichen, dass es für ihre Gesund-
heit womöglich besser wäre, wenn sie getrennt lebten und sich möglichst wenig
schrieben. Pusinelli glaubt daraufhin, Wagner habe an Scheidung gedacht,
und teilt solches Minna mit. Diese erklärt jedoch, dass eine Scheidung für sie
nicht in Frage komme. Wagner ist bemüht, den Sachverhalt richtig zu stellen;
auch nimmt er sonstige Vorhaben zum Anlass, seine Frau im November 1862
in Dresden zu besuchen. Minna holt ihn vom Bahnhof ab und führt ihn in ihre
Wohnung in der Walpurgisstraße. Ihm zu Ehren hat sie einen Teppich gewebt
und mit der Stickerei »SALVE« versehen. Sie bewohnt eine kleine Kammer,
während Wagner zwei größere Zimmer als Schlaf- und Arbeitsraum dienen.*

*Richard Wagner
1862, gemalt von
Cäsar Willich*

An einer der Wände kann er sein eigenes Porträt betrachten, das der Maler Cäsar Willich im Auftrag der Wesendoncks angefertigt hat: Es ist ihm so scheußlich erschienen, dass er es gern an Minna weitergereicht hat. Diese hat in einem Anflug von Nostalgie bei der befreundeten Familie Ritter einen Schreibtisch aus Mahagoni ausgeliehen, den ihr die Ritters 1849 im Zuge von Wagners Flucht aus Dresden abgekauft hatten. Wiedersehen feiern kann Wagner auch mit einigen Möbeln aus der Schweizer Zeit und mit rotseidenen Vorhängen aus der Pariser Wohnung. Aus Chemnitz kommt Wagners Schwester Klara zu Besuch – laut Wagner in dem Bemühen, Spannungen abzubauen. Das Ehepaar sieht sich bei dieser Gelegenheit zum letzten Mal.

Cäcilie bangt derweil um ihren Sohn Max, der unter unkonfortablen Verhältnissen in Russland weilt, wohin ihre beiden Schwäger ihren Spirituosenhandel auszuweiten gedenken.

CÄCILIE AN MINNA, Berlin 16. März 1861

Berlin, am 16 März. 1861.

Meine liebe, gute Minna!

Du hast zwei Briefe von mir unbeantwortet gelassen und ich begreife nicht warum, da ich mir nur bewußt bin Dir mit aller alten Liebe und Anhänglichkeit geschrieben zu haben.

Der Grund der mich speciel <u>heute</u> zum schreiben an Dich bewegt, – ich bin mitten im Ausziehen, – ist der, daß ich so eben in einer Zeitung lese, der »Tannhäuser« wäre in Paris gegeben und <u>durchgefallen</u>. Obgleich ich wohl manchmal mich ängstigte wenn ich an das französische oberflächliche, frivole Volk denke; ob auch ein so gediegenes Meisterwerk wie der Tannhäuser der Geschmack für diese flüchtige französische Lande sein wird, so muß ich doch sagen hat mich diese telegraphische Nachricht, in höchstem Grade schmerzlich aufgeregt weil ich mir Richards Wuth denken kann. Richard der nun so lange Zeit dort dieser Aufführung wegen in den gewaltigsten Aufregungen und geistig und phisischen Anstrengungen verlebt hat. Auch Du, meine liebe Minna, hast ja alle Anstrengungen dieser Zeit getheilt und bist gewiß wie Richard im höchsten Grade bewegt von den Resultaten. Noch will ich denken, es ist irgend ein Gegner Richards so freundlich gewesen eine falsche Nachricht zu verbreiten. Ich bitte Dich aber <u>in</u>ständigst reiße mich aus der peinlichen Ungewißheit, ich vergehe sonst vor Aufregung. Ach Gott, ich habe Euch ja so innig lieb und möchte Euch so gern den Himmel schon auf der Erde bereitet sehen!!

Sei ja so gut, meine alte gute Minna und schreibe mir <u>sogleich</u> wie es mit der Aufführung des Tannhäusers gewesen ist. Kannst und willst Du nicht dann erbarmt sich wohl auch einmal Richard meiner.

Lebe herzlich wohl. Habe die Güte Deinen Brief so zu adressieren: Cecilie Avenarius, pr[ivate] Ad[resse]: Eduard Avenarius. Dorotheenstraße No. 7.

Schreibe mir auch etwas von Deinem Befinden und wie Eure Pläne für den Sommer sind.

Grüße Richard herzlichst von mir und sei fest überzeugt daß ich stets bin und bleibe

Eure alte, treue Cecilie.

MINNA AN CÄCILIE, Weimar 30. September 1861

Weimar, d. 30ten Sept. 61.

Meine gute Cècilie!

Nun zuerst meinen innigen Dank für Deinen lieben herzlichen Brief, worin Du mir so unbeschreiblich durch Deine Theilnahme für mich wohl thust! Solche Beweise sind für mein krankes Herz, glaube mir, die beste Medizin.

Wollte Gott, daß Richard in den letzten 4 Jahren mir nur ein wenig mild geschrieben, mich etwas menschlich, während unseres Zusammenseins behandelt, dann wäre ich auch noch gesund; denn nur durch heftige Gemüthsbewegungen Kummer und durch fortgesetzten Aerger bilden sich solche Herzleiden wie das meinige, das ist lange schon ärztlich erwiesen und hätte ich nicht von meiner eisernen Gesundheit so viel Kräfte zuzusetzen gehabt, wäre ich lange unter die Erde, das ist auch gewiß. Ich danke Dir, meine liebe Cècilie, für Deine liebevolle Einladung nach Berlin, bei Dir zunächst wohnen zu dürfen! So einladend und verlockend dies auch ist, so könnte ich es doch nicht annehmen, weil ich wieder auf ein paar Monate nach Dresden gehe, um mich unter die Behandlung meines vortrefflichen Arztes Pusinelli zu begeben. Seit mehreren Monaten ist zu dem qualvollen Herzklopfen eine neue Erscheinung hinzugekommen, ich leide nehmlich auch fast unausgesetzt an heftigen Herzschmerzen, das scheint den Aerzten denn doch bedenklicher als das Klopfen allein. Auch ist die Athemlosigkeit jetzt bei weitem peinlicher als früher, ich muß Alles sehr langsam thun, kann nur kleine Spazierwege machen. Auch hier mußte ich gleich einen Arzt zu Rathe ziehen, da mein Zustand sehr beängstigend wurde. Seitdem geht es mir auch wieder ein bischen besser, aber das hat ja doch keine Dauer, auch dieser rät mir Ruhe viehsisch und moralisch. Ja, wenn ich nur eine angenehme Erinnerung aus meinem letzt vergangenen Leben hätte. Gott weiß es, Richard scheint es gar nicht erwarten zu können, mich unter die Erde zu bekommen, und doch lasse ich ihn in Allem gewähren frug nie: wo gehst Du hin, wo kommst Du her. Überreichte ihm gewissenhaft ohne eine Miene zu verziehen, viel weniger ein <u>Wort</u> zu sagen die Briefe von der W. und dafür brüllte er mich auf das roheste an und packte mich so heftig am Arm, daß ich die blauen Flecken seiner fünf Finger noch in Soden hatte. Ich muß gestehen, nachdem ich mir nie etwas zu Schulden habe kommen lassen und mir alten kranken Frau auch noch das dafür, – daß ich mich in seine Liebschaftsgeschichten mich so nobel benommen, daß ich nie ein Wort verloren, er mochte machen, was er wollte, ich kannte ja das abscheuliche Wort Eifersucht nur dem Namen nach, hat mich auch noch dieses herzlose Benehmen auf eine Weise verletzt, daß es mir nicht mehr aus dem Kopf will. Ich habe R. kein Wort darüber gesagt noch geschrieben, aber es kostet mich große Ueberwindung, ihm freundlich zu schreiben, herzlich könnte ich es aber nicht mehr. Seit den letzten 4 Jahren also, hat mir mein Mann so viele schöne Erklärungen gemacht, daß ich fort müsse, er habe eine Leidenschaft für die W. sie liebten sich, sie könne mich nicht ausstehen, sei eifersüchtig auf mich, kurz dulde nicht, daß wir noch ferner zusammen sein u. s. w. fügte er noch in der letzten Zeit meines Aufenthalts in Paris hinzu, als ich ihm auf seine Roheit erwiederte, »wie ist das nur möglich jemanden, den man einstens geliebt hat, anthun zu können«, ich habe Dich nur aus Verliebtheit geheirathet, ein so junger Mann wie ich damals war, kannte keine Liebe, diese habe ich erst in gereiften Jahren kennen lernen pp. Ich weiß nicht, ob er damit die einstige Bordeaux-Geschichte oder die letzte mit der W. meinte, mich degoutierte solche schöne Erklärung so sehr, daß ich mich schweigend mit meinem Hund und Vogel* in mein Stübchen zurückzog, worin ich auch blieb, wenn er zum Essen nach Hause kam, nur dann erst erschien, wenn die Suppe auf dem Tisch stand und von den gleichgültigsten Alltagsgeschichten sprach. Ich bin heimathlos und das ist keine Kleinigkeit, wenn man 25 Jahre verheirathet, alt und krank ist. Mein Mann kann mir keine Heimath geben und dennoch fühle ich mich darüber nicht unglücklich, im Gegentheil, – ich wünsche, daß die Verhältnisse ihn noch recht lange von mir fernhalten ich habe nur noch Furcht vor ihm und entschließe mich nur der Leute wegen und in der Aussicht, daß er recht oft von Hause verreist sein wird, zu einer einstigen Niederlassung. Wo die aber sein wird, ist mir ebenso unbekannt als Dir, meine liebe Cècilie. Dann habe ich den einzigen Wunsch nach R. letzten schönen Erklärung den 25. Hochzeitstag nicht mit ihm zu verbringen, es würde mir ein zu schmerzlicher Tag sein, den ich kaum überleben würde, ich will ihn allein vertrauern. –

Die Wesendoncks sind beide zur Aufführung des Tristan eingeladen,* sie allein würde nicht nach Wien gehen dürfen, ihr ist es auch gar nicht ernst, dieser kalten Frau macht es nur Spas, daß R. recht zappelt. Ihrem Mann, der gute Mensch, verschweigt sie die Wahrheit gewiß nicht. Das Geld gab er, nicht sie, doch wüßte dieser Mann von mir, was ich schriftlich und mündlich erfahren mußte, er würde sein Geld besser verwendet haben. – Genug von all den Herzlosigkeiten und Gemeinheiten, ich will Dich nie mehr mit den Geschichten belästigen, man kommt unwillkürlich darauf zurück. Es thut mir aber wohl mich gegen Euch d. h. gegen Dich und Klärchen aussprechen zu dürfen, behaltet es für Euch, wie ich und liebet Richard deshalb nicht weniger als vorher. Du mußt es ihm nicht anrechnen, wenn er nicht nach Berlin kam, er war hier im vollen Trubel und mußte hier viel Kämmerchen vermiethen spielen, wovon er angegriffen war. Wenn ich wollte, könnte ich täglich in Gesellschaft sein aber ich kanns nicht vertragen, mache mir nicht daraus, ich verkehre nur mit solchen Leuten, die nur um meinetwillen mit mir umgehen, nicht aber als die Frau von dem berühmten R. Wagner, mir genügt nur bescheiden von seinem Gelde zu zehren, nicht aber von seinem Ruhm, zu dem ich einstens, – wenn auch nur indirect – doch auch etwas beitrug. Wenn Du meinen Brief erhältst, ist es möglich, daß Klärchen schon bei Dir ist, sie schrieb es mir wenigstens, daß sie Dich besuchen würde, grüße sie herzlichst von mir! Wie gern wäre ich bei Euch, doch hoffe ich Euch später beide zu sehen! […] erst im nächsten Monat. Dich besuche ich von Dresden aus, wenn es meine Gesundheit erlaubt, auf ein paar Tage, ich sehne, mich Euch Alle zu sehen und hoffe, Euch recht gesund anzutreffen.

Gott gebe, daß Deine Zahnoperation glücklich überstanden ist, Du Aermste. Auch ich war mehrere Tage von einfachen Halsschmerzen nur befallen, weshalb ich Dir nicht schreiben konnte, der Kopf ist auch der edelste Theil, das mußte ich hier büßen.

In Dresden werde ich wahrscheinlich bei der Tichatscheck wohnen, sie ist mir eine treu bewährte Freundin geworden, sie hat auch ihre liebe Noth mit ihrem Mann, doch behandelt er sie deshalb nicht gemein und roh und das ist es, was ich auch möchte, mehr verlange ich nicht und weniger kann ich nicht wollen. –

Für heut, mein gutes Cèlchen, muß ich schließen, man erwartet mich ganz en Famille bei Regierungsrath Müllers, die uns in guten Zeiten in Zürich besuchten, zum Essen und länger möcht ich Dich nicht auf meine Antwort und Dank warten lassen. Grüße und küsse alle die lieben Deinigen herzlichst von mir!

Deinen Mann grüße ich respektsvoll, weil er gewiß der brävste unter allen ist. Es küßt Dich

Deine

treue

Minna.

[Fehlender Brief von Cäcilie Avenarius]

MINNA AN CÄCILIE, Weimar 14. Oktober 1861

Weimar, d. 14ten Oct. [1861]

Meine liebe Cècilie!

Tausend Dank für Deinen lieben Brief! Solche Beweise von Theilnahme tun sehr wohl. Unglückliche, unter denen ich mich mit Recht zählen darf, die nur noch auf Härten und Schroffheiten stoßen, bei dem Mann, dem sie ihr ganzes Leben in die Hände legten, bedürfen endlich als Ersatz einige warme Herzen und ich bin glücklich diese in Euch beiden Schwestern gefunden zu haben. Habt Dank, der Himmel möge es Euch vergelten!

Wie gern wäre ich bei Euch, doch für jetzt muß ich auf das Vergnügen Euch, nicht die Festlichkeiten zu sehen, verzichten. Pusinelli und die Tichatscheck erwarten mich den 1ten künftigen Monats in Dresden.

Mit meiner Gesundheit wurde es so schlimm, daß ich hier einen Arzt mußte rufen lassen, doch war es diesmal ein Homöopath, zu dem ich in der Verzweiflung meine Zuflucht nahm, ich konnte es vor Herzschmerzen nicht mehr aushalten. Jetzt geht es mir viel besser, daß ich doch auch wieder einen längeren Spaziergang machen kann. An die Homöopathie habe ich sonst nie geglaubt, ich bin aber nach solchem guten Erfolg bei mir ganz still und schimpfe nicht mehr. –

Daß Dein Max das elterliche Haus verlassen muß, ist sehr traurig. Doch mag es Dir zum Trost und Beruhigung beitragen, daß er nach Dessau kömmt, wo die Solidität zu Hause ist, und sehr liebe gute gastfreundliche Famlien giebt. Auch ich machte einstens meinen ersten Ausflug dorthin, wo ich sehr gehätschelt und vom Publicum in meinem Fach ermunderd wurde. Die Stadt an und für sich ist nicht groß, doch recht hübsch. Ich bin überzeugt, daß es Max sehr dort gefallen wird, obgleich es meistens Juden doch giebt, die man aber nicht von Christen im Aeußeren sowie in ihren Handlungen zu unterscheiden vermag. Grüße ihn herzlichst, ich wünsche ihm Glück und Dir Trost! –

Gegenwärtig gastirt eine recht bedeutende Schauspielerin hier, Fräulein [Fanny] Janauschek aus Frankfurt. Sie trat bis jetzt als Isabella in die Braut von Messina und als Medea auf. Ein Stück von Grillparzer, welches ich noch nicht kannte. Sollte das Stück jemals dort zur Aufführung kommen, so bitte ich Dich, gehe hinein, Du siehst, mit einigen Hinweglassungen, ganz die Geschichte, wie sich Richard gegen mich benommen. Zwei Mal war ich im Begriff das Theater zu verlassen, wenn mich nicht der Ausgang zu sehr gefesselt hätte. – Es hatte mich furchtbar ergriffen.

Gestern kam auch die Oper Faust von Gounod hier zur Aufführung. Das Mildesche Paar war vortrefflich, doch gefiel die Oper nicht so ganz, am Schlusse zischte man sogar etwas stark. Doch wird sie sich wohl noch Bahn brechen, die Musik ist hübsch, ansprechend, aber die französische Musik paßt nicht zu unserem deutschen Faust und das ist es wohl auch was unser Publicum zunächst noch stört. – Die Proben von Tristan haben bereits mit Ander, der seine Stimme wiederbekommen hat, begonnen. Richard ist sehr wohl und zufrieden. Meinen silbernen Hochzeitstag am 24. November werde ich auf jeden Fall in Dresden vertrauern, mit ihm gewiß nicht, ich habe nur noch Furcht und Grauen vor ihm. – Gott erhalte Dich gesund, mein gutes Cècilchen! Sei recht vergnügt und schreibe mir wieder einmal wie es Dir geht. –

Sei herzlichst gegrüßt, ein Gleiches den lieben Deinigen! Es küßt Dich

Deine

alte

Minna.

Verzeihe meine Eile, ich bin wieder zu Tische eingeladen, möchte Euch aber nicht auf Antwort warten lassen.

Nach Dresden kannst Du mir poste restante schreiben, wenn nicht früher ich so glücklich sein sollte, einen Brief von Dir zu erhalten.

MINNA AN CÄCILIE, Zwickau 22. Oktober 1861
Zwickau, den 22ten Oct. 61.
Mein liebes Cècilchen!
Ich beeile mich, Dich in Kenntnis zu setzen, daß Dich Richard in den nächsten 14 Tagen besuchen wird. Dieser unglückliche Tristan ist wegen der fortgesetzten Heiserkeit Ander's leider wieder bis Januar hinausgeschoben und somit ist die Anwesenheit Richards in Wien gänzlich nutzlos. Es freut mich, daß Du ihn sehen, ihn recht genießen wirst können, er kann, wenn er will und wie er in Weimar durch seine Liebenswürdigkeit noch Alle entzückte, sehr angenehm sein. Ich hoffe und wünsche, daß er recht guter Laune bei Euch sein wird, und Du ihm den Aufenthalt recht angenehm durch Dein liebliches Wesen machen wirst. Gleichzeitig ist es mir aber um Klärchens leid, die doch gewiß auch Richard gern gesehen und gesprochen hätte, die ich nun durch meinen Besuch bei ihr um das Vergnügen bringen würde, ich lasse sie deshalb bitten, mir aufrichtig zu sagen, was sie in diesem Falle zu thun gedenkt. Will sie bleiben, so reise ich von hier direct nach Dresden und komme vielleicht im Mai zur Hochzeit Mariechens nach Chemnitz oder ich sehe sie in Dresden, wenn sie Louise besucht. Leider kann ich sie nicht bei mir wohnen haben, was mich sehr glücklich gemacht haben würde, weil ich selbst Gast bin, bei einer lieben alten Jugendfreundin von mir.

Richard ist höchst verstimmt über seine gegenwärtig verhängnis-
volle Lage, er sprach sich in dem gestrigen Brief* über Vieles sehr bitter
aus. – Ich werde mit Vorwürfen überhäuft, die mir neu sind – doch wie
gesagt, er ist sehr verstimmt und ich trage es gleich manchem Anderen, er wird sobald sich seine Verhältnisse ändern vielleicht gerecht
werden, dann auch werde ich ihm wie immer mild antworten.

Einstweilen bitte ich, ihm beifolgende 6 p. Viganne Strümpfe mit
besten Grüßen zu übergeben, ich schrieb ihm schon lange davon, frug
ob ich sie ihm zuschicken sollte, doch hat er mir nicht darauf geantwortet. Er wirft meine Arbeiten immer ins Kehrig und wenn ich sie
schweigend aufhebe, nennt er mich verrückt, deshalb bitte ich Dich,
ihm zu bemerken, daß ich diese Strümpfe nicht selbst gestrickt hätte,
sondern daß ich sie in Frankfurt stricken gelassen und wie er gewünscht von Viganne. Diese Strümpfe sind nicht so schön ausgefallen
wie gewünscht, doch existirt keine feine Wolle; sind sie ihm nicht
recht, mag er sie wegwerfen.

Der Frommann* bitte ich beiliegenden Brief per: Stadtpost zukommen lassen zu wollen. Seit gestern bin ich hier, da es mir in Weimar anfing heimisch zu werden und mir recht zu gefallen anfing
mußte ich fort, sonst wäre es mir noch schwerer geworden. Wer weiß
ob ich nicht wieder einmal hingehe, ich bin von mehreren Frauen, die
mich um meiner selbst willen recht gern hatten, dringend eingeladen,
d. h. wenn mich das ewige hin- und herwandern Aus- und Einpacken
nicht endlich verdrießt. Es ist doch etwas recht Trauriges auf seine
alten Tage heimathlos zu sein und nur von der Gastfreundschaft leben
zu sollen. Nun, wer weiß vielleicht gewinne ich einmal in der Lotterie,
Gott weiß es wenn aber solche Zerwürfnisse, solche Geschichten, wie
sie Richard herbeigeführt vorfallen, ist es als ob alles Glück und Segen
dadurch wegfielen oder ausblieben. Der Himmel gebe daß es endlich
den Weg zu mir wiederfindet. –

Gern hätte ich auf einige Tage in Eurer Mitte geweilt, mich mit
Euch Ihr lieben Schwestern ausgeplaudert, allein für diesmal muß ich
mir es noch vorbehalten.

Dein Max hat also gestern das elterliche Haus verlassen, Du arme
Frau wirst noch heute sehnsuchtsvolle Stunden verbringen. Dein

Mann und Kinder mögen Dich trösten, da ich Dir fern und ich es nicht vermag. Für einen langen Aufenthalt würde ich Berlin nicht wählen es soll doch sehr theuer und die Abgaben groß sein. Von einer Niederlassung kann bei mir noch lange nicht die Rede sein. Gott weiß, was noch mit unsereinem geschehen wird. – Für heut will ich schließen, grüße Klärchen herzlich von mir, sie soll sich in nichts geniren, ich hätte ihr selbst deshalb geschrieben, doch läßt man mir keine Zeit dazu. Deinen lieben Mann und Kinder grüße ebenfalls bestens von mir. Du und Klärchen seid innigst geküßt von

Deiner Minna.

Richards Brief von gestern kann ich nicht beantworten, da er mir unvernünftige ungerechte Vorwürfe macht, vielleicht kommt er später wieder zur Besinnung.

Willst Du ihm schreiben, füge ich Dir die Adr. bei. Kaiserin Elisabeth, Weihburggasse in Wien.

MINNA AN CÄCILIE, Chemnitz 4. November 1861

Chemnitz, d. 4ten Novb. [1861]

Meine liebe gute Cècilie!

Nur wenige Zeilen schreibe ich Dir heute, da Dir eigentlich nichts zu berichten, wohl aber Dich zu bitten habe, mir doch recht bald eine Nachricht von Dir zukommen zu lassen, wie es Dir, mein gutes Cècilchen, geht. Wir sprachen viel von Dir und wünschten Dich in unserem kleinen harmlosen Familienkreise, doch leider vergebens! – Auch mir wird das Vergnügen hier zu sein, nicht lange mehr vergönnt sein, dann muß ich dem ewigen Juden gleich, der nie Ruhe finden sollte, wieder weiter ziehen. –

Nun, ich beklage mich nicht, es ist ein rastloses Leben, wie ich in meinen alten Tagen wahrscheinlich noch lange führen muss, immer noch erwünschter, als eine quälende bleibende Stätte, wo man nicht mehr den Mund öffnen, keine Theilnahme kein Interesse für etwas, selbst für seinen einstigen nächsten Angehörigen zeigen darf, ohne nicht sofort eine moralische Ohrfeige dafür zu bekommen. Ich kann die Schmerzen noch gar nicht überwinden und bluthe aus allen Bohren. – Gott verzeihe den Uebermüthigen, die allein solch Dasein mir bereitet. – Ach Du mein Cèlchen, hast zu tragen, wir armen Frauen scheinen nun einmal dazu verurtheilt zu sein und können uns gegenseitig doch nicht helfen, wohl aber Gedult und Trost zusprechen. Ich sehne mich recht, mich mit Dir einmal recht gründlich aussprechen zu können, schriftlich ist doch schwieriger und leicht weitschweifig, vielleicht kommst du während meinem Dortsein nach Dresden, was mich sehr freuen sollte. Seit vorigen Donnerstag bin ich hier und gedenke, wenn es Klärchen, die sehr lieb und gut ist nicht zu lange wird, heute über 8 Tage von hier nach Dresden zu reisen. Eine nähere Addresse dorthin weiß ich noch nicht, doch würde mich Dein Brief per Add. Frau <u>Tichatscheck</u> – Ostra-Allee Nr. 17 stets treffen.

Während ich meinen letzten Brief an dich abgesendet hatte, worin ich Dir Richard's Ankunft in Berlin in Aussicht stellte, erhielt ich einen von Frau v. Bülow, worin sie mir sagte, daß er schon Ende v. M. dort und zwar bei ihr eintreffen würde. Hoffentlich seit Ihr öfterer zusammen und Du genießest die liebenswürdigste Seite die die Männer zwar gegen ihre Frauen nie oder nur sehr selten herausstrecken. Richard kann sehr liebenswürdig gegen Andere sein, woran ich mich gern mit ergötzte. Gestern vor 14 Tagen erhielt ich den letzten Brief von ihm* worin er mir alle Schuld ohne Weiteres über unsere jetzige Heimathlosigkeit endlich wohl noch gar jenes Verhältnis mit der Frau W. selbst zuschob. Ich hatte ihm nehmlich, da er sein Unglück mit mir durch die rohesten wiederholten Erklärungen gemacht, gebeten, nach Z. in jenes Haus zu gehen, um jene Frau ganz für sich zu gewinnen, sie zu heirathen, ich würde gern freiwillig zurücktreten, damit er das versäumte Glück, wie er das Zusammenleben mit mir nannte, noch nachhole. Versteht sich, schrieb ich ihm das in der zartesten Weise. Darauf schrieb er mir aber sehr derb, die erwähnte Beschuldigung, worauf ich ihm ruhig meine noble Haltung in der ganzen schmutzigen Sache vorlegte, ihm schließlich sagte, daß er in Gottesnamen verkehren, correspondiren könne mit wem er nur immer wolle, nur ich wolle nicht mehr darunter leiden, mir keine blauen Flecken kneifen lassen. Einer solchen anspruchsvollen, völlig verrückten eingebildeten Frau kann ein so vortrefflicher edler Mann wie der Meinige allerdings nichts antworten, ich fühle es, daß ich nun gleich keine Zeile mehr werth bin, von ihm zu erhalten, warum verlange ich auch gar zuviel. –

Dich, mein Cècilchen, bitte, ich, wenn Richard bei Dir ist, ihn in nichts bekehren zu wollen, d. h. gegen mich, oder ihm von dem was ich Dir vertraute zu sagen. Du brauchst ihm gelegentlich nur die Thatsache, worüber ich mich bei Dir beklagt, wohl nicht verschweigen, daß er mich nehmlich vor mehr als 3 Jahren auf sein Zimmer gerufen um mir zu sagen, daß ich fort müsse, weil diese beiden eine Leidenschaft für einander und mich jene Frau nicht ausstehen könne, eifersüchtig auf mich sei, kurz nicht dulte, daß wir noch länger zusammen sein dürften u. s. w. Abläugnen oder Verdrehungen helfen hier nichts, ich habe es ja noch Schwarz auf Weiß. Laß Dich in Deiner Verehrung für R. durch mein offenes Vertrauen nicht beirren, man ist ja stets im großen Irrthum über Männer mit denen man nicht zusammen ist, in der Ferne sieht Alles so glorreich aus. –

Ist R. nicht in Berlin, glaube ich annehmen zu müssen, daß er meinen Vorschlag befolgt und nach Zürich oder wohl auch in Prag sich aufhält. Grüße ihn, ich bitte, und sag ihm ich würde wohl noch eine Zeile von ihm werth sein. Deinen Mann grüße bestens von mir. Du aber sei herzlichst umarmt und geküßt von

Deiner

alten treuen

Minna

Ich kürze mein Schreiben ab, weil Klärchen einige Zeilen mit einschließen wollte. Das glückliche Brautpaar gefällt mir recht gut Mariechen ist ein gutes Kind und wird sehr glücklich mit diesem gediegenen Menschen werden. Röschen ist ein liebes Mädchen. Bin ich erst wieder einmal zu Hause, wo es auch sei, muß sie mich besuchen, ich habe alle recht lieb und thut mir wohl in ihrer Mitte sein zu können.

[Nachschrift von Klara:]

Mein gutes liebes Cilchen!

Ich höre Minna schreibt an Dich, ich will einige Worte beifügen, nur Grüße, und die wiederholten Versicherung meiner Liebe und Anhänglichkeit. Wie geht es Dir denn? glaube mir ich habe mich recht beunruhigt auf der Reise, stets glaubte ich oder fürchtend daß Ferdchen kränker [?] werden könnte, Gott sei Dank welche Vorwürfe hätte ich mir gemacht! – Wir sind recht begierig zu hören ob Richard bei Dir, ich habe so viel wieder von ihm gehört daß ich eigentlich mein ich nur den dritten Theil für wahr halte keine große Sehnsucht habe ihn zu sehen, indes genieße ihn nur recht und halte Dich neutral, meine gute Cècilie und schreibe mir wenn möglich bald. Uebrigens ist meine Laune nicht die beste und natürlich ist Fritz die Ursache, deshalb mein gutes Cilchen ist es gut, daß ich nicht bei Dir bin. –

Minna sieht sehr gut aus, weit besser als früher, auch scheint sie guten Humor zu haben, ich denke immer Richard wird sie zur silbernen Hochzeit nach Berlin berufen, indes sie will durchaus nicht hin. –

Grüße Richard, auch Deinen Mann und Kinder, habe ich wieder Ruhe so schreibe ich ausführlich, sei recht ruhig heiter so viel als möglich und glaube daß ich fort und fort bin

Deine

alte treue

Klara

MINNA AN CÄCILIE, Dresden 30. Dezember 1861

Dresden d. 30ten Decbr. 61

Meine theure Cècilie!

Zuerst nimm meinen Dank für Deinen lieben Brief! Verzeihe, daß ich denselben erst heut beantworten kann, doch wer kennt nicht das liebe Weihnachtsfest, wo so viele tausende Hände in Bewegung sind. Auch die meinigen waren nicht müßig, zuletzt noch besann ich mich, daß ich noch nichts für meinen Arzt hatte und da meine Geschenke nur in meinen Arbeiten bestehen können, wurde schnell noch ein kleiner Teppich gestickt, woran doch mancher Stich nöthig ist. –

Doch zur Hauptsache, hoffentlich und wie ich von ganzem Herzen wünsche ist die gefürchtete Zeit glücklicher vorüber gegangen als Du anzunehmen allen Grund hattest und geht somit mit Deiner Gesundheit wieder besser. Ich dachte unzählige Male an Dich und wenn ich Geld genug und Flügel gehabt hätte, ich wäre, wenn auch nur auf ein paar Stunden zu Dir geflogen gekommen, um mich von Deinem Befinden selbst zu überzeugen. Wenn es Dir möglich ist, so schreibe mir, wenn auch nur wenige Zeilen bald, wie es Dir geht, ich werde Dir dafür sehr dankbar sein. Meine Silbernehochzeit wäre nun auch glücklich überstanden, ich danke Dir für Deine guten Wünsche! Lieb wäre es mir, wenn ich diese 25 Jahre ganz aus meinem Leben streichen könnte, sie haben mir nur Sorgen, Kummer, Kränkungen und Gott weiß was alles Schöne gebracht. Von Richard erhielt ich an diesem Tage ein goldenes Armband aus Wien, mit dem Congé auf ein Jahr, dann würden wir uns vielleicht am Rhein oder in München einmal wiedersehen. Nun, ich bin und muß es zufrieden sein, ich gedeihe am besten, wenn ich allein bin. Doch muß ich Dir gestehen, daß ich das Herumwandern wie ich es seit fünf Monaten thun mußte, recht herzlich satt habe. Ein altes Dorf, wenn es mir eine bleibende Stätte böte, wäre mir angenehm und beruhigend auf meine alten Tage. Gott weiß, wohin mich mein Schicksal noch hinführt, Geduld! –

Seit Anfang d. M. ist Richard wieder in Paris, von wo er mir oft schreibt und seine Sehnsucht nach seiner Häuslichkeit ausspricht, trotzdem er die Gastfreundschaft des Fürsten Metternich in Paris genießt. Ich muß gestehen, daß mich dieser Ausspruch ein bischen freute, denn R. giebt auch gar zu bald und oft seinen Hausstand auf, daß ich ganz den Muth verloren wieder einen mit ihm aufzubauen. Das Beste wäre am Ende doch, daß ich unsere Sachen hierher kommen ließ, mir eine große Wohnung nehme und mit Möbel vermiethete. Die Anzahl der Fremden hier ist sehr groß und die Möbelwohnungen werden sehr gut bezahlt.

Würde Richard doch noch die gänzliche Amnestie zutheil, kann er kommen, sein Zimmer soll immer bereit sein ihn aufzunehmen. Dabei bleibt Dresden doch meine Heimath, wo ich meine lieben alten Freundinnen habe, die mir alle treu geblieben sind.

Recht leid thut es mir, daß Dich mein Brief von hier, worin ich Dir sagte, meine Wohnung sei zu klein Dich aufnehmen zu können, falls Du die Absicht haben solltest, mich besuchen zu wollen, verletzt hat. Klärchen schrieb mir schon davon. Die Sache war einfach so, vielleicht nur ein Mißverständnis meiner Seits. Von Chemnitz aus schrieb ich Dir, daß es mich sehr freuen würde, Dich bald zu sehen, vielleicht kämst du einmal nach Dresden. Darauf, mein Cèlchen, antwortest Du mir, daß vorläufig keine Aussicht wäre, daß Du hierher kommen würdest, doch wenn es sich machen sollte, würdest Du meine Einladung annehmen. Sieh, so kam es, daß ich mich anbot, Dir lieber ein Zimmer zu miethen, falls Du später kommen wolltest, da es unmöglich wäre, Dich in meiner Klause aufnehmen zu können. Uebrigens hattest du mir vorigen Sommer diese liebenswürdige Bereitwilligkeit öfter an den Tag gelegt, auch ohne daß ich die Absicht ausgesprochen, nach Berlin kommen zu wollen, ich nahm es aber nicht übel. Verzeihe also, wenn es Dich beleidigte, daß ich voreilig war. Bei Deiner Schwester Louise war ich seit meinem Hiersein schon zwei Mal eingeladen. Beide Male mit großem Familiensums. – Sie sind sehr liebenswürdig gegen mich, doch ich bin nicht zudringlich und sehe sie nur selten. –

So leb denn recht wohl und nimm meine herzlichen Glückwünsche für Dich und die lieben Deinigen zum Neujahr! Vor Allem wünsche ich Dir, meine liebe Cècilie, Gesundheit! Das ist die Hauptsache, das Uebrige findet sich dann auch. – Mit tausend herzlichen Grüßen schließe ich mit der Bitte, mich auch noch im Neuenjahr ein bischen lieb zu behalten wie es stets geschehen wird von

Deiner

alte treuen

Minna.

Verzeihe meine Eile

Inliegendes Briefchen bitte ich auf die Post werfen zu lassen.

[Fehlender Brief von Cäcilie Avenarius]

MINNA AN CÄCILIE, Dresden 22. Januar 1862

Dresden d. 22ten Januar 62.

Meine liebe theure Cècilie!

Tausend Dank für Deinen lieben Brief und der herzlichen, liebevollen Einladung, die mich sehr freute! Leider hatte ich schon durch Richard erfahren, daß er bei Euch wohnen würde* und mir von früher bekannt, daß Du kaum <u>eine</u> Person unterbringen könntest, schrieb ich sogleich an meine alte liebe Freundin und sagte mich auf 4–5 Tage bei ihr an. Sie würde es mir sehr übel nehmen, wollte ich ihr nun wieder abschreiben. Es ist mir leid, daß es so gekommen ist, doch werde ich gleich nach dem Frühstück bei Dir einrücken, um bis zum Abend zu bleiben. Im nächsten Brief von Richard hoffe ich genau den Tag seiner Ankunft dort zu erfahren und mich unmittelbar nach demselben bei Dir melden. –

Ich danke Dir also für Deine Freundlichkeit nochmals aller bestens! Richard wird es sehr angenehm sein bei Dir sein zu können und ich bin überzeugt, daß, wenn es seine Zeit erlaubt, seinen Aufenthalt etwas ausdehnen. Ist es ihm genehm, werde auch ich ein paar Tage länger bleiben, doch zudringlich möchte ich ihm nicht erscheinen. Mein Kommen halte ich diesmal für nothwendig, um mich mit ihm wegen einer Niederlassung zubesprechen, wozu er seit längerer Zeit wieder geneigt zu sein scheint, trotz des Congé – den er mir bis Herbst gab. – Nun, das wird sich finden, wir wollen dann gemeinschaft darüber beraten, denke schon jetzt ein bischen nach, meine liebe Cècilie, wohin wir ziehen sollen. Mir ist es fast gleichgültig welchen Ort Richard wählen wird, ich werde ihm überall eine gute Haushälterin sein, wenigstens nach besten Kräften. Mit meiner Gesundheit geht es ziemlich gut. Du wirst mich sehr wohl aussehend finden. Meine Kräfte sind gut nur der Athem fehlt mir, sonst könnte ich 10 Treppen steigen. Hier wohnen viele meiner Bekannten 3 Treppen, es ist hier wie in Paris mode hoch zu wohnen.

Wie sehr ich aber noch bedauere, meine liebe Cècilie, Dir nicht mit den Betten dienen zu können, brauche ich gewiß nicht erst zu versichern aber ich habe diesmal gar nichts derartiges mitgenommen oder kommen lassen. Wäre das der Fall, brächte ich sie mit oder ich schickte sie Dir. Du hast gewiß andere Decken, es muß für Richard auch keine Seide sein, die er sich zu tragen wie er mir schrieb,* abgewöhnt hat, folglich wohl auch zum Zudecken keine mehr bedarf.

Klärchen wollte Anfang Februar hierher kommen, bei Louisen wohnen, weil der Fliegende Holländer auf dem Repertoir für diese Zeit d. 8ten Feb angesetzt ist. Indessen kommt es immer, daß eine neue Oper 6–8 Tage später heraus kömmt. Auch habe ich Klärchen mit diesem Brief sogleich angekündigt, daß ich verreise und so kömmt sie etwas später. Verzeihe meine Eile, allein ich wollte Dir umgehend schreiben und Dir danken.

Mündlich wollen wir uns bald recht ausplaudern, behalte bis dahin lieb und sei herzlichst gegrüßt von

Deiner

Minna.

Deinen Mann und Kindern die innigsten Grüße ich freue mich Euch Alle zu sehen und in meine Arme zu schließen

MINNA AN CÄCILIE, Dresden 5. März 1862

Dresden d. 5ten März 62.

Meine theure Cècilie!

Verzeihe, daß ich Deinen lieben Brief, für den ich herzlich danke, nicht umgehend beantworten konnte. Der Tod unseres Bruders Julius hat mich sehr ergriffen, und mich zu sehr ernsten Betrachtungen gestimmt. – An dem unerwarteten plötzlichen Dahinscheiden sieht man wieder einmal wie schnell es um ein Menschenleben gethan ist. – Er war eigentlich nur eine Woche unwohl und besuchte mich noch vor zirka 16 Tagen, klagte da nur über Athemlosigkeit und sagte es würde wohl bald mit ihm aus sein. Ich tröstete ihn mit mir, denn ich leide ja nun auch schon seit meinem Herzleiden daran. Er sprach dann noch lange lebhaft, wie sonst, bis uns Brockhaus durch seinen Besuch unterbrach. Dieser ging mit Julius fort, kam aber den zweiten Tag wieder zu mir, um mir zu sagen, daß er ihn seinen Arzt geschickt, weil ich Deinem Bruder geklagt habe. Der Arzt hat ihn untersucht und erklärt, daß die leichte Krankheit durchaus von keiner Bedeutung sei. Danach

ist der vortreffliche Fritz Brockhaus Tages darauf wieder zu Julius gegangen, um ihn zu fragen, ob er nicht lieber in das schöne Kranken-
haus auf dem ehemaligen marcolinischen Palais, wo wir einstens, in
glücklichen Zeiten gewohnt, gehen wolle, was er auch bereitwilligst
angenommen hatte. Fritz hatte also Alles besorgt 10 Thr. für einen
Monat voraus bezahlt und somit hatte Julius schöne Luft, gute Pflege
ausgezeichnete Aerzte, die ebenfalls seine Krankheit für unbedeutend
erklärt hatten. Heut vor 8 Tagen als den 29. Februar Mittag 11 Uhr ist
er plötzlich, ohne Schmerzen und Todteskampf sanft verschieden.
Man hatte, als seine Todtesstunde nahte, zu Fritz geschickt, doch war
der Bote zu langsam und er kam eine gute halbe Stunde zu spät. Julius
starb an einem Herzleiden wie die Sektion ergeben. Vorigen Montag
Nachmittag 3 Uhr wurde er beerdigt. Brockhaus Fritz, ein Sohn Her-
manns, der Adjudant Schumann und sein langjähriger Wirth haben
ihn zur ewigen Ruhestätte begleitet, ich hatte ihm nur Blumen gesandt. Ihm ist wohl, Ruhe, Friede seiner Asche! Amen!!

Albert fand ich im August vor 1½ Jahr als wir in Frankfurt mit
ihm zusammen trafen, sehr leidend aussehend, ich glaube, daß er kein
hohes Alter erreichen wird. Er hatte sehr unrecht, nicht zu Dir zu
kommen, um Dir des armen Bruders Todt, für den er gar <u>nichts</u>
gethan, mitzutheilen, gewiß, denkt er an ein ewiges Leben. – Louise
sehe ich selten, ich hatte sie beinahe 4 Monate nicht gesehen. Eines
Tages als ich vom Minister kam, ging ich mit hin, ihr meinen Besuch
zu machen, da empfing mich Dein Liebling, Ottilie sehr vornehm und
kalt, sagte mir ihre Mutter wäre etwas unwohl, könne mich nicht
sehen. Mich verdross dies und ich ging nicht wieder hin und sie
kommen nicht zu mir, nur Fritz, das ist ein vortrefflicher Schwager,
besucht mich oft, brachte mir Grüße, die ich erwiederte und damit
punktum. – Zweimal haben sie mich im Ganzen eingeladen, um mich
wahrscheinlich ein für alle Mal abzufüttern. Ich brauche sie nicht und
suche sie nicht auf. Kürzlich ist Klärchen, auch Ottilie hier gewesen,
ich fand Karten vor und werde nun bald die Artigkeit erwiedern.

Allerdings war ich 11 Tage bei Richard in Biebrich, um ihn in seiner Einrichtung zu helfen, er klagte sehr, daß er sich behelfen müsse,
sich Alles mühsam zusammen stellen, um wohnen zu können, hätte

er eine Frau, würde es anders sein u. s. w. Da verleitete mich mein dummes gutes Herz, ich machte die beschwerliche Reise d. 18ten Februar als sehr kalt war und hatte es bitter zu bereuen. – Ich plagte mich, arbeitete wie ein Pferd, und wurde fast zu Todte geärgert, ich werde Dir Alles seiner Zeit mündlich erzählen. Richard ist ein eitler, grausamer Mensch geworden, Gott möge es ihm verzeihen und wohl gehen lassen. Ich dachte mir es damals gleich, daß er nicht nach Berlin gehen würde, er ist zu veränderlich geworden, weiß nicht mehr was er will. – Ich freue mich ganz unbeschreiblich Dich in Chemnitz zu treffen. Ende Mai komme ich zu Klären, vielleicht bewohnst Du schon Deine Sommerwohnung dort. Was wirst Du Mariechen zum Hochzeitsgeschenk machen? bitte, schreibe mir darüber. Richard ist nun auch für Sachsen amnestirt, er zankte mich sehr aus, daß ich das sobald zu Stande gebracht und will nicht hierher kommen, doch ich werde mich wahrscheinlich nächsten Herbst für immer mit meinen sieben Sachen hier niederlassen, will er dann ins Winterquartier rücken, sein Zimmer soll bereitstehen. – Das Geschäft der Gebrüder Avenarius in Rußland verstehe ich wirklich nicht, möge es zum Guten ausschlagen! Maxel also in einer kleinen Stadt, doch die Menschen sind sehr gut. So ist doch nichts Vollkommenes in der Welt, jeder hat seinen Kummer, seine Sorgen für seine Angehörigen, aber gräme Dich nicht, mein Cèlchen, es wird gewiß sich Alles zum Besten wenden. –

Leb wohl, und nimm für Dich und die lieben Deinigen tausend herzliche Grüße und Küsse von

Deiner

treuen

Minna.

Ich bitte Dich recht sehr um Deine Photographie.

Gern hätte ich noch ein bischen mit Dir geplaudert, ich habe aber eine Spanische Fliege* auf dem Herzen, ich fühle sehr heftige Herz- und Brustschmerzen. Die Fliege zieht und schmerzt mich auch, daß ich es kaum aushalten kann, besonders wenn ich mich bücke. Schreibe mir bald wieder und vergiß mir aber Deine Photographie nicht, hörst Du?

MINNA AN CÄCILIE, Bad Reichenhall 1862

Aus Reichenhall [1862]

Liebste Cècilie!

Unmöglich kann ich Max abreisen lassen, ohne ihm nicht ein paar
Zeilen an Dich mitzugeben, und muß Dir meinen herzlichen Dank
für Deinen lieben, sehr lehrreichen Brief aussprechen! Du thust mir
aber gewiß Unrecht meine liebe Cècilie, wenn Du im entferntesten
glauben könntest, daß ich Klärchen einen kühlen oder sonderbaren
Gruß an Dich hätte in einem meiner Briefe auftragen können. Das
wäre eben so abgeschmackt als unnatürlich von mir, da mich neue
Bekanntschaften nicht so leicht befangen machen können um mir
meine lieben Alten aus meinem Herzen zu verdrängen im Stande
wären. – Die Wolfram erbot sich mir, bei unserm Zusammensein
in Chemnitz, auf so herzliche Weise, mich, wenn ich krank würde,
pflegen zu wollen pp., daß ich allerdings tief von diesem unerwarteten lieben Anerbieten ergriffen war, umso mehr, da ich mir doch in
meiner kritischen Lage, wo ich noch eine neu aufkeimende Krankheit von all den Alterationen in mir fühlte, durch das zurückhaltende
Benehmen von Allen, dann wieder das Schweigen, Umgehen von
meinem Verhältnis zu Richard zu reden, noch wie verrathen und
verkauft vorkam.

Nun, ich hatte schon zu lange dort verweilt ich schnürte mein
Bündel und ich athmete leichter. – Ich kam noch recht elend hier an,
schrieb Dir durch Einschluß an Klären dennoch bald recht herzlich,
nachdem ich von Max erfahren, daß Du nach Dresden gehen würdest. – Ich sprach mein großes Bedauern zu Dir aus, daß ich nicht
dort sein könne, um Dir etwas nützlich zu sein u. s. w. Du sagst mir
nichts von dem wirklich herzlichen Briefchen, erwähnst auch nicht
gegen Deinen Sohn, daß ich ernstlich glauben muß, Du habest es gar
nicht erhalten.

Obgleich nichts weiter daran gelegen und der Inhalt wohl herzlich aber im Uebrigen unschuldigen Inhalts war so wäre es doch
sonderbar genug, wenn man es Dir gar nicht erst eingehändigt hätte.
Es ist als ob ich Alles, was Du mir schreibst, meine gute Cecilie, hörte,
und ich werde mich darnach zu benehmen wissen, ohne wie ich Dir

heilig versichere, mir das geringste merken zu lassen, was und warum. –

Ich bin wieder leider an trüben Erfahrungen reicher und werde meine Freunde nach dieser letzten Affäre mit Richard auf jeden Fall zu sondiren wissen. –

Seit den letzten 4–5 Jahren bin ich mit Skandälern, Scherereien und Rohheiten so überfüllt, – daß ich Meilen weite Umwege machen würde, um diesem zu entgehen, ich würde also auf keinen Fall wieder nach Chemnitz gehen, mögen sie dort sich selbst unter sich beißen, ich aber will diesmal noch mein Fell ganz behalten, sie mögen in Gottes Namen hinter mir schimpfen, bis ihnen die Lungen steif werden. Eines jedoch verdrießt mich hierbei sehr, nehmlich, vor einigen Tagen erhielt ich von Klären einen außerordentlich liebevollen, zärtlichen Brief, worin sie ihre Sehnsucht und Freude mich <u>bald</u> bei sich zu sehen ausspricht. Diese Falschheit ist mir wiederlich, lieber wollte ich, sie hätte mir heftig und grob geschrieben. Jetzt bin ich völlig in Verlegenheit was ich ihr erwiedern soll, ohne mich zu verrathen. –

Von Richard erhalte ich jetzt kurze, doch etwas menschliche Briefe* in denen er mir versichert, daß dieser Scheidungsplan nicht von ihm ausgegangen sei. Dasselbe hat er Klären versichert, (sagt sie) sondern nur in Pusinellis, meines Arztes Kopf entsprungen sei. Es ist gut, allein der Himmel weiß, was er diesem ängstlichen Männchen geschrieben hat, daß er es wagen durfte, uns beiden gleichzeitig zu einem solchen scheußlichen Ackt umstimmen zu wollen. –

Ende künftigen Novembers will R. nach Dresden kommen um vielleicht seinen Tristan dort einzustudiren, wenn es wahr ist. Mir soll Alles recht sein, nur nicht Zank und Streit soll er suchen, den findet er gewiß nicht, mag er es Klärchen nachmachen und sich allein ereifern. Ich kann trockene Kartoffeln essen, in Ruhe und Frieden, doch nichts auf gesuchte Dispute antworten. Dein Max, der liebe gute, bis jetzt gewiß noch ganz unverdorbene Sohn soll Dir das Fehlende meines Schreibens erzählen, sei mir nicht böse, wenn ich für heute schließe, es ist spät und meine alten Augen wollen trotz der Brille nicht mehr pariren. –

Möge es Dir gelingen dieses Geschreibe zu entziffern. Grüße habe ich meinem lieben Max für Euch Alle einen ganzen Koffer voll eingepackt, möge er sie finden. Es umarmt und küßt Dich innig

Deine

treue

Minna.

Mathilde [Schiffner] läßt Dich herzlich grüßen!

... allerhand Medicamente z. B. Digitalis, Chinin, Morfium u. s. w.

Der Briefwechsel zwischen Minna und Cäcilie
von Januar 1863 bis Dezember 1864

Obwohl sich die Eheleute künftig nicht mehr sehen, halten sie den brieflichen Kontakt weiter aufrecht: Wagner schreibt das eine Mal freundliche, wenn nicht übertrieben liebevolle Briefe, ein anderes Mal höchst gereizte. Minna ist bemüht, entgegenkommend zu reagieren und ihre Klagen und Schuldzuweisungen nicht überwiegen zu lassen. Vom öffentlichen Tun und Lassen ihres Mannes ist sie sowohl durch ihre Familie als auch durch die Presse bestens – wenn auch gelegentlich nur gerüchteweise – informiert. Wieviel sie von der im November 1863 insgeheim besiegelten Liaison zwischen Wagner und Cosima Bülow mitbekommt, muss nach ihren Briefen offen bleiben. Geahnt hat sie Entsprechendes sicherlich schon seit langem. In ihren Briefen an Cäcilie ist allerdings nur von einer »Nichte« die Rede, mit der Wagner Ende 1865 als persona non grata München in Richtung Schweiz verlassen habe.

Im Briefwechsel dieses Zeitraums klingt deutliche Kritik an Wagners Schwester Klara oder Kläre (Cläre) an. Dieser verübeln die Schwägerinnen, dass sie Wagner allzu willfährig entgegentrete. Rivalitäten gibt es vermutlich auch deshalb, weil Wagner damals zu Kläre das womöglich engste Verhältnis hat. Denn die Schwestern beobachten argwöhnisch, wer von ihnen die meisten und herzlichsten Briefe vom Bruder bekommt. Dieser hält es seinerseits Cläre zugute, ihn als Einzige der Schwestern in den Schweizer Exiljahren besucht zu haben. An Cäcilie schreibt er am 7. Januar 1862 aus Paris: »Kind, warum kamst Du in 10 langen Jahren nicht einmal zu mir in die Schweiz? Kläre fand doch den Weg!« Im gleichen Brief klagt er der Halbschwester: »Wüsstest Du, wie wirklich fremd es mich anweht, wenn ich so auch aus Deinem Briefe ersehe, wie unendlich wenig Ihr von den Nöthen meines Lebens wisst! [...] Keine Sicherheit, keine Einnahmen, Noth und Sorge: keine Heimath, keine Familie, nichts!«*

Wagner weilt in den Jahren 1863/64 zu Konzerten in Russland, dann zu »Tristan«-Proben in Wien und schließlich ab Mai 1864 im München Ludwigs II. Aus diesem dringen immer wieder Sensationsmeldungen über Wagners Gehalt und sonstige Zahlungen des Königs – etwa die Tilgung der in Wien hinterlassenen Schulden – zu Minna. Diese erörtert derlei Berichte in ihrem Brief an Cäcilie vom 14. Oktober 1864. Zuvor, nämlich im Brief vom 26. Mai 1864, hatte Wagner Minna gegenüber wahrheitswidrig von 1200 Gulden Jahresgehalt gesprochen, während er anderen in seiner Umgebung die tatsächliche Höhe von 4000 Gulden offengelegt hatte. Am 26. September übersendet er Minna zu seiner Entlastung einen Artikel aus den Münchner »Neuesten Nachrichten« vom Vortag, in dem – von offenbar offiziöser Seite – die geringere Gehaltssumme bestätigt und jede Schuldenzahlung seitens des Königs bestritten wird. Minna lässt diese Zeitungsmeldung aus Loyalität ihrem Mann gegenüber alsbald in Dresdner Blättern verbreiten, obwohl sie, wie ihr Brief vom 14. Oktober zeigt, über den wahren Sachverhalt durch die Verwandtschaft durchaus informiert ist. Da Wagner solches zu ahnen scheint, räumt er seinerseits im Brief an Minna vom 15. Oktober ein, tatsächlich 4000 Gulden zu bekommen, was inzwischen auch schon wieder überholt ist. –

Der Vorgang verdeutlicht, dass es wohl lohnend sein könnte, innerhalb einer streng wissenschaftlichen Edition auch in vergleichbaren Fällen den jeweiligen Faktengrund möglichst tief auszuloten, also Für und Wider sprechen zu lassen.

Dazu würde freilich auch eine Erwähnung von Wagners fürsorglichen Schreiben gehören. Hier der gebotenen Kürze wegen nur zwei Telegramme charakteristischen Inhalts.

Am 9. Oktober 1864 telegrafiert Wagner: »Ich erfahre soeben daß ein falsches Gerücht in den Zeitungen mich gefährlich krank meldet, damit Du Dich nicht ängstigst, versichere ich Dich wirklich gesund zu sein.«* Ein Telegramm vom 15. Februar 1865 geht auf Zeitungsmeldungen über ein Zerwürfnis mit Ludwig II. ein und lautet: »Beruhige Dich vollständig. Neid, Unverstand und Verleumdung haben eben, was sie nicht verstanden, in ihrem Sinne ergriffen, um über mich falsches zu berichten […].«*

MINNA AN CÄCILIE, Dresden 8. Januar 1863

Dresden d. 8ten Januar 63.

Meine liebe gute Cècilie!

Diesmal habe ich Dich recht herzlich um Entschuldigung wegen meines fast unverzeihlichen langen Schweigens zu bitten! Indessen will ich Dir nur Einiges aufzählen, damit Du siehst, daß es keine Vernachläßigung oder wohl gar Mangel an Liebe sei! und im Uebrigen Deine Großmuth für mich in Anspruch nehmen. Richard schickte mir unsere alte Wust von Möbeln früher zu, als ich es erwartet hatte und diesen eigentlich, wie er mir lange vorher geschrieben, erst vorher eine Geldsendung vorangehen sollte. Er hatte allerhand noch drauf schlagen lassen, als eine dreivierteljährige Speichermiethe, Spesen pp. Meine Verlegenheit war dadurch groß, ich mußte mir die Summe von über 300 Thr. von meinen Freundinnen zu verschaffen suchen, um mich aus meiner Verlegenheit zu reißen. Erst zu den Weihnachtsfeiertagen erhielt ich seit vorigem July wieder etwas Geld von meinem guten Mann und muß mir gefallen lassen, wenn er mir mit der Zeit, da er selber sehr viel braucht, wieder etwas von seinem Überfluß zukommen lassen wird. –

Unter solchen freudigen Umständen richtete ich meine jetzige Wohnung Anfang October ein d. 20ten gleichen Monats besuchte mich Klärchen wie ich dir bereits geschrieben, blieb aber natürlich nur 4 Wochen. Sie ist sehr an Vergnügungen gewöhnt, die ich ihr nur sehr wenig biethen konnte. Richard kam den 4. November von Leipzig, wo er zu Gunsten eines jungen Freundes zwei Ouverturen von sich persönlich dirigirte, nur auf 4 Tage hierher. Nur im Sturm, um eigentlich Geld für sich aufzutreiben, was ihm zum Theil gelungen, um damit wieder nach seinem Wohnsitz Bibrich* zurück zu reisen, um sich aus Wiesbaden, (wie man behauptet) seine angenehme Reisegesellschafterin zu holen und von dort nach Wien zu reisen, wo er noch bis Anfang März bleiben wird. In den 4 Tagen als er hier war, habe ich nicht zwei Worte allein mit ihm gesprochen, ich habe es nicht gesucht und hätte es vielleicht auch nicht gefunden. Richard habe ich entweder sehr viel zu sagen oder gar nichts bei letzterem will ich bleiben, da es bei seiner Herzlosigkeit, die sich leider gefunden hat – seitdem er mit unerfahrenen, unwürdigen Geschöpfen verkehrt. – Es gefiel ihm bei mir ganz außerordentlich gut, ich war ja freundlich und herzlich als wenn nichts zwischen uns sich gedrängt hätte. Allein die Zersplitterung, in der er sich befindet und jene Geschöpfe geben es nicht zu, mit mir noch ferner leben zu dürfen, er sagte es mir ja damals in Zürich schon. So, mein liebes Cècilchen, gräme ich mich noch zu Todte über solche Schlegtigkeit! Einen solchen Lohn für meine Opfer, Treue, Sorgen, Kummer hatte ich weder erwartet noch verdient. Anfang März also, wird er hier über Dresden zurückreisen und hier, wie er sagte, dann wahrscheinlich 8 Tage bleiben. Nun, ich lasse mir Alles gefallen – leide unsäglich dabei, aber es giebt vielleicht einstens doch eine Vorsehung. – Unter solchen Aussichten wäre es mir natürlich nicht eingefallen, Richards Wunsch, mich durchaus hier niederzulassen, nachzugeben und eine Wohnung für 230 Thr. zu miethen; er aber sagte, daß er zu unserer Silbernenhochzeit seinen Einzug halten wollte, um nur selten in künstlerischen Angelegenheiten fort zu gehen. Ich kann mich also in nichts verlassen, was er heute gesagt, wiederruft und bestreitet er morgen; deshalb habe ich gewissermaßen mit seiner Zustimmung mit Möbel vermiethet, eine junge Russin (Wittwe) wohnt seit d. 1. December bei mir und gefällt ihr sehr gut. D. 1ten Febr. will sie zwar wieder fortreisen, allein ich denke sie bleibt länger. –

Reist sie aber werde ich immer wieder vermiethen, daß ich womöglich doch frei wohne.

Käme Richard auf kurze Zeit, so findet er seine Stube stets frei. Ich wohne nach dem Hof hinaus, wirklich sehr bescheiden. Doch ganz nett, wenn ich nur immer Frieden und Ruhe empfinden würde, wäre ich bei meinen höchst bescheidenen Ansprüchen ganz zufrieden.

Siehst Du, meine gute Cècilie, nun hast Du wieder eine mehr monatliche Lebensbeschreibung von mir, sei mir deshalb nicht böse, aber ich kenne Dein gutes Herz. Willst Du mich bald einmal besuchen, so könnte ich Dich dennoch besser als in der Marienstraße, wo Du mich besuchtest, aufnehmen und was an Kunstschätzen zu sehen ist, könnten wir auch in Augenschein nehmen. Dabei habe ich einige recht angenehme, gemüthliche Frauenbekanntschaften. Die Baumgartner wohnt mir gegenüber, sie ist eine liebe Frau. Ihre Mutter, die jetzt bei ihr ist, ebenfalls. Die arme Frau hatte jetzt auch eine sehr aufgeregte Zeit, ihr Sohn mußte sich zum Militär stellen und wurde leider für tüchtig befunden, daß man ihn nicht loslassen wollte, dennoch ist es ihr gelungen, ihn mit 300 Thr. loszukaufen, auch keine Kleinigkeit für eine nicht bemittelte Wittwe. Der Anna ihr Mann Rose in Schönbach hatte das Unglück infolge seiner fast gänzlichen Blindheit ein Stock hoch herunter zu fallen. Der starke Mann konnte seinen Todt finden, er liegt noch doch soll er außer Gefahr sein. Wie aber geht es Dir meine gute Cècilie, bist Du und die lieben Deinigen recht wohl? Bitte, vergelte nicht Gleiches mit Gleichem schreibe mir recht bald! Klärchen welche ich öfter mit meiner vortrefflichen Tichatscheck* zusammenbrachte, hat ihr eine scheußliche Geschichte eingebrockt, daß beinahe ein Prozeß entstanden wäre, nun, ich erzähle Dir das einmal mündlich, schriftlich führte es zu weit. An Dich trug sie mir auf, daß sie es nicht verdient habe, daß Du nachdem Alles für Dich eingerichtet worden, so plötzlich abgereist seist und Du ihr erst freundlich schreiben mußtest, sie wußte es durch Meyer, daß Du nur 14 Tage in Loschwitz gewesen, erzählte mir auch vieles was Du bei ihr von mir räsonirt haben solltest, wie lumpig ich Dich in der Marienstraße bewirthet u. s. w. ich habe das Ganze bereits wieder vergessen, liebe Klatsch nicht. Weihnachten hat für mich nur insofern existirt weil ich tüchtig arbeiten mußte, denn alle meine Geschenkchen, die ich mache, können nur in Arbeiten bestehen. Richard hat es gar nicht erwähnt. – Ich hatte ihm ein paar sehr schöne Arbeiten gemacht einen Ofenschirm und Teppich, die er sehr gleichgültig und verlegen hinnahm, daß mich aber keineswegs veranlassen konnte, ihm meine Arbeiten aufzudringen, deshalb wünschte ich ihm nur gesunde Feiertage. – Daß er in Wien bereits zwei Konzerte gegeben, habt Ihr wahrscheinlich in den Zeitungen gelesen, Geld haben sie ihm nicht gebracht, was gewöhnlich ist. Doch sollen sie mit Erfolg gegeben worden und wieder einige Zöpfe abgeschnitten worden sein. Die Proben von Tristan finden noch seinen Fortgang und soll die Aufführung Anfang Februar stattfinden.* Gott gebe seinen Segen! Ich werde nicht dabei sein und werde auch nicht gewünscht. – Lächerlich mußte es mir sein, daß die sämtliche Familie Brockhaus Fr. v. Kessinger* pp während seinem Hiersein ihm den Staub von den Füßen leckten – Kläre dito. Mir fielen immer die Äußerungen der Louise bei unserer ersten Anwesenheit in Paris ein, die ich Dir auch mündlich sagen werde.

Diesen Brief nebst Einlagen, die ich Dich bitte per Stadtpost befördern zu lassen, überschicke ich Dir durch einen sehr lieben, gescheuten jungen Mann, der gegenwärtig seine Studien in Berlin macht, er hat dort gar keine Bekanntschaften gemacht, vielleicht ist er ein angenehmer Umgang für Deine ältesten Söhne, da er im gleichen Alter mit meinem lieben Max ist. Seine Mutter ist mir eine liebe angenehme Bekanntschaft, wohlhabende Arztwitwe, die zu ihrem Vergnügen große Reisen machte, sogar in Jerusalem war und das heilige Grab besuchte. Ihre beiden Männer (Engländer) starben ihr früh weg, sie heißt oder auch der junge Mann Herr Atkinsen. Nimmst du ihn freundlich auf, so danke ich Dir im voraus! Die besten herzlichsten Wünsche nachträglich im Neuenjahr! Grüße Deinen lieben Mann herzlich von mir, meinen kleinen guten Max desgleichen, Ferdelchen wird sich meiner kaum erinnern, grüße ihn und alle von den lieben Deinigen. Es umarmt und küßt dich

Deine

alte treue

Minna.

Daß Deine Schwägerin Emma wieder dort ist weiß ich durch Frl. Hilbrecht.

CÄCILIE AN MINNA, Berlin 16. Januar 1863

Berlin, am 16 Januar. 1863.

Meine liebe Minna!

Dein lieber Brief den ich, trotzdem, daß er vom 8ten datirt ist, erst gestern Abend erhielt hat mir eine recht freudige Ueberraschung verursacht und ich danke Dir herzlich dafür. Schon hatte ich grade gestern einen Brief an die Baumgarten angefangen in dem ich mich nach ihr und Euch Allen erkundigen wollte und hauptsächlich auch bei ihr anfragen ob sie nächsten Sommer in Dresden bleiben wird, was mich sehr freuen sollte da ich wenn Gott nichts dazwischen schickt von Mai ab mit Ferdchen und einem Dienstmädchen entweder in Loschwitz oder sonst wo anders um Dresden herum meinen Wohnsitz aufschlagen werde. Ich gehöre zu den ganz aufrichtigen aber auch ehrlichen Naturen die nicht anders sprechen und handeln können als es die innerste Ueberzeugung ihnen eingiebt. Den Mantel nach dem Wind hängen wie es einige meiner Schwestern thun, aus dem und dem Grunde mit dem und dem freundlich sein wenn er mir auch nicht zusagt – blos um gewiße Zwecke die mir wünschenswerth sind zu erreichen – dergleichen Treiben ist mir fremd und ich bin bei meiner Methode alt und grau geworden und werde dabei ausharren bis zum Grabe. Daß Kläre nach alle dem was vorgefallen und mir mitgetheilt wurde über Dich, so, daß ich glaubte unredlich zu handeln wenn ich Dich nicht vor ihnen warnte, doch auf Deiner Rückreise von Dir besucht wurde und Euer Zusammensein ein ganz freundliches sein müßte da es Klärens 4 wöchentlichen Besuch zurfolge hatte – ich sage es Dir offen meine gute Minna, das hatte mich an Dir etwas irre gemacht. Ueber Kläre kann mich nichts mehr irre machen, denn die habe ich in ihrer ganzen Größe kennen gelernt. Sie wollte natürlich um jeden Preiß Richard sehen.

Darauf hin that sie was nöthig war um den Zweck zu erreichen. Ich hätte gewiß Richard nach 14 jähriger Trennung und nachdem ich ihn von Kindheit an ehrlich und redlig geliebt habe, auch einmal wieder gesehen, doch nimmer werde ich meinen Stolz und alle mein innerstes Selbstgefühl das ein jeder so nette Character sich unter alten Umständen bewahren muß selbst wenn das Herz manchmal schmerzlich darunter leiden muß – mit Füßen treten um noch meinem Bruder aufzudrängen der offenbar nichts von mir wissen will. Ich hätte ja können wie ich die flüchtige Nachricht erhielt nach Leipzig oder Dresden gehen, ich habe auch in Dresden Freunde die mich ein Paar Tage gern bei sich aufgenommen hätten; Doch da er es nicht der Mühe werth gehalten gegen mich mit einem geschriebenen Worte den Wunsch mich wieder zu sehen auszusprechen so habe ich selbst diese nahe Gelegenheit, trotz allem Zureden meines guten Mannes ungenutzt vorüber gehen lassen, obgleich ich nicht leugnen will daß ich darunter schmerzlich gelitten habe. Cläre hat ihren Zweck erreicht, sie ist in Dresden gewesen zu der Zeit wo Richard anwesend war. Du sagst, sie sowohl, wie die ganze Brockhausensche Familie haben gewetteifert ihn den Staub von den Füßen zu küssen.

Was Cläre betrifft, so könnte ich Dir noch mehr sagen – aber zu was? Und wohl hast Du recht wenn Du achselzuckend an die Reden und Urtheile von Louisen über Richard aus früheren Zeiten denkst. Auch dazu könnte ich Dir noch viele Beiträge liefern. Wie hart und grausam hat sie sich oft über ihn ergossen, daß es mir wie ein zweischneidig Schwert durchs Herz schnitt, Keiner in der ganzen Familie hat damals so für ihn gekämpft wie ich. Doch, was willst Du meine Minna? So ist nun einmal der Lauf der Welt! –

Daß Du so große Verlegenheiten Deiner Möbel wegen gehabt hast, das schreibst Du mir schon in Deinem vorletzten Briefe und ich habe Dich wahrlich recht aufrichtig deshalb beklagt. Für die 300 rl [Reichstaler] konntest Du Dir neue Möbel kaufen – das ist wirklich schrecklich! Du schreibst überhaupt wieder in sehr trüber Stimmung, meine arme Minna. Großer Gott, wird Dein gequältes Herz nicht endlich, endlich Ruhe finden?!

Was schreibst Du mir denn da von »unerfahrenen Geschöpfen« mit denen Richard jetzt verkehrt, sind denn das neue Bekanntschaften? Daß Du während der 4 tägigen Anwesenheit Richards nicht ein Wort allein mit ihn hast sprechen können, das finde ich nach und vor so langer Trennung doch sehr unrecht. Wenn Kläre durchaus zu der Zeit bei Euch wohnen müßte so hätte sie wohl so discret sein sollen Euch Stunden lang allein zu lassen, es mag Alles am Ende sein wie es will – ein Aussprechen zwischen zwei Eheleuten darf ein Dritter nie behindern. Sage aber warum Richard wieder nach Biberach geht und seinen früheren Plan mit Dresden wieder geändert hat? Bei ihm ist es so schlimm, daß er so viele Freunde und auch einzelne Verwandte hat, die Alle in seine Verhältniße und Pläne hinein reden. Gott sei Dank! ich kann mir wenigstens das Zeugniß geben daß ich dergleichen nicht auf meinem Gewissen habe. Deshalb bin ich aber auch in seinen Augen eine Null. In Gottes Namen denn – ich kanns nicht ändern.

Du schreibst mir, gute Minna, von einem jungen Mann den Du uns empfiehlst, ich habe ihn aber nicht zu sehn bekommen, obgleich es mir und uns Allein großes Vergnügen gemacht haben würde. Er ist gestern Abend da gewesen hat aber an der Treppenthür nur die Briefe abgegeben ohne nach mir zu fragen und ohne eine Karte zurück zu lassen. Nun weiß ich also gar nichts von ihm, habe auch keine Ahnung wo er wohnt. Mein Mann meint nun daß der junge Mann vielleicht gar keine Lust hat mit uns bekannt zu werden. Jedenfalls aber sei doch so freundlich seiner Mutter zu sagen daß wir uns freuen würden seine Bekanntschaft zu machen, aber natürlich muß er uns doch erst seinen Besuch machen. Für Deine Einladung nach Dresden danke ich Dir herzlich, obgleich vor der Hand keine Aussicht für mich ist sie annehmen zu können, namentlich da seit einigen Tagen mir von meinem guten Eduard das Anerbieten gemacht wurde nächsten Sommer bei Dresden auf dem Lande zuzubringen. Mit großem Zagen denke ich wieder an die lange und weite Trennung von meinem Mann, der die Sommermonate tief in Rußland verleben wird. Hier in Berlin giebt es Verhältniße die es durchaus wünschenswerth machen, sobald meines Mannes treuer Schutz mir hier entzogen ist Berlin zu verlassen. Sollte ich Dich den nächsten Sommer auch in Dresden wissen, doch ich baue noch nicht viele Hoffnung darauf, da Du ja jeden Sommer dort abwesend bist. Wie geht es denn mit Deinem Befinden, meine liebe Minna? Hat Dir denn Reichenhall recht nachträglich geholfen?

In Maxens Befinden merke ich keine besondere Beßerung. Er kam sehr blühend zurück, nun sitzt er aber vom Morgen bis zum Abend im Geschäft was für seinen Zustand durchaus nachtheilig ist – nun sind nach und nach die alten Leiden wieder da und sein Aussehen ist blaß. Max ist und bleibt, wie es scheint mein Angstkind und er ist ja ein herzens guter, braver Junge. Mit meiner Schwägerin Emma bin ich wieder ausgesöhnt, wir kommen jetzt viel und angenehm zusammen. auch sie hat Max recht herzlich lieb, ihr Mann ist schon seit August in Rußland, sie kam im November zurück da sie sich dort zu unglücklich fühlte, nun wird ihr freilich wieder die lange Trennung von ihrem Manne sehr schwer zu tragen. Zu Ostern kommt er zurück und da muß mein armer Mann sich auf machen um den Sommer dort fern von Weib und Kindern zuzubringen, was ihm und uns sehr schwer wird. Er kam Anfang December so elend und angegriffen von der furchtbaren Reise, dem beschwerlichen Aufenthalt in Moscau zurück daß ich immer bei seinem Anblick in Thränen ausbrach.

Ach, dieses russische Unternehmen ist ein furchtbar beschwerliches und greift schneidend in alle unsere Familienverhältniße ein! Doch, es ist nun einmal Alles angebahnt und kein Rückschritt mehr möglich. Vor der Hand sind enorme Summen darauf verwendet – die Einkünfte müssen erst abgewartet werden. Wenn das Riesenunternehmen durchgeführt werden kann, doch wenn die Kräfte der 3 Brüder aushalten, dann sind wohl große Resultate zu erwarten. Vor der Hand ist aber erst alles im Werden. Ueber alle solche complicirte Dinge läßt sich schriftlich kein Bild entwerfen, ich sage daher auch wie Du:»mündlich«. Wie wäre es denn, meine alte Minna, wenn Du Dich auf die Beine machtest und ein bischen nach Berlin kommst? Sei versichert daß Du uns Allen große Freude durch Deinen Besuch bereiten würdest. Viele Vergnügungen könnte ich Dir zwar nicht versprechen, doch weiß ich da daß Dein Herz auch nicht an dergleichen hängt. Wir leben sehr still und sehr bescheiden, aber auch ziemlich gemüthlich und ich denke es würde Dir schon gefallen. Ueberlege Dir das, meine Minna, meine Einladung ist keine leere Redensart. Nun will ich noch ein Paar Zeilen an meine liebe Emmy schreiben da ich ihr schon gestern einen Brief zugedacht hatte, Du bist wohl so freundlich ihr den Brief zu überschicken. Solltest Du, meine Minnel, vielleicht unter der Hand etwas von einer hübschen nicht zu theuren Sommerwohnung hören in Loschwitz oder auch dem Hirsch,* das liegt hoch und deshalb auch gesund oder Blasewitz, so würde ich Dir sehr dankbar sein wolltest Du mich dann in Kenntniß setzen. Ich brauche nichts als Stube und Kammer, ein Plätzchen für das Mädchen und eine Kochgelegenheit, die habe ich voriges Jahr in Loschwitz, wo mich das Vorlaufen nach der Schenke sehr genierte und meine Kinder einen Riesenappetit hatten oft sehr vermißt. Meine Wohnung die mir Mad. Hell besorgt hatte war sehr billig, ich gab für möblirte

Stube und Kammer monatlich 5 rl,* aber sie lag tief im Grunde und ich möchte lieber höher wohnen, auch zög ich nach der Lösnitz wo nicht so viele Krankheiten herrschen sollen wie in Loschwitz, doch dort sei <u>nicht ohne</u> eine befreundete Seele, sonst würde ich zu melancholisch.

Nun lebe wohl, meine liebe gute Minna und bitte schreibe mir bald wieder, ich habe Dir gehörig viel geschrieben. Da ist mir eben die Feder aufs Papier gefallen, ich kann aber unmöglich den Brief abschreiben. Sei herzlich umarmt von

Deiner treuen Schwester Cecilie.

[S. 1 oben] Der Klex ärgert mich gräßlich, entschuldige doch je.

[S. 4] Mein Mann, Max und alle Kinder bis auf Ferdchens lassen Dich herzlich grüßen.

MINNA AN CÄCILIE, Dresden 2. März 1863

Dresden d. 2. März 63.

Meine liebe gute Cècilie!

Entschuldige mich, daß ich erst heute Deinen lieben Brief vom 16. Jan. beantworten kann. Ich hoffte und wünschte Dir gleich eine Gewißheit wegen der Sommerwohnung mittheilen zu können. Leider aber ist das noch nicht der Fall, da die Wohnungen selbst in Blasewitz viel theurer sind als ich und Du erwarten konntest. Vielleicht hast Du deshalb nur 5 Thr. per Monat für eine bescheidene Wohnung zu zahlen brauchen, weil Du sie erst in der Mitte des Sommers miethetest. Weißt Du was, mein Cèlchen, entschließe Dich bei dem schönen Wetter und komm auf ein oder zwei Wochen hierher, wir suchen dann gemeinschaftlich, es ist wirklich das Einfachste. Die Baumgartner war derselben Meinung. Du weißt dann wo und was Du hast, – also mach' es kurz und komm! Bei mir kannst Du wohnen und gefällt es Dir nicht, so hast Du nur 20 Schritte zur Baumgartner. Mit einer Reisetasche hast Du genug, wenn Du nicht auf große Feste rechnest und Dich zu belustigen beabsichtigst. Es ist sehr lieb von Dir, daß Du mich in Deinem letzten lieben Brief aufforderst zu Dir kommen zu sollen, wofür ich Dir herzlichst danke! Hat man aber eine Wohnung mit Möbel zu vermiethen wie ich, dann ist man nicht mehr sein eigener Herr. Jetzt ist sie wieder leer, doch ist es möglich, daß ich sie auch wieder in der nächsten Woche vermiethe. Meine Russin ist wieder nach Odessa gereist, sie war mir lieb geworden. Herren nehme ich nicht gerne, am allerwenigsten Polen, deren es hier in Menge giebt, ebenso auch Damen. –

Nächsten Sommer bleibe ich hier, der Aufenthalt in Reichenhall hat mir ebenso wenig wie Deinem Maxl genützt, es ist doch nur mehr ein Modebad, wo man recht viel Geld verbrauchen kann. –

Daß Richard in Petersburg ist, werdet ihr gewiß in Zeitungen gelesen haben. Er hatte schon einige Male eine Aufforderung und schlug sie aus. Dies Mal wiederholte sie sich, man bot ihn für 2 Conzerte zu leiten 2000 silb. Rubel. Es ist dies eine Affäre von 14–18 Tagen und Richard braucht schrecklich viel Geld für sich – alle Quellen waren erschöpft und so entschloß er sich dieses Engagement anzunehmen. Die Reise bis Petersburg ist durchaus nicht beschwerlich. Kürzlich hat R. auch ein Conzert in Prag gegeben, was ihm einen neuen reinen Gewinn von 1000 fl. nebst Blumen, Kränzen und sogar einen silbernen Lorbeerkranz gebracht hat. Richard wird noch sehr mode werden und er kann damit noch viel Geld einnehmen, was er bald auch wieder verbrauchen wird. – Sein Tristan kommt in Wien erst Ende d. M. zur Aufführung, wenn's wahr wird, – und geht von P. wieder dahin zurück. – Unpraktische Personen, damit meinte ich in meinem [letzten] Brief die Wesendonck in Zürich. Durch diesen unglückseligen Einfluß ist er künstlerisch, sowie auch moralisch auf Abwege gekommen. Mit der Arbeit geht's auch nicht vorwärts, so hat er z. B. in einem Jahre, wozu er sich am Rhein eine Wohnung für 300 fl. gemiethet hat,* einen einzigen Ackt componirt, immer war er in dem liederlichen Wiesbaden wo er – – – Ich mag mich gar nicht mehr über meinen Mann in Details einlassen, genug ist es wohl und charakterisirt den Menschen am treffendsten, wenn ein Mann seine treue Frau, mit der er mehrere zwanzig Jahre glücklich lebte, die alles Elend mit ihm getragen, ihn bei seinem Schaffen als Künstler im edelsten Sinne unterstützte, ihr endlich auf das scheußlichste untreu wird, sie deshalb roh und gemein behandelt und schließlich die erbärmlichsten Ausflüchte gebraucht, weil er seine treue Lebensgefährtin auch noch verläßt. So, meine liebe Cècilie, steht es. – Der Künstler ist <u>groß</u>, der Mensch desto <u>kleiner</u>. Man soll nie versucht sein den ersten von dem letzteren zu trennen. Doch bei Richard ist es leider so, der Künstler fällt schwer in die Wagschale, den ich auch nur noch lieben kann, doch der Mensch schnellt hoch und leicht hinauf. – Durch die unglücklich geweckte Eitelkeit ist auch sein sonst doch gutes Herz verloren, er kennt keine Familienbande, obgleich er momentan recht herzlich scheinen kann. Aber es hat keine Dauer nur seine Creaturen liebt er anhaltend, z. B. auch diese Bülows, die sich so schlegt und gemein gegen mich und andere benahmen, daß, wenn ich 100 Mal nach B. käme, sie <u>nie</u> besuchen würde. Daß er Euch bei seiner Durchreise in Berlin nicht besuchte, wirst du ihm nicht übel nehmen, er mußte bei Bülows sein und war nur einen Tag dort, wie Du aus beiliegenden gedruckten Zeilen ersehen kannst.

Was du über mich wegen meinem zweiten Besuch bei Klären denkst, muß ich mir gefallen lassen. – Doch ich erhielt einen Brief vor Abreise von Reichenhall, der alle in dieser Art seines abscheulichen Inhaltes wegen überstieg. – Ich war nicht feig und konnte mit gutem Gewissen unter ihre Augen treten, konnte aber solche Lüge was ich über diese und jene gesagt haben soll unmöglich auf mich sitzen lassen. Meinen Rückweg von Zwickau nahm ich über Chemnitz und so suchte ich sie auf. Alle empfingen mich höchst freundlich, was mich mehr noch als das Gegentheil empörte, ich sagte kurz weswegen ich nur käme und da löste sich der Klatsch in nichts auf. Der und die, Du und Gott weiß wer Alles hatte das und jenes gesagt u. s. w. – Du müßtest mich zur Genüge kennen, wie ich in dieser Hinsicht bin und niemals in solches Gewäsche verwickelt war. Kläre, wie ich Dir schrieb, hatte mir oder vielmehr der Tichatscheck eine greuliche Suppe eingebrockt, die ich endlich durchgefochten habe, wobei ich natürlich nicht umhin konnte derbe Ausdrücke zu gebrauchen. Klärchen schreibt mir dennoch am Neujahr einen herzlichen Brief und die Sache war für diesmal abgemacht. Vor drei Wochen ohngefähr, frug sie wieder an und wollte mir nur einen Klatsch bereiten, ich aber schrieb ihr derb, mich mit solchem unnützen Zeug zu verschonen ich habe andere wichtigere Sorgen. Sie ist auf Dich nicht mehr böse, sie hat mir gestern wieder einen herzlichen Brief geschickt, sie meint, Du liebtest sie und sie Dich, Du habest ja beim Abschied die bittersten Thränen vergossen, nur habest Du sie durch Dein plötzliches Fortgehen sowie durch Dein Schweigen beleidigt und müßtest ihr erst abbittend schreiben, dann grolle sie nicht mehr. Nun, mündlich werde ich mich vielleicht einmal gegen Dich aussprechen, gewiß ist aber, daß ich Klären nie wieder besuche, noch einen von dieser Familie einladen werde.

Richard werde ich wahrscheinlich nicht auf der Rückreise sehen, er wird wieder einen Bogen über Breslau machen, nun wie er will, ich habe ihm nichts mehr zu sagen, er ist ein ungetreuer böser Mensch. Er schreibt mir alle paar Wochen einen Wisch, der herzlos und impertinent ist, beantwortet nichts, wenn ich ihm Mittheilungen über irgendwen oder eine Sache mache, daß ich mir wie ein Schulkind vorkomme, wenn ich an ihn schreiben muß. Deshalb auch suchte ich nicht allein mit ihm zu sprechen, während der 4 Tage seines Hierseins, ich habe Richard entweder sehr viel zu sagen oder gar nichts. Bei letzterem will ich, wie gesagt, bleiben. Er ist ein großer eitler Künstler geworden, der anderen Weibern einredet, ich passe nicht für ihn, verstünde ihn nicht u. dgl. Gott weiß es, es hat ihn gewiß niemand als armen, verlassenen, unbekannten und unangestellten Menschen besser verstanden, als gerade ich, und nun diese erbärmlichen Ausreden. Unter meiner Pflege hat er erst die Werke geschaffen, die ihn berühmt gemacht. Wollte Gott ich wäre erst über all diese Kränkungen hinweg, die dieser Mann mir zugefügt und ich gewänne nur einen Theil meiner verlorenen Gesundheit wieder, was leider nie mehr geschehen wird, ich gräme mich über solche Schlegtigkeit, über mein Alleinsein im Alter langsam zu Todte, ich muß sagen langsam, weil ich leider eine zu kräftige Natur habe. Vergiß, meine liebe Cècilie, daß ich mich vergesse und Dich aufs Neue mit meinen Klagen belästige, was ich nicht jedem sage. Klärchen könnte ich so was nicht schreiben. Wer diese Empfindungen nicht empfunden, diese Gefühle nicht gefühlt, kann mich nicht verstehen, kann mich nur für gereizt und was sonst noch halten. –

Einen Trauerfall will ich Dir noch melden. Schrutmanns, Louisens Tochter Elsbeth hatten zwei Kinder vor 9 Monaten starb ihr plötzlich das Mädchen im Alter von 6 Jahren, was ihnen begreiflicher Weise großen Schmerz erregte. Vorigen Sonntag starb auch noch der Knabe von 8 Jahren, nun sind sie kinderlos. Es war ein hübscher guter Knabe, den ich einige Male bei Louisen sah. Er starb an einer nicht ausgesprochenen Krankheit, war nur 8 Tage unwohl und verschied sanft. Mir thun die Eltern, trotzdem ich nie mit ihnen zusammen war, unendlich leid und habe das tiefste Bedauern für sie über diesen harten Verlust. Zum Trost soll Elsbeth wieder in gesegneten Umständen sein. Für heute lebe wohl, mein gutes Cècilchen, packe Deine Reisetasche und komm! Plaz habe ich für Dich immer noch, wenn ich auch vermiethe. Tausend herzliche Grüße Dir, Deinem guten Mann, Max u. d. A. Es küßt Dich in freudiger Erwartung Dich bald zu haben

Deine

treue

Minna.

Verzeihe meine Eile.

Die Mutter des jungen Menschen, mit dem ich Dir den Brief schickte, ist jetzt auch dort, sollten sie Dich noch nicht besucht haben, kannst Du Dich leicht trösten.

CÄCILIE AN MINNA, Berlin 10. März 1863

Berlin, am 10 März. 1863.

Meine herzens gute Minna!

Sehr überrascht und hocherfreut war ich als ich vor einigen Tagen Deinen lieben Brief erhielt, denn ich sah doch aus demselben daß Du mich nicht ganz vergessen hast, was ich, ehrlich gestanden, fast glaubte. Weder Du noch die Baumgarten, das böse Weib antwortet mir auf meine Briefe, aus diesem Schweigen bildete ich mir selbst eine Antwort nämlich einfach diese: Daß Ihr mich nicht in Dresden haben wollt: Daher folgte ich der liebenswürdigen und wahrhaft dringenden Aufforderung einer hier mir befreundeten Familie, nach den 2 Stunden vor Berlin gelegenen ganz romantisch liegenden Pickelsberg zu ziehen. Dort giebt es nur 2 Häuser zu Sommerwohnungen eine Villa, die von Jahr zu Jahr stets vermiethet ist und jetzt einen Theil davon von der besagten Familie gemiethet ist und ein höchst anständiges wenn gleich enorm bescheidenes Wirtshaus. Wir fuhren hinaus und der warmen Geschwätzigkeit meiner Bekannten gelang es für mich noch ein Zimmerchen nebst winzigem Kämmerchen in dem Wirtshause zu erkämpfen. Mein Mann war höchst zufrieden mit dem Gedanken daß ich den Sommer über Berlin und den Meinigen so nah sein kann und willigte sofort in diesen Plan. Mit Deinem lieben Briefe kam auch zugleich ein Brief aus Pickelsberg indem die contractliche Festmachung der Wohnung da drausen enthalten war. Freilich ist Dresden immer weit schöner als dieser Ort jedoch, ich habe hier das große Glück die Meinigen, meine ganze Häuslichkeit in der Nähe zu haben. Mein Mann reist zwar gleich mal den Tag nach dem Osterfeste mit meinem guten Max nach Moscau, jedoch wird Eduard, wie er hofft nicht sehr lange dort bleiben, dann hat er doch während des langen Sommers hier in Berlin ein hübsches Ziel für seine Sonntage, Richard und Ludwig können diese Tage auch benutzen um auf die angenehmste Weise im Fernen zu sein. Und das ist mir allerdings auch unendlich viel werth. Ich wollte weiter gar nichts, mein Minel, als Du wohntest auch mit da drausen, doch die Courage hätte ich wirklich nicht Dir diesen Ort als Sommeraufenthalt anzubieten, obgleich er wirklich doch ganz reizend ist, aber freilich Dresden zu verlassen um bei Berlin nach Pickelsberg zu gehen – das kann kein Mensch mit gutem Gewissen verlangen. Ich danke Dir übrigens herzlich, meine theure, liebe Minna, daß Du Dich in Dresden meinetwegen bemüht hast. Wegen den 5 rl [Reichstaler] Miethe hättest Du Dich wahrlich nicht dürfen so an das Wort halten, ich hätte eben so gut 8 und 10 rl monatlich gezahlt – freilich hätte ich das gar nicht erwähnen sollen.

in meiner hiesigen Sommerwohnung die viel unbequemer sein wird als die Loschwitzer gebe ich auch das doppelte, ich habe nicht einmal <u>versucht</u> nur einen Groschen abzuhandeln.

So geht es! Hätte ich Ende Februar Deinen Brief erhalten, so wäre alles anders geworden und ich wäre sicher schon jetzt bei Dir in

Dresden um meine Sommerlogis zu suchen, denn erst an meinem Geburtstage den 26. frb. kam ich mit Mad. Blume, die mir die hiesige Wohnung verschafft hat auf das Gespräch der Sommerwohnungen, daß ich an Dich geschrieben und keine Antwort erhalten hätte: Nun wer weiß zu was es am Ende gut ist, daß es nun so gekommen. So muß man wenigstens denken wenn man sich nicht ärgern will.

Daß Richard zwei Tage in Berlin war und nicht zu uns gekommen ist hat meinen Mann – ich kann Dir's sagen furchtbar beleidiget, er sagt natürlich, daß er sich nur um meinetwillen so sehr dabei beleidiget fühlt. Ich selbst erwart von Rich.[ard] nichts mehr, aber das kann ich nicht länger, als mein Sohn mir an meinem Geburtstag grad diese Nachricht durch Albert brachte, schämte ich mich complett vor meinem Mann und Kindern, die alle nur zu gut wissen mit welcher Liebe und Verehrung ich stets an Richard gehangen habe. So gut er mit Bülow in das oberflächliche Wallner Theater gehen konnte, konnte er wohl auch zu uns kommen. Doch zu was ereifer ich mich noch. Wer weiß denn was ihm alles für unwahres Zeug über mich ist gesagt worden: Schlimm genug ist es freilich wenn so ein gescheidter Mann sich von Weibergebläsch wie es Schwester Cläre vorführt kann zu solcher herzlosen Handlungsweise hinreisen lassen. Doch genug davon. Du kannst ja noch ein ganz anderes Lied von ihm singen.

Das Herz hat mir geblutet beim Lesen Deines Briefes, meine liebe, arme Minna! Wohl müßte auch ich herzlich gar einmal wieder mit Dir zusammen sein, doch wenn Du nicht hier her kommst, da wird es wohl sobald nicht werden. Anfang April, wie ich schon sagte, reisen Eduard und Max nach Rußland, Max wahrscheinlich auf sehr lange. Daher wirst Du wohl begreifen, daß ich nicht noch kurz zuvor von ihnen fortgehen möchte, mein Mann würde es mir wohl auch nicht einmal erlauben. Bleibt das Wetter so mild dann ziehe ich gleich nach ihrer Abreise auf's Land um das Frühjahr zu genießen, wer weiß denn was auf diesen verdrehten Winter für ein schlechter Sommer folgen kann?

Willst Du mir aber eine große Freude machen, meine beste Minna, so komm noch vor der Abreise meiner Männer ein wenig zu uns nach

Berlin. Vergnügungen kann ich Dir nun freilich auch nicht grade viele bieten, aber, glaube mir: es lebt sich bei uns gar nicht so übel.

Ich bin diesen Winter ausnahmsweise viel in Gesellschaft gewesen und habe oft welche bei uns gesehen. Das kommt alles daher weil ich mich etwas stärker und gesünder fühle als im vorigen Jahr.

Alle fühlen sich bei uns ganz behaglich, wir sehen immer des Sonntags mehrere unserer Freunde bei uns, wobei oft musicirt wird, das Dir vielleicht nicht angenehm ist, uns aber stets sehr aufheitert. Jeder der Söhne hat seine Freunde, diese Freunde sind lustige, talentvolle junge Leute die wir herzlich gern bei uns sehen, da wird man dann mit der Jugend selbst wieder mit jung. Ach, ja meine theure Minna, ich wollte Dir doch von ganzem, ganzem Herzen wünschen daß Du einen Sohn oder eine Tochter hättest; es ist dies doch ein schöner Anknüpfungspunkt an das Leben und seine Interessen. Wie ganz anders würde Dein gekränktes Herz Trost und Beruhigung, Ersatz finden, hättest Du ein geliebtes Kind. Mein ganzes Herz drückt sich in Schmerz zusammen denke ich an die Einsamkeit in Deinem treuen, guten Herzen. Ich habe wohl auch so manche trüben Stunden in meinem ehelichen Leben durchgemacht, aber die Ursachen des Uebels lagen nie sehr tief. Heiter [?] Sein und wahrhafte Treue im Herzen führten uns doch immer wieder und dann um so wärmer zusammen. Deshalb, glaube mir, meine arme, herzlich geliebte Minna, vermag ich es so ganz die Oede und tiefe Trauer Deines Inneren zu erkennen und beklage es daß es mir nicht vergönnt ist Dir irgend wie Trost und Ruhe zu gewähren. Was ist aber da zu machen?

Nichts weiter leider!! als Dich zu bitten kränke Dich nicht länger und mache Dir Dein Leben wenigstens äußerlich, so angenehm wie möglich. Da hat man freilich gut reden – ach ich weiß das wohl!

Zerstreue Dich ein bischen und mache es so wie Du mir es gesagt hast. Packe Deine Reisetasche zusammen und komm auf ein, zwei Wochen zu uns: Giebt es vor des Gatten Reise etwas Unruhe bei uns – nun, so wirst Du es auch entschuldigen, indem Du ja wohl weißt was es heißt sich auf so eine weite Reise und möglicher Weise auf lange vorbereiten zu müssen.

Schreibe mir nur 2 Tage vorher und entschliese Dich schnell, denn die Zeit ist noch knapp zu gemessen. Oder, soll ich nach sehen ob ich in Pickelsberg noch ein Stübchen für Dich bekomme, wo Du den Sommer über mit mir wohnen kannst?

Du lachst mich gewiß aus bei diesem schönen Vorschlage. Das mag nun sein wie es will – der erste Vorschlag ist jedenfalls der bessere.

Daß die gute Cläre meint sie grolle mir nicht mehr, ich solle ihr nun einen abbittenden Brief schreiben, ist wirklich so naiv daß ich herzlich darüber gelacht habe. Dieses Kappittel ist mir eben zu weitläufig und zu unbequem als daß ich Zeit und Lust hätte mich schriftlich darauf einzulassen. Ich theilte meinem Mann diese Aeußerung Clärens mit und er, der mein albern gutmüthiges Herz kennt, bildete sich wirklich einen Augenblick ein, ich könnte mich zu so etwas entschließen deshalb sagte er, mir mit größester Entschiedenheit daß er wünsche und an meinem eignen Stolze erwarte, daß ich mich sobald nicht wieder in Correspondenz mit Clären einließe. Mein Mann hat wohl so manche Eigenheiten und mitunter vielleicht gar scheinbare Schroffheiten in seinem Wesen, aber Wolframs irren sich sehr, wenn sie denken daß Eduard durch ihr rücksichtsloses Betragen gegen mich nicht eben so tief beleidiget ist wie ich es bin. In dem Puncte hatten damals seine eignen Brüder sich auch privat [geirrt], sie hatten Eduard oft verstimmt in seinem Hause gesehen und diese Verstimmungen alle mir zur Last gelegt.

Als sie sich mit mir entzweiten oder auch ich mich mit ihnen, da dachten sie es würde zwischen ihnen und ihrem vielgeliebten Bruder trotzdem beim Alten bleiben. Sie irrten sich eben zu ihrem größesten Erstaunen ganz gewaltig. Von dem Augenblicke an wo seine Verwandten mich beleidiget hatten, war sein ganzes Wesen kalt und förmlich gegen sie um ihnen zu zeigen daß man in mir auch ihn beleidiget hat.

Ja diesen Winter bin ich wieder mit meiner Schwägerin Emma Avenarius ausgesöhnt und wir leben gemüthlicher zusammen wie je, auch mein Mann natürlich ist gegen sie wieder so freundlich wie früher.

Nun lebe wohl, mein altes herzens Minel! Ich will einmal sehen was Du thun wirst und bin sehr gespannt auf Deinen nächsten Brief.

Grüße die Baumgarten und sage ihr sie wäre eine schlechte Freundin und besäße von meiner Anhänglichkeit an alte Freunde keine Spur. Auch ihre Mama lasse ich herzlich grüßen.

Adieu Minel

Deine Cecilie.

MINNA AN CÄCILIE, Dresden 17. März 1863

Dresden, d. 17ten März 63.

Meine liebe gute Cècilie!

Den innigsten Dank für Deinen lieben herzigen Brief! Er ist so verführerisch, daß ich trotz vielen Einrichten, ich habe nehmlich mein Logie wieder vermiethet und zwar an drei Personen, die ich gleich mit beköstigen muß, nicht widerstehen kann, auf höchstens 10 Tage Dich besuchen werde. Ich sehne mich nach einer treuen Seele, mit der ich von Herzen verkehren kann. Versteht sich, daß ich nicht des äußerlichen Vergnügens wegen Euch besuche, sondern nur mit und um Euch zu sein. Nur um Gotteswillen in keiner Hinsicht keine Umstände oder daß ich dich genire. Hast Du, mein Cèlchen, ein altes Schlaf Sopha in einer Ecke stehen, so lege ich mich darauf und mir ist Alles gleich, wenn ich durch einige innere Ruhe nur ein paar Stunden Schlaf erreichen kann. Also, sag mir unumwunden, ob ich Euch auf 8–10 Tage mit meiner Gegenwart nicht belästige, so reise ich künftigen Sonnabend früh mit 6 Uhr 15 Minuten Zug hier ab, um Dich in meine Arme zu schließen. Störe ich Dich aber, so ist es noch Zeit mir bis Freitag einen Absage Brief zu senden und ich muß meine Sehnsucht zu unterdrücken suchen. Den Sommer über muß ich natürlich hier bleiben, da ich Freunde in Logis habe, die ich einem dummen Dienstboten, mit all meinen Sachen nicht allein wirtschaften lassen kann. Erhalte ich also bis Freitag keinen Brief von Dir, so bin ich künftigen Sonnabend, d. 21ten, ich denke gegen 2 Uhr, bei Dir in Deiner Wohnung. Ich freue mich ganz unbeschreiblich Euch zu sehen und hoffe Euch Alle wohlauf zu finden.

Von Richard darf einen eigentlich nichts mehr wundern – daß er zwei Tage dort geblieben, wußte ich nicht. Seine schofle Race, wie Bülows sind ihm lieber als alle Menschen. Er war bereits 14 Tage in Petersburg, ehe er mir geschrieben und hatte bis dahin auch meine Schwester und Schwager, die ihm ihr Haus, Pferde und Wagen zur Disposition gestellt hatten, nicht besucht. Die Addresse hatte ich ihm geschrieben und telegraphirt, auch konnte er sie dort von jedem Offizier erfahren, wenn er sie hätte wissen mögen. Doch wie gesagt, solide Leute stören ihn nur noch, er soll nehmlich nicht allein, sondern in angenehmer Gesellschaft diese Reise gemacht haben. – Die Frommann hat er besucht, schrieb er mir, doch diese ist von da ab schweigsam gegen mich geworden sie ist von seiner momentanen Liebenswürdigkeit und von dem was er zur Beschönigung seiner Abscheulichkeiten gegen mich gesagt, herum, wie so viele, geholt und ist verlegen, was sie mir schreiben soll. Ueber solche Gehaltlosigkeit tröste ich mich leicht, ich verachte zu sehr Charackterlosigkeit, doch einmal besuchen werde ich sie, dagegen Alberts, Johanne,* Bülows niemals und wenn ich mich über die Ewigkeit hinaus dort aufhalten würde.

Mündlich viel und Manches, für heute nur noch ein herzliches Lebewohl und tausend schönste Grüße Dir, Deinem lieben, guten Mann und Kinderchen. – Es küßt Dich

Deine

treue

Minna.

Die Baumgartner ist krank, die arme Frau hat viel Unglück, auch ihre Tochter ist krank.

Sollte mir wieder Erwarten etwas meinen Plan zerstören und ich nicht kommen können, telegraphire ich es Dir ab.

MINNA AN CÄCILIE, Dresden 5./6. April 1863

Dresden d. 5ten April 63.

Meine liebe gute Cècilie!

Endlich komme ich dazu Dir Nachricht von mir geben zu können und Dir für all Deine Liebesbeweise, die Du mir so herzlich an den Tag gelegt, so wie für die gastliche Aufnahme, welche Du und Dein lieber guter Mann zutheil werden ließ, aus dem Grunde meines Herzens zu danken! Daß mein Dank so spät erst erfolgt, wirst Du mir nicht übelnehmen. Eine Hausfrau wie Du, weiß gewiß am besten was es in einem größeren Haushalt, zu denen gegenwärtig doch auch der meinige zu zählen ist, was zu thun man vorfindet, wenn man einen faulen Dienstboten hat wie ich.

Das waren glückliche 9 Tage wo ich alle Sorgen und Kummer in Eurer Umgebung vergaß. Sei versichert, daß ich diese tief in meine Seele eingeschrieben und mir stets die wohlthuende Erinnerung bleiben wird. Möchtest auch Du, meine liebe Cècilie, Dich oft meiner freundlich erinnern und mich nicht so bald, selbst durch Richards baldige Anwesenheit dort aus Deinem Herzen wenn ich irgend ein ganz klein Pläzchen drin eingekommen, verdrängen lassen. Wollen wir Frauen fester an einander halten und uns nicht wie schwache Männer von jedem leisen Windstoß herumholen lassen, um uns auf lange den Rücken zu kehren.

Glaube mir, meine gute Cècilie, daß ich nicht im geringsten an Deine Treue zweifle. Der letzte Abschied, den wir von einander genommen, war mir sehr schmerzlich, doch ein sicherer Bürge, daß wir uns verstanden. –

Von Richard fand ich richtig keinen Brief vor, was mich auch gar nicht überraschte, im Gegentheil. –

Von meiner Schwester aus Petersburg erhielt ich gestern einen Brief worin sie mir ihre baldige Abreise von dort, welche d. 1ten D. festgesetzt und ihre neue Adresse mittheilte, was mir doppelt leid ist, da ich sehr gern Dein Maxel in solch ein respektables Haus, wo er sich im fremden Lande gewiß behaglich gefühlt, eingeführt hätte. Vielleicht führen ihn später seine Geschäfte doch einmal nach Narva, dann holen wir Versäumtes nach. –

Mein Schwager hatte sich in Folge meines Briefes doch noch entschlossen Richard zuerst aufzusuchen. Zu meiner Schwester jedoch ist er unter dem Vorwand zuvieler Geschäfte, nicht gegangen, sie fuhr mit ihrem zweiten Sohn und ältesten zwei Töchtern zu ihm, um ihn aus alter Anhänglichkeit zu begrüßen und hatte ihn auch vorher in einem Conzert, wo sie sich Billette gekauft, dirigiren sehen. Richard war mit den Meinigen, besonders auch mit meinem Schwager, den er nie leiden mochte, über alle Maßen herzlich, hat ihn die Hände festgedrückt und ihn immer Meckelchen, lieber Schwager genannt u. s. w. was die guten harmlosen Menschen auch für bare Münze genommen haben, nun, ich will sie nicht aus diesem süßen Wahne reißen aber ich kenne meinen Richard. – Wenn ihn Leute unerwartet mit ihrem Besuche überfielen, kam er erst zu mir, um mir erst tüchtige Vorwürfe zu machen, daß ich nicht besser aufgepaßt und sie zu ihm gedrungen, tobte und schimpfte wie ein Rasender über solch unverschämtes Volk; ging dann doch hinein zu ihnen und war überaus freundlich und scheinbar herzlich, damit er sie bald wieder loswurde. Wären ihm wirklich die Meinigen lieb gewesen, hätte er sie gewiß eines Tages aufgesucht, denn immer kann er doch nicht Proben haben oder sich mit Aufträgen der Conzerte beschäftigen, es ist ihm ja Alles besorgt worden. Die Addresse meines Schwagers, Herrn Karl von <u>Meck</u>, Obrist und Kommandant des Kagerschen Bataillons in <u>Narva</u>, Vorstadt Jewograd.

Die Freude, Dich zu sehen und den Luxus, daß ich mich unterstanden, eine kleine Vergnügungsreise zu machen, büße ich auch gleich, würde es Richard so ergehen, vielleicht wäre es gut, würde er nicht mehr so verschwenderisch sein. Mein Mädchen hatte trotz ihres hübschen Briefes alle Ecken voll Schmutz liegen lassen, sie kam um früh halb 8 Uhr die zwei ersten Morgen direct aus dem Bett und als ich ganz mild sagte, Anna, Sie müssen früher aufstehen, Sie werden sonst nicht fertig, da schrie sie den 1ten gehe ich, ich bleibe nicht da! Sie mag ziehen, ich kann doch keine faulere bekommen, denn als ich sie zwei Morgen nach einander ¼ 7 Uhr weckte, lag sie mit den Kleidern im Bett und dies nur aus Faulheit, jetzt zieht sie ihren Schlüssel ab und ich lasse sie liegen, ich mag mich mit so einem tückischen Geschöpf nicht ärgern.

Ich wünsche und hoffe, daß Deine neuen Dienstboten gut einschlagen und Du Dich nicht anzustrengen brauchst. Es ist gewiß keine Kleinigkeit, besonders in Deinem großen Haushalt, Dienstleute um sich zu haben, denen man jeden Tag wiederholen muß, was sie zu thun haben und zu jeder Arbeit zu stoßen. Das war aber noch das Geringste, daß mir das Mädchen kündigte, auch mein Miether kam am selben Tag und kündigte mir die Wohnung, mit dem größten Bedauern zwar, aber was hilft das, er hatte sie mir gewissermaßen auf den ganzen Sommer abgemiethet, sonst hätte ich mich auch nicht in Schulden gesteckt. Er wünschte einen Schreibtisch, der mich 24 Thr. kostet. Einen Schlafdivan 30 Thr. 1 Waschtisch 9 Thr. 1 Kleiderschrank, pp. Das sind Dinge, die ich noch entbehren konnte, doch kann ich nichts thun. Der arme junge Mann grämt sich über den Verlust seiner Frau noch zu Todte, er sieht ganz elend, daß ihn der Arzt aufs Land schickt, daß er warme Milch von der Kuh trinken soll und stets in der Luft sich bewegen muß.

Vom 1ten an ist mein Möbellogis also wieder frei und im Sommer kommen keine Fremden die sich lang aufhalten, sondern nur Durchzügler. Na, ich muß mich in Alles schicken, warum nicht auch hierein aber eine große Sorge ist es mehr, eine solche theure Wohnung auf dem Halse zu haben und mein vortrefflich guter Mann nur selten an mich denkt. –

d. 6ten

Gestern konnte ich wegen mehrerer Besuche, die ich erhielt, diesen Brief nicht schließen. Ich war gestern Abend zu einer gräßlich großen Gesellschaft bei der Tichatscheck eingeladen, wohl über 60 Damen und mehrere Herren waren zugegen. Ich dachte viel an Euch und war in Gedanken in dem traulichen Kreise der sich beide Sonntage meiner Anwesenheit bei Dir eingefunden. Wie angenehm, wie gemütlich war es, grüße die von mir, die sich freundlich meiner erinnern herzlichst! Wahrscheinlich hast Du zu der bevorstehenden Reise Deines Mannes und Maxens alle Hände voll zu thun, es wäre kein Wunder. Wäre nur der Abschied erst überstanden, mir schneidet ein solcher allemal in die Seele hinein. Nun, er muß überstanden werden, desto freudiger auch ist das Wiedersehen, mein gutes Cèlchen!

Sei nochmals für alles herzlichst bedankt! Behalte mich lieb, grüße Deinen trefflichen Mann und Max herzlichst, ich lasse ihnen noch eine recht glückliche Reise wünschen!

Richard und Ludwig vergiß nicht zu grüßen. Leider war der liebe kleine Ferdelchen, als ich Abschied nahm abhanden gekommen. Drücke und küsse ihn recht ab in meinem Namen, wenn ich ihn wiedersehe werde ich es nachholen.

Es umarmt und küßt Dich innigst

Deine Minna

Wenn Du in Ruhe bist dann bitte ich Dich mir zu schreiben.

Deiner lieben Schwägerin Emma, die besten Wünsche für ihre große Reise, und herzlichsten Grüße ihr und ihrer lieben Schwester! M

MINNA AN CÄCILIE, Dresden 23. April 1863

Dresden d. 23ten April 63.

Meine theure Cècilie!

Seit 4 Tagen habe ich Stubenarrest und dennoch konnte ich Dir nicht schreiben, weil ich in dieser Zeit ganz entsetzlich vom Husten geplagt war. Heut ist der erste Tag wo es mir etwas besser geht, bis auf heftige Kopf- und Brustschmerzen. Die Nächte waren ebenso schlimm, daß ich endlich den Arzt mußte rufen lassen, der mir erklärte, daß ich einen heftigen Luftröhrenchatarre hätte und mir sogleich Medicin verschrieb. Natürlich ist ein Husten bei mir immer gefährlicher als bei Anderen, da mein Herzleiden durch die heftige Erschütterung augenblicklichen Todt herbeiführen kann.

Dieses Unwohlsein benutze ich nun zu einer angenehmen Beschäftigung, mich mit Dir ein wenig auszusprechen.

Hoffentlich und wie ich wünsche ist Dein lieber Mann und Max noch nicht abgereist, daß Du sie noch genießen kannst. Aengstige Dich nicht zu sehr um letzteren sein Halsübel, ich sprach mit meinem kleinen gescheuten Pusinelli darüber, er sagte, es sei gewiß nichts als ein sehr hartnäckiger Schnupfen der sich gerade im Hals festgesetzt, wie das sehr häufig bei jungen Leuten, die dergleichen von vornherein nicht so beachten, der Fall sein soll.

Er sagte, Russische Dampfbäder würden dieses Leiden sofort heben, dabei lösende Medicin. Vielleicht kann das arme Maxel während seiner Reise dort öfter, ohne Nachschwitzen, sagte mein Arzt, dergleichen Prozeturen vornehmen. Außerdem sind jetzt hier viele Menschen mit Schnupfen, Halsleiden geplagt, was doch in dem unnatürlichen warmen Wetter liegen soll.

Daß Deine Schwägerin sich nicht länger halten ließ und sich ohne Verwenden auf den Weg zu ihrem Manne machte, gefällt mir ganz gut von ihr. Ja, ein liebendes Weib scheut keine Entfernung noch Gefahren, um ihren Beschützer an ihr Herz drücken zu können. Reiste ich doch einstens mit meiner Schwester nach Riga, was mehr Muth bedurfte als jetzt nach Moscau, weil man von hier per Post bis Königsberg 3 Tage und Nächte fuhr und dann nahmen wir uns einen Wagen mit all unserem Gepäck und mußten über das Kurische Haff segeln. Auch da mußten wir uns zwei Schiffsleuten in der [Not] allein anvertrauen, dann ging es nach Memel, dort erst mußten wir wieder einen Lohnkutscher miethen und nun ging es ziemlich scharf gefahren in 4 Tagen nach Riga. Auf jeden Fall waren damals die Reisen beschwerlicher und auch gefahrvoller. Doch die Liebe kannte keine Gefahr und so auch kamen wir wohlbehalten an unserem Bestimmungsort an. –

Von Richard weiß ich nichts, er schrieb mir Anfang D.* und schickte Geld von Petersburg aus nach seiner Zurückkunft von Moscau. Er schrieb wie gewöhnlich kurz, unausführlich und daß er wie er mir ebenfalls immer schreibt sehr angegriffen sei. Das ist sehr schlimm, allein ich kenne das und erscheine vielleicht etwas herz- oder theilnahmslos, wenn ich mich nicht mehr wie sonst darum ängstigte. Vor beinahe zwei Jahren war R. in Weimar, von wo aus er mir auch ewig und nichts weiter als von seiner Angegriffenheit schrieb. Kurz darauf als er weg war, kam ich dorthin, wo man mir nicht genug von seiner Lustigkeit erzählen konnte, man zeigte mir die Pläze und sagte dort hat er auf dem Kopf gestanden, hatte getanzt und sogar Kämmerchen vermiethen mit wenigstens 50–60 jungen Mädchen gespielt u. s. w. –

Richard hat mir die Summe von 812 Thr. zugesand, wo, wenn ich sogleich jenen Wechsel von 362 Thr. und 260 Thr an Pusinelli abgegeben 250 Thr blieben für mich, wovon ich sogleich die Miethe, mein Schlafsopha bezahlte. Ich konnte ihm nicht antworten, da ich wie gesagt, d. 8ten D. seinen Brief erhielt, worin er sagte, daß er noch ein Conzert vor Ostern als d. 12ten geben würde, dann nach Wien zu reisen gedächte, schrieb mir auch keine Addresse. Recht sehr bedauere ich, daß er sich außer in Moscau von den Verwanden* so absperrte, den Grund hiervon nannte ich Dir, er wollte nicht gestört sein. –

Ueber 6000 silb. Rubel haben R. die Conzerte eingebracht, möchte dieses schöne Geld recht lange vorhalten. Ich habe also 250 Thr. davon. Dein lieber Mann hat leider nur zu recht, wenn er über R. Herz und Lieblosigkeit erbittert ist, er wird es aber gewiß bei seinem Dorthinkommen wieder gut machen und kann wenn es darauf ankömmt, recht liebenswürdig sein und mit den Leuten machen, was er will. –

Du gute, liebe Cècilie, willst mir meinen sonst so guten Mann für immer wieder zuführen. Das wird Dir aber nicht gelingen und wenn Du und ich mit Engelszungen redeten, das paßt ihm jetzt nicht mehr. Jugend muß austoben. – Ich möchte wirklich ein Heimchen sein, wenn Du Dein gutes Herz für mich sprechen ließest, was für erbärmliche Lügen und Ausflüchte würde ich da hören müssen, um seine Handlungsweise gegen mich, die ich durch das Leben, was er jetzt führt ertragen muß, zu beschönigen. – Es hat sich gewiß noch keine Frau nobeler und vorwurfsfreier benommen, mag man mich nun für kalt, schroff, gereizt oder gar herzlos halten, auch das muß ich mir gefallen lassen, obgleich ich aus Gram meine Gesundheit verloren, was kalten Menschen schwerlich begegnen würde, da ihnen nichts tief geht. – Das Zeugnis kann ich mir geben, daß ich Richard nichts vorgeworfen habe, mein Schweigen über sein Treiben in der jetzigen, in der mit der W. eben so als über jene Bordeaux-Geschichte damals behuethet. Dagegen was mir mein vortrefflicher Mann alles gesagt von seiner Liebe zu jenem Weibe, was er sich ausbedungen, ja, es schien ihm eine wahre Lust mich in das Tiefste der Seele zu kränken und wäre sicher eine andere Frau darüber mindestens verrückt geworden, wofür er mich Klären gegenüber hat ausgegeben, daß die als sie mit mir zusammentraf, ganz erstaunt ausrief, aber mein Gott, Du bist ja nicht verrückt! Oder eine Bestie hätte werden müssen oder auch darüber sich zu Todte grämen. Letzteres ist mein Los und nur meiner allzu kräftigen Natur verdanke ich es, daß ich noch nicht unter die Erde bin. Ist das aber erst geschehen, so wird Richard, wenn auch zu spät erwachen und fühlen, wie tief wie Herzlos er gehandelt. Richard hatte den Muthe mir böse, böse Dinge zu sagen, wo ich ihn nur mit wärmster treuster Liebe begegnete, es wird ihm aber bei seiner lächerlichen Eitelkeit nicht einfallen und wenn ich 10 Striche über Alles machen würde, mir ein freundliches Wort zu sagen, er ist, sei es noch einmal gesagt Herz- und gefühllos geworden und so auch wird der warme, von Gott so außerordentlich begabte Künstler daran zu Grunde gehen. Leider giebt es für diesen Mann keine Vergangenheit, noch Zukunft – er läßt sich stets vom Strome der Gegenwart mit fortreißen. – –

Von Klären erhielt ich gestern einen langen freundlichen Brief, natürlich ist sie etwas stark neidisch, daß ich bei Dir auf Besuch war, sie hat es nehmlich von Louisen erfahren, meint nun, Du habest gewiß recht über sie räsonirt, was ich ihr gern benehmen möchte, indem ich ihr schreiben möchte, daß wir gar nicht von ihr gesprochen hätten. Sie klagt viel über ihre Gesichtsschmerzen und wird in nächster Woche wieder mit einer befreundeten Familie auf ihr Dorf ziehen. Hauptsächlich giebt sie mir Auftrag, ihr einen wohlfeilen Papageikäfig aufzutreiben, sie haben nähmlich einen grünen Jacob von einem Schauspieler gekauft, der sehr zahm und talentvoll sein soll fürs Land aber brauchte sie einen Käfig, um ihn mit in den Garten nehmen zu können. Sobald ich ausgehen darf, werde ich nur des armen Tieres willen vielleicht einmal auf den Trödel gehen, wollen sehen, jetzt könnte ich so einer alten erbärmlichen Klatsche nicht schreiben. Nach Richard frägt sie mich sehr viel, wahrscheinlich weiß sie mehr von ihm als ich, das würde ich ihr auch schreiben. Die Wolframs kommen den ganzen Sommer wieder zu ihr aufs Land, es muß der armen Frau doch sehr schlegt gehen. – Brockhausens habe ich noch nicht besucht.* Fritz kommt oft, weil er zu Hause nicht gern gesehen ist. Ottilie war auch einmal hier, sie ist mir nicht angenehm.

Mein Dienstbote wird endlich d. 1ten Mai abziehen jetzt wo ich nicht wohl bin, empfinde ich ihre Unfreundlichkeit doppelt. Von einem Kinde hätte ich mein Cèlchen auch nicht viel mehr als die Sorgen, sind es Söhne und Herren gewachsen, müssen sie aus dem Haus um zu lernen, sind es Töchter so ist ihr Beruf sich zu verheirathen und dann hat man doch auch nichts, sind sie noch nicht groß, müssen sie den ganzen lieben Tag in die Schule um zu lernen und es auch zu Hause noch fortsetzen. Du allein hast Glück mit Deinen Kindern, weil sie gut sind und sie so lange zu Hause haben kannst.

Die Tichatscheck hat zwei Kinder und ist recht allein. Die Tochter ist verheirathet und ist unfreundlich, kommt nur zu ihr wenn sie etwas will – der Junge ist schon seit ein paar Jahren fort und ist er da, hat sie nichts als Aerger. Brockhausens, nebst Schumanns sollen immer untröstlich über den Verlust ihrer Kinder sein, obgleich sie wieder gesegnet ist. Außerdem hätten wir uns bei unserer verschiedenenartiger Ansicht über die Erziehung der Kinder, was ich gar nicht für so leicht halte, gewiß sehr oft gestritten. R. nehmlich meinte, man müsse Kinder gar nicht erziehen, ganz revolutionär, wies liebe Vieh aufwachsen lassen und ihnen statt Gott die Bäume anbeten lassen. Das wäre vielleicht recht gut, wenn eben Kinder mit dem Verstande eines Erwachsenen auf die Welt kommen würden. – Nein, mein liebes Cècilchen, Richards Kinder sind seine Werke, diese sollte er noch viele schaffen und ich wollte ihm gern dabei, wie einstens, pflegen. –

Ach Gott, wohin verliert man sich in seinem Alleinsein, ich bin sehr traurig und weiß nicht was ich mir wünschen soll, ich bin auch sehr unwohl und muß wieder viel husten. Deshalb auch schließe ich mit dem herzlichsten Wunsche für Euer Aller Wohl und Gesundheit, das ist doch das Beste und ich wünschte, ich könnte sie wieder dauernd erlangen, denn was hilft mir das Aufflackern, wenn ich mich bei und mit lieben guten Menschen befinde, wie z. B. bei Euch, das sind Lichtblicke in meinem trüben Leben, die nur sehr kurze

Zeit dauern können. – Der Himmel gebe Deinem lieben Mann und Max eine glückliche Reise und gutes Gelingen in allen ihren Unternehmungen. Grüße sie herzlichst von mir! Richard, Ludwig und Ferdchen bitte ich zu grüßen. Dich aber grüßt und küßt Dich tausend Mal

Deine getreue

Minna

Grüße Doctor Schwarzens wenn sie sich meiner noch erinnern. Was macht denn Dein armes Jackobchen mit seinem schlimmen Auge?

Richard schickte mir eine Photographie mit, welche in Moskau gemacht ist. Die Locken geniren mich darauf. Es ist dies eine Bestätigung dessen, was man sich von ihm erzählt. – Uebrigens sieht er nicht einmal hübsch aus, alles geistige Aussehen verschwindet und er sieht wie ein geistloser Schulmeister, schade! –

Nun lasse ich mich auch nicht mehr Photographiren, ich sehe doch scheußlich aus, ohne eitel zu sein – Schade um die Zeit!

MINNA AN CÄCILIE, Dresden 25. April 1863

Dresden d. 25ten April [1863]

Meine liebe gute Cècilie!

Obgleich Du einen Ellenlangen Brief von mir eben erhalten, muß ich doch noch ein paar Worte nachsenden, die nicht ohne Intresse oder Beruhigung für Dich sein dürften; Gestern erhielt ich von Richard aus Petersburg einen sehr herzlosen Zettel,*worin er mir sagte, daß er der Großfürstin Helene wegen, der er seine Dichtungen vorlesen müßte, nur noch ein paar Tage dort verweilen würde und dann über Warschau nach Wien reisen würde, wenns wahr ist. – Vielleicht reist er des Nachts dort und hier durch, auch schon dagewesen. – Nebenbei die alte Klage von seiner Angegriffenheit. Ich sprach mich genügend zu Dir darüber aus. – Meine Möbelwohnung steht noch leer, gar keine Nachfrage oder Besichtigung bis jetzt. Im Geheimen dachte ich mir bis gestern, es ist auch gut, da es doch nicht unmöglich wäre, daß Richard durchreiste und vielleicht sich ein paar Tage ausruhte, was kann ich also thun? – Nichts, ich

*Richard Wagner
in St. Petersburg,
1863, mit den von
Minna beanstandeten
Locken*

muß schweigen, mich zu trösten suchen, das ist mein Loos. – Läugnen aber kann ich nicht, diese Handlungsweise, Dich nicht besucht zu haben, bei seinem <u>ersten</u> Dortsein, dann das Benehmen in Moscau und nun wieder das Umgehen, Euch und mich dazu, einmal auf kurze Zeit zu sehen, charakterisirt diesen Menschen von neuem und fast für alle Zeiten! –

Das ist wirklich zu abscheulich und ein Belegt das Alles wahr ist, was man von ihm erzählt – Schlimm genug, das zugestehen zu müssen. – Bleib Du mir nur treu, meine gute liebe Cècilie, so ein alter ungetreuer, eiteler herzloser Mann, muß sich mit der Zeit doch ganz aus den Herzen reißen, wohl mir, wenn ich erst überwunden hätte. – Mags ihm wohler gehen, als er es verdient. Deine Männer grüße nochmals! Deine beiden Kleineren ebenfalls. Bist Du erst in Ruhe, dann bitte ich schreibe mir einmal. Gehe nicht bei solch kaltem Wetter aufs Land, es ist gefährlich. Es grüßt und küßt Dich

Deine

Minna

MINNA AN CÄCILIE, Dresden 29./31. Mai 1863

Dresden d. 29ten Mai 63.

Mein liebes gutes Cècilchen!

Tausend Dank für Deinen lieben Brief! Endlich ist Dein guter Mann doch noch abgereist. Ich hoffte wirklich daß sich diese verzögernde Reise in ein Bleiben auflösen würde. Jedenfalls hast Du zu Deiner Beruhigung gute Nachrichten, was ich Dir von Herzen wünsche. Dazu auch wünsche ich Dir, Du Aermste, daß Du von den peinigenden Zahnschmerzen befreit sein möchtest. Lasse Dir die Peiniger lieber alle herausnehmen aber doch von einem guten Zahnarzt, deren es jetzt so viele giebt, wieder welche einsetzen, die Dich aber trotz Deiner Nervosität nicht incomodiren oder wehe thun. Wir haben hier einen Amerikaner, der fürchterlich theuer ist aber als Zahnkünstler ganz Merkwürdiges leistet. Mathilde Schiffner hat ihre obere Reihe Forderzähne müssen erneuern lassen, zahlte 50 Thr. aber sie sind vortrefflich, sie kann damit beißen, behält sie stets im Munde und sehen sehr gut aus.

Deine Schwester Louise befindet sich seit längerer Zeit in Leipzig ebenfalls wegen ihrer Zähne, um sich welche einsetzen zu lassen, sie hatte einmal das Vertrauen auf einen alten Herrn bekannten Zahnarzt dort. Seit ich von Berlin zurück bin besuchte ich sie nicht mehr, ich mag und kann nicht mit solchen Leuten verkehren, die eben nur eitel geworden sind, einen solch berühmten Bruder zu haben, den sie doch eigentlich nie geliebt im Gegentheil. –

Fritz besucht mich aus Langerweile öfteren und ich bin gegen den alten schwachen Mann freundlich, was ihm wohl zu thun scheint, da er zu Hause nicht gerade sich über all zu große Freundlichkeit beschweren kann.

Richard war wirklich in Berlin und hätte wohl, wenn er ein Herz im Leibe hätte, statt diese Bülows Dich besuchen können. Seine Handlungsweise in diesem Bezug kann Dir nur ein Beleg seiner gänzlichen Herzlosigkeit sein und wüßte man nichts so würde dies, sich die Seinigen so hübsch vom Halse zu halten und sie zu vermeiden, die volle Bestätigung sein, was man fast allgemein von ihm erzählt. – Alle die ihm angehören, wir geniren ihn nur noch, sind ihm im Wege. – So ist es, mein Kind. Richard hat durch den schleg-

ten Umgang allen Charackter verloren, denkt an keine Vergangenheit noch Zukunft – genießt nur in vollen Zügen die Gegenwart. – –
Ich hatte ihm zwei volle Monate nicht geschrieben, da ich seine
genaue Addresse nicht von ihm erfahren konnte, bis er mir wissen
ließ, ich möchte ihm nach Wien schreiben, wo er sich von Anfang
d. M. aufhalten würde. Ich schrieb ihm also verhältnismäßig einen
ganz guten Brief, legte ihm ein paar ausgeschnittene Zeitungsan-
noncen mit bei und bat ihn um etwas Geld, was er mir immer noch
auf die Zusendung der Möbel nicht bezahlt hat.

Du hast nun keinen Begriff, liebste Cècilie, wie nichtswürdig er
mir darauf schreibt.* Er schickt mir nichts als 5 Louis d'ors zu einem
Geschenk für mich, diese Kleinigkeit sagte er, werde mir zwar keine
Freude machen, da ich auf große Geschenke von ihm jeden Falls
gerechnet haben würde. – Nun muß ich bekennen, daß ich auf gar
nichts, nicht auf einen Zahnstocher gerechnet hatte, überhaupt bin
ich nicht verwöhnt von ihm; es hat wichtige Feste gegeben als z. B. die
letzten Weihnachten u. a. m., die unerwähnt vorüber gegangen sind,
wenigstens von seiner Seite. Hätte er mir aber ein paar ganz gewöhn-
liche russische Schuh für 1 Rubel mit einem freundlichen Worte geschenkt, so hätte es mich sehr gefreut, es kommt ja nie auf die Gabe
wohl aber die Art zu schenken an. Auf die ausgeschnittenen und
beigefügten Annoncen antwortete er mir, kaum glaublich! – »besser
würdest Du im Allgemeinen thun, für jetzt etwas weniger mein Thun
und Lassen zu beachten: bei der Lage, in welche wir gerathen mußten, kannst Du so einzig zu meiner Ruhe beitragen.«* Nein, es ist
wahrlich zum Rasend werden. Solcher Nichtswürdigkeiten ist nur
ein Mann wie Richard jetzt ist, fähig seiner alten treuen Lebensgefährtin zusagen.

Warum mußten wir in eine solche Lage gerathen? Weil er ein
Ungetreuer, eiteler, herzloser Mensch geworden ist, darum allein. Ich
habe nichts verbrochen, habe ihm nichts gethan, ich lasse ihn gewähren und thun als wüßte nichts. Hätt ich aber das größte Verbrechen
wirklich begangen, da hätte ich es auch durch seine Grausamkeit,
Unmenschlichkeit, o Gott, ich finde keinen Ausdruck stark genug,
tausend und tausend Mal gebüßt. Daß Gott Alles das was dieser

Mensch mir seit Jahren zufügt, ruhig mit ansehen kann und nicht Zeichen und Wunder geschehen, läßt mich fast an einer Vorsehung verzweifeln. –

Nichts als Impertinenzen enthalten seine Briefe, ich kann noch so mild darüber weg schlüpfen. Wehre ich mich meiner Haut nur ein klein wenig, dann heißt es ich bin gereizt oder wohl gar verrückt – ist Alles schon dagewesen. Du gute, liebe Cècilie, einem Menschen zu Herzen sprechen, dann muß auch meist ein Herz vorhanden sein. Richard könnte nur dadurch wieder vieles gut und vergessen machen, soweit es möglich wäre, wenn eine nicht zu weit führende Aussprache zwischen uns stattfände, er mir ein paar herzliche Worte gönnte, eine Zeitlang mit mir zusammen bliebe und mich menschlich behandelte. Nur unter diesen Umständen wäre es mir möglich, das wird ihm aber nicht einfallen, er ist ein böser Mensch und wir wollen wünschen, daß er dabei ein großer Künstler bleibt, was ich bezweifeln muß. – Fährt er in der gehässigen Weise fort mir zu schreiben, so macht er es mir bald unmöglich ihm wieder schreiben zu können und ich mag ihn lieber nicht mehr wiedersehen, ich weiß was ich leide, wie kurz meine Frist noch auf Erden ist. –

Ferner deutete er mir in seinem letzten Briefe vom 10ten D. an, daß er künftigen November meine Schulden persönlich hier berichtigen würde, vielleicht beabsichtigt er wieder 2–4 Tage zu kommen, um mir, wie er mir sagte, vor den Leuten die Beschämung zu ersparen. Gott lob, man kennt mich hier zur Genüge und bliebe er ganz weg, käme gar nicht hier her, so fällt die Beschämung, die er mir nur sehr großmüthig zu ersparen glaubt, höchstens auf ihn selbst zurück. Du hast keinen Begriff, in welch ewige Unruhe und Verlegenheit Richard sich mir gegenüber befand, als er die 4 Tage vorigen Herbst hier war. Er hatte eine völlige Angst, daß er schwach gegen mich sein könnte und sich wieder gut und freundlich mit mir zu stellen und vermied so recht erbärmlich absichtlich mit mir allein zu reden und ich, wie Du bereits weißt, suchte es nicht, weil ich diese Abgeschmacktheit merkte. Daß nun R. so geworden ist, dazu tragen auch diese elenden Bülows* ihren guten Theil dazu bei. Es ist mir ordentlich leid, daß die Frommann glaubt, solches Volk besuchen zu müssen, sie verdienen es gar nicht und wüßte die gute Seele, daß ich mich gerade ihrentwegen mit dieser Race entzweite, was sie so recht als oberflächliches Gesindel charackterisirte, wer weiß, ob sie sie nicht auch vollens recht gründlich verachtete. Ich bin keine Klatsche aber Dir will ich es doch sagen. Bülows waren zum zweiten Male 6 Wochen bei uns in Zürich zum Besuch, ich sprach beim Essen mit aller Liebe und Wärme von meiner Frommann und empfahl sie der Frau Bülow als lieben wohltuenden Umgang an, da antwortete mir das L. – nein, mit dieser werde ich nicht umgehen, sie ist mir zu häßlich u. s. w. Natürlich wurde ich furchtbar heftig und grob, sprach von Erbärmlichkeit und Oberflächlichkeit der albernen Menschen pp. Das gedenken sie mir vielleicht auch mit, das ist mir aber gleichgültig, ich kann nicht anders als die Wahrheit reden und wenn ich mir auch all solch Gesindel zu Feinden machen sollte. –

Meine Wohnung habe ich wieder vermiethet aber eben nur wieder bis jetzt. Es kam nehmlich vor einem Monat ein alter netter Herr, der mich bat ihm meine beiden Zimmer doch auf 14 Tage zu lassen, seine Wirthin habe sich mit ihm gezankt und er reise in 14 [Tagen] zurück nach Kurland, ich sagte ihm, ich wolle mir es überlegen, er solle Nachmittag wiederkommen, er stellte sich pünktlich ein und ich gab sie ihm auf die gewünschte Zeit. Nun gefällt es ihm aber so gut, daß er bereits einen Monat bei mir wohnt und noch kann er sich nicht trennen, er giebt immer noch zu, doch nächste Woche kommt sein Sohn und mit diesem wird er wohl fortreisen müssen nachdem er ihm Dresden gezeigt haben wird, auch den Sohn muß ich aufnehmen.

Mittlerweile hat mir meine Russin sagen lassen, daß sie bald wiederkäme und mich bitte sie wieder in mein Logis zu nehmen, was mir sehr recht ist, weil sie ebenfalls eine liebe Bewohnerin war.

Sonderbar, meine Miether bleiben stets noch einmal so lange, mit Ausnahme des kranken Herren, als sie ursprünglich beabsichtigten, so war es auch mit der Russin sie miethete auf 6 Wochen und blieb über 3 Monate; nur meinem Mann gefällt es nicht mehr und läßt sich unter den bewußten Umständen, leider nichts dagegen thun, ich muß es dulten.

d. 31ten

Mit Klären bin ich unwillkürlich in eine lebhafte Correspondenz gerathen und zwar wegen einem Papageikäfig, sie haben nehmlich einen solchen kleinen Schwätzer von einem Schauspieler gekauft und da kein Käfig in ganz Chemnitz zu bekommen war, bat sie mich in mehreren Briefen ihr hier einen zu besorgen, was mir auch endlich gelungen ist und ich es dem armen Thier zulieb gethan. Dann handelte es sich um einen Sänger, einen Tenoristen, der mir durch meine gute Hähnel ans Herz gelegt wurde, den soll sie dort ein wenig in die Schere nehmen. Kläre wohnt wieder in ihrem Hibersdorf* und ladet mich etwas sehr schüchtern zu sich ein, ich werde ihr etwas merklich danken. Sie begreift noch immer nicht, wie Du ihr bei ihrer aufopfernden Freundlichkeit und liebevollen Pflege nicht schreibst, das ist allerdings etwas stark, da ich ihr doch gehörige Pillen zu schlucken gab, sie will es nur nicht merken. –

Du Aermste, daß wir eine solch krankhafte Wahl mit Deiner Köchin getroffen, thut mir sehr leid, was hilft da alle Ehrlichkeit, die thut es nicht allein, eine solche Bumbelliese schaffe Dir bald wieder vom Halse, diese taugte nicht in meinem Hause, viel weniger aber in dem Deinigen. Ich kann das als alte erfahrene Hausfrau am besten beurtheilen, daß ein guter Dienstbote gewissermaßen mit zum häuslichen Glücke gehört. Ich habe mir am 15ten Mai auch wieder eine genommen, die aber auch nicht eine Idee vom Kochen hat und so muß ich ihr das Essen mitkochen was mir natürlich sehr unangenehm ist, übrigens ist sie sehr langsam aber reinlich und ehrlich, im ganzen aber ein recht dummes Thier, nun, ich behelfe mich schon, mir ist der Wechsel in meinem kleinen Haushalt ganz entsetzlich zuwieder [sic!]. Ich wünsche Dir recht bald ein tüchtiges, zuverlässiges Mädchen! Ende dieses Monats gehe ich auf 4 Wochen nach Salzbrunnen in Schleßgen,* wie schön, wenn Du mitkönntest, mir schien als ob Du es gebrauchen könntest. Gern würde ich es hier abmachen, allein mein Arzt besteht darauf, daß ich hier fort soll und ich fühle nach dem letzten fürchterlichen Husten daß es mir nöthig ist. Übrigens sehe ich gar nicht ein, daß ich mich das ganze Jahr wegen meiner Wohnung und den dummen Möbeln mit samt der

Vermietherei allein hierher setzen soll, deshalb habe ich mir vor genommen, meinen Plan im nächsten Brief Richard mitzutheilen und auszuführen. Nehmlich ich will nächsten 1ten October die Wohnung kündigen und zu Ostern die ganze Wirtschaft aufgeben, die Möbel zum Theil aufbewahren, verkaufen und zu meiner Bequemlichkeit selbst einiges benutzen. Ich ziehe dann wieder in eine Möbelwohnung, vielleicht zu meinem alten Fräulein 1 Treppe hoch in der Marien Straße. Ich habe dann den Vortheil, daß ich nicht allein im Revier bin, kann jede Minute mit Menschen verkehren, sobald ich das Bedürfnis empfinde, wohne wohlfeiler, und habe weniger Sorgen für meine Existenz. Jetzt wohne ich theurer und durch die Erhaltung eines Dienstboten, den ich für meine Person fast gar nicht brauche, bedarf ich fast noch doppelt mehr als ich allein nöthig hätte und erspare obenrein allen Aerger, da die Dienstboten hier alle nichts mehr taugen, habe ich da nicht recht liebste Cècilie? Richard wird, der sich in einen solchen Strudel von Leben hinein gestürzt hat, doch nicht mehr zur Vernunft kommen, glaubt er aber alle Jahre 2–4 Tage kommen zu müssen, um mich vor den Leuten, wie gesagt, zu Ehren zubringen, so ist das lächerlich und ich habe nicht Lust mich her zu setzen, um auf den Zerstörer meines Glückes und Lebens zu warten. – Ich weiß es geht mit mir zu Ende, was mein Arzt auch gar nicht in Abrede stellt, und dann sterbe ich unter befreundeten treuen Seelen.

Sei mir meiner unordentlichen, zerstreuten Schreiberei wegen nicht böse und laß mir recht bald eine Nachricht zukommen, wie es Dir und den lieben Deinigen geht, ob Du gesund und gute Nachrichten von Deinem guten Manne hast u. s. w.

Ach, was macht mich der Gedanke glücklich, mich mit Dir wieder so recht von Herzen ausgesprochen zu haben, wollen wir ja keine Mißverständnisse, keinen Klären Klatsch mehr zwischen uns aufkommen lassen, mein Herzensgutes Cècilchen.

Könnte ich Dich doch an mein krankes, verwundetes Herz drücken, um Dir sagen zu können, daß ich nur vom Frieden und milder Behandlung unter den bescheidensten Ansprüchen wie einstens leben kann.

Leb wohl, Du liebe Seele! Schreib <u>bald</u>
Deiner
ewig treuen
Minna.

Ob sich diese Zeitungsnachricht bestätigt weiß ich nicht, ich getrau mich nicht zufragen, ich glaube es aber nicht ganz. [S. 1 des Briefes]

Faktisch ist, daß sich Richard ein Haus bei Wien in Penzing gemiethet hat, welches er nicht alleine bewohnen soll, – das Geld scheint ihn zu drücken. Unsinn! – Penzing

Die Deinigen sind von mir alle aufs Innigste 100 000 Mal gegrüßt. [S. 10 des Briefes]

MINNA AN CÄCILIE, Dresden 28. Juni/17. Juli 1863
Dresden d. 28ten Juni [1863]
Mein liebes gutes Cècilchen!
Du glaubst es vielleicht kaum, daß ich statt dieses Briefes lieber tausend mal selbst käme und wir recht gemüthlich zusammen sitzen könnten. Ja, Du hast ganz recht, man kann in einer Einöde ganz glücklich sein, wenn man eine vertraute theilnehmende Seele um sich hat, so auch ist es umgekehrt, daß man sich in der herrlichsten Natur oder der schönsten volksreichsten Stadt mitten unter der Masse von Menschen im höchsten Grade einsam und verlassen fühlt. Letzteres kann ich Dir versichern habe ich recht hart bei meinem letzten Aufenthalt in Paris empfunden. – Wie gerne käme ich zu Dir, wenn es mir möglich wäre, leider aber besteht mein Arzt selbst nach wiederholter Befragung und Vorschlägen meiner Seits zu fest darauf, daß ich an Ort und Stelle den Brunnen trinken müßte, wobei ich auch Bäder nehmen soll. Wäre das nicht der Fall, hätte ich, da jetzt die Fremden nur durchreisen, nicht bleiben, meine Bude zugeschlossen und wäre bei Dir, mein Herzens Cècilchen! Sag, hast Du den ganzen Sommer dort fest gemiethet? Sonst hätte ich Dir den Vorschlag gemacht, Dich mit Deinem Arzt zu besprechen, denn gewiß würde auch Dir Salzbrunn, Deines öfteren kurzen Hustens wegen recht gut thun. Vier Wochen sind bald um, ich würde meine Reise noch aufschieben,

damit Du Deinen neuen Dienstboten oder Haushälterin für Deine armen Söhne einrichten könntest. Der Vermietherei wegen, was wie gesagt, doch nicht gelingen wird, denn meine Wohnung steht bereits seit 4 Wochen leer, keine Seele kommt sie mir anzusehen, war ich entschlossen, d. 1. Juli von hier fort zu reisen. Würdest Du mir aber mit zwei Worten die Hoffnung machen, daß Du auch mitkommen würdest, dann wartete ich bis 10. oder 12. Wir könnten uns dann dort oder in Breslau des Umweges halber treffen. –

Dein kleines liebes Ferdelchen nehmest Du natürlich mit, ach das wäre herrlich, überlege Du bald und schreibe sofort.

Du gutes Kind, könnte ich Dir mein ganzes Herz aufschließen, damit Du hineinschauen könntest, welche dankbaren Gefühle würdest Du für Dich, Deiner guten Absichten und Wünsche wegen lesen. Gewiß, ich zweifle keinen Augenblick, daß es Dir nicht der heiligste Ernst wäre. Leider aber würde es Dir kaum gelingen, und wenn Du mit Engelszungen redest, diesen Mann wieder gefühlvoll zu machen, ihm ein Herz beizubringen, das er eben keines mehr hat, legte R. schon dadurch an den Tag, daß er seine Geschwister Dich und Albert in der Stadt wo er weilte, wenn auch nur kurze Zeit, nach soviel Jahren, wo er Euch nicht gesehen, nicht besuchte und diese Lumpengesellschaft aufsuchte, die seinem jetzigen Leben fröhnen. – Glaube mir, nicht dieser Lügengesellschaft in Chemnitz, Richard hat mir seitdem er sich trennte, nie einen herzlichen Brief geschrieben, eben sowenig mir während einem Zusammensein freundlich begegnet, trotzdem ich einen Strich über den Anderen machte und herzlichst, weich und Gott weiß was alles geschrieben habe. Nicht um zu erzwingen, ihn dadurch zu bestechen ein Zusammensein zu bezwecken, nein, es wurde und wird mir noch schwer darüber weg zu kommen, mit einem Mann ein ganzes Leben geteilt, getragen zu haben was warlich nicht das rosigste war. – Wäre er kein berühmter Mann geworden, hätte er die Eitelkeit nicht in dem Grade kennengelernt, Herz und Gemüth behalten, wie er aber jetzt dadurch geworden ist, kann ich mich seiner Berühmtheit nicht einmal freuen und wünschte, daß er der arme unbekannte Richard geblieben wäre der er war, als ich ihn heirathete. Auf jeden Fall, meine gute Cècilie, mußt Du mich künftigen November hier auf längere Zeit besuchen. Richard schrieb mir als Antwort auf meine Bitte um etwas Geld, um noch die Transportschulden der Möbel, die er mir noch immer nicht bezahlte, daß er jetzt kein Geld habe, sich überhaupt wundere, daß ich Schulden habe, ich bitte Dich wie oft bat ich vergebens um Geld, daß er eine Bürgschaft oder Gutsage bei meinen Freundinnen für mich ausstellen wolle und er d. 15ten November persönlich abmachen würde. – Diese deutet doch bestimmt darauf hin, daß er kommen will, wenn er sich nicht wieder anders besinnen wird. Die Gutsage brauchte es bei meinen guten alten Freundinnen nicht, es ist dies die Tichatscheck, Frommann und Mathilde, sie gaben mir es gern ohne ein Wort von mir darüber zu verlangen. Freilich wäre es nicht gut, wenn er eben nur wieder 4 Tage käme, die er fast immer außer dem Haus zubrachte. Denn allerdings wäre nicht viel mit ihm zu reden. –

Mag dem nun sein, wie es will, kommen mußt Du, meine liebe Seele! Würde Kläre sich anbieten, was möglich wäre, so kannst Du versichert sein, daß ich es ihr unbedingt abschlagen würde. Darauf mein Wort. – Wegen dem Papageien-Käfig kam ich unwillkürlich in eine Correspondenz und sagte in einem meiner letzten Briefe, daß ich nach Salzbrunn müßte was mir allein nicht lieb sei. Ich sagte das ohne daran zu denken, daß dies eine Aufforderung sein sollte. Darauf schrieb Kläre Röschen die ohnehin gern wieder eine Reise machen würde, begleitete mich sehr gern, worauf ich natürlich schrieb, daß es mir angenehm sein würde, nur könnte ich ihr gar nichts biethen als was eben so ein Badeleben mit sich brächte, es verstünde sich, daß sie freie Reise und Aufenthalt bei mir hätte und ich die Anzeige ihrer Ankunft hier den 30ten entgegensehe, damit ich sie vom Bahnhof abholen könnte.

Gestern jedoch erhielt ich von Röschen einen sehr empfindlichen Brief, daß sie auf diese nichts weniger als sehr feurige Einladung nicht mitgehen würde, auch sei meine Antwort auf ihrer Mutter ihren Brief so spät erfolgt, daß sie nichts zurechtgemacht u. s. w. Mag sein, daß ich wieder einen neuen Klatsch fürchtete, es ist, glaube es mir, Eines wie das Andere aus dieser Familie, daß meine Erwiederung etwas kühl ausfiel, so ist es mir doch lieber allein zu reisen als hinterher über dieses oder jenes lumpige Geschenke, was man noch obenrein über seine Kräfte giebt, sich beräsoniren lassen zu müssen. – Ich bin nun entschlossen, wenn sich meine Wohnung morgen oder übermorgen nicht vermiethet zu schließen und das Dienstmädchen 14 Tage auf Urlaubt zu ihren Eltern zu schicken 4 Wochen bliebe ich aus und somit gut. Erhalte ich bis Donnerstag keinen Brief, worin mir die höchst angenehme Aussicht, daß Du mit Ferdelchen mitkommen könntest, so reise ich <u>Sonnabend</u> bestimmt von hier ab. Was meine Wohnung betrifft, daß ich sie nehmlich aufzugeben gedenke, wie ich Dir schrieb, so muß ich dieselbe d. 1ten October kündigen und künftige Ostern 64 könnte ich erst ausziehen. Natürlich habe ich mein Projekt erst Richard in größter herzlichster Milde mitgetheilt und mich nur wegen des Alleinseins und der nutzlosen Doppelausgaben mit den Dienstboten beklagt. Eben so bat ich ihn nicht neue Kränkungen für mich zu erfinden, ich habe nicht mehr die Kraft sie ertragen zu können pp. Ich wünschte wohl, daß Du hier wärst seine und meine Briefe, wenigstens aus letzterer Zeit, zu lesen, denn ich bin es überzeugt, würdest Du <u>mir</u> glauben. Ach Gott, ist es denn ein Wunder, wenn man aus der Aufregung nicht herauskömmt. – Im Augenblick erhalte ich von Zwickau aus von Natalie durch Richard 250 Thr. zur Bestreitung der Miethe, Dienstbotenlohn, Badereise und 3 Monate davon zu leben. Das ist recht gut, aber Richard schreibt nicht <u>eine</u> Zeile dazu und da soll ich eine Brunnenkur brauchen! – Die mir jeden Falls <u>sehr</u> schlegt bekommen würde. – Ich bat ihn, schreibe mild, ich bedarfs so sehr und <u>das</u> ist die Antwort! –

Richard ist stets sehr böse, wenn er mir einmal Geld schicken muß und ich kann ja nicht dafür, daß ich noch immer lebe, aber er soll nicht weiter gehen, ich kann dem auch bald ein Ende machen und alle Verantwortung käme dann über <u>ihn</u>! – Der Frommann werde ich sogleich 50 Thr. davon schicken, ich schulde ihr 100 Thr., sie bat mich dringend um die Hälfte. Richard wie gesagt, schlug es mir ja ab sie aber <u>muß</u> es haben.

Möchtest Du, meine liebe gute Cècilie, eine gute Wahl mit der Dienstperson getroffen haben. Du hattest unrecht diese alberne bimbeliche Person so lange behalten zu haben, das ist zu viel gütige Nachsicht, wie dauern mich Deine armen Kinder, Du aber am meisten. Ich habe ein sehr dummes Geschöpf, die keine Idee von Kochen hat und koche ich nur für meinen Dienstboten, ich, die lieber nicht essen mag, wenn ich es mir selbst bereiten soll.

So lebe denn wohl, Du treue Seele! ich weiß dir nichts mehr zu sagen, meine Glieder sind wie gelähmt, bleibe ich noch länger hier, schreibe ich Dir noch ein paar Zeilen, wenn nicht, von Salzbrunn, wenn Du mir nicht eine umgehende Zusage giebst, daß Du auch kämst. – Ich grüße Dich und die lieben Deinigen herzlichst! Grüße auch Deinen braven guten Mann, wenn Du ihm schreibst!

Es drückt Dich an ihr hochklopfendes Herz mit tiefster Betrübniß
Deine
treue
Minna
Wie geht es denn Deinem armen Jackobchen?

Den 17ten Juli
Mein Cèlchen
So lange ist der Brief an Dich liegen geblieben weil ich ihn mit an die Frommann der ich soeben von dem Geld, welches ich von Richard erhielt 50 Thr. sende einschließen wollte. Sei mir nicht böse.

Als ich mich nun allmählig zur Reise anschicken wollte, kommt mir eine englische Familie ins Haus von einer alten guten Bekannten geschickt. Ich habe nun doch noch auf einen Monat alle drei Stuben vermiethet. Es gab viel zu schaffen und noch viele Wünsche zu befriedigen, weil ich nur auf 1 Person eingerichtet bin. Jetzt bleibe ich noch 10–12 Tage hier um mein Mädchen den Esel, noch gehörig eintressiren zu können.

Mit tausend Grüßen und Küssen eiligst
Deine Minna.
Küsse Ferdelchen von mir.

CÄCILIE AN MINNA, Berlin 29. September 1863

Berlin, am 29 Sept. 1863.

Meine theure Minna!

Eine geraume Zeit ist verflossen seit ich das letzte Mal etwas von Dir gehört habe. Dein letzter Brief verkündete mir Deine nahe Abreise nach Salzbrunn, ich war augenblicklich nicht im Stande Dir einen ausführlichen Brief zu schreiben, bat Dich aber sehr mir von Deinem Badeorte aus über Dein körperliches wie geistiges Befinden doch ja Nachrichten zukommen zu lassen. Ich habe aber umsonst einem Briefchen von Dir entgegen geharrt. Jetzt denke ich doch natürlich daß Du wieder in Dresden sein mußt und nun rücke ich neuerdings mit der dringenden und herzlichen Bitte vor, mir doch baldmöglichst von Deinem Ergehen zu schreiben. Du glaubst es nicht wie sehr ich mich danach sehne von Dir etwas zu hören.

Seit 4 Wochen ist Gottlob mein Mann wieder aus Russland heimgekehrt wo er diesmal beinah 4 Monate lang geblieben war. Nach seiner Rückkehr bin ich dann auch von meinem Landaufenthalte nach der Stadt gezogen und ich kann sagen in den 4 Wochen rein nicht zur Besinnung gekommen. In meiner verlassenen Stadtwirthschaft war Alles drunter und drüber gegangen, fortwährender Leutewechsel, die Kinder schlecht versorgt und schreckliches Geld ausgegeben. Da habe ich dann so furchtbar viel zu thun gehabt um Alles wieder in Ordnung und in das alte Geleis zu bringen, daß ich ganz elend und angegriffen bin. Eine Köchin hatte ich gar nicht und habe noch keine und das Hausmädchen welches auch zum 1 Oct.[ober] abgeht mußte Alles mit mir vereint arbeiten. Doch genug davon, die Zeit wird ja auch überstanden werden und es wird einmal wieder etwas Ruhe eintreten. Ich erwähne das Alles auch nur weil ich schon 4 Wochen lang von Tag zu Tage an Dich schreiben wollte und buchstäblich nicht dazu kam. Von meiner Stärkung auf dem Lande ist an mir nichts mehr zu merken. Besser gesagt ich habe mich gar nicht gestärkt. Diese Zahnleiden, die ich den Sommer über ausgestanden habe waren allerdings nicht geeignet mir Kräftigung zu bringen. Mein Ferdchen hat sich aber Gott sei Dank sehr erholt und ist kräftig gewachsen. Da fällt mir eine Aeußerung des Kindes ein die ich Dir doch mittheilen muß. Meine alte

Minna, es giebt auch in meinem Leben sehr trübe und verzweifelte Momente, in einem solchen sagte ich einmal in Ferdchens Gegenwart »ach ich habe ja Niemand mehr der mich herzlich lieb hat auf der Welt, die besten aus <u>meiner</u> Familie sind gestorben. Da warf sich der kleine weinend in meine Arme und sagte: Mamachen sage doch das nicht, Du hast ja noch die Tante Minna in Dresden«. Du siehst aus der Aeußerung dieses unschuldigen Kindes daß ich doch immer recht liebevoll von Dir gesprochen haben muß. Nun erzeige mir ja die Liebe mir so bald als möglich zu schreiben wie Dir Deine Badecur bekommen ist und wie Du jetzt mit Richard stehst. Von ihm weiß ich aus der Gotteswelt gar nichts denn, wenn etwas von ihm sollte in Zeitungen gestanden haben – Zeitungen habe ich den ganzen Sommer nicht gelesen.

Ich denke noch mit großem Kummer an Deinen letzten Brief in welchem Du so unglücklich so außer Dir schriebst. Bitte, laß mich nicht lange auf Nachrichten warten. Du hattest mich wahrscheinlich vergessen, doch nun habe ich Dich ja wieder an mein geringes Dasein erinnert und hoffe daß diese Auffrischung mir auch wieder etwas Interesse von Deiner Seite zuführt.

Du bleibst doch wohl noch in Deiner jetzigen Wohnung, oder solltest Du zum October ausziehen?

Am Ende ist gar Richard jetzt bei Dir, ach, das sollte mich doch freuen, wenn er da wäre wohin er gehört.

Lebe wohl, mein liebstes Minnel und behalte in recht gutem Andenken Deine alte

treue

Cecilie.

MINNA AN CÄCILIE, Dresden 12. Oktober 1863

Dresden d. 12ten October 63.

Mein gutes, liebes herziges Cècilchen!

Wie konntest Du an ein Vergessen von mir glauben, weil ich Dir freilich so unverzeihlich lange nicht schreiben konnte, nachdem wir wieder zusammen waren, uns ausgesprochen und – verstanden haben. –

Mein Schreiben müßte nun heute mit einem langen Entschuldigungsepistel beginnen und ebenso enden. Du aber bist gut, verzeihest und hörst mich zuerst, ehe Du einem solchen Gedanken ferner noch Raum giebst. –

Den 20ten July konnte ich erst von hier und zwar nicht nach Salzbrunn, wie es mein Arzt bestimmt hatte, sondern nur einen Monat nach Schandau reisen. Der Grund dieser veränderten Badetour war einfach der: Als ich anfing meine sieben Sachen zusammen zu suchen, um nach dem gelobten Salzbrunn allein reisen zu wollen, schickte mir eine alte liebe Bekannte eine amerikanische Familie über den Hals, in 4 Personen bestehend die meine 3 forderen Zimmer auf einen Monat für einen Preis von 35 Thr. mietheten. Ich dachte, eine Badetour kostet immer viel Geld und da kannst Du dieses Geld schon mitnehmen. Zum Unglück hatte ich ein höchst dummes Mädchen, die über alle Begriffe ungeschickt und langsam war. Diese mußte ich nun erst 14 Tage für die Fremden tressiren, was mir nur theilweise gelang. Mittelerweile erklärten mir meine Amerikaner, daß es ihnen so wohl bei mir gefiel, daß sie noch ein paar Monate bei mir bleiben würden, was mir recht und auch nicht recht war. Mein Dienstmädchen blieb ein Esel, jetzt hieß es entweder zu Hause bleiben oder in der Nähe bleiben, damit ich doch wenigstens alle 8 Tage in meinem Hause nachsehen konnte. Somit handelte ich mit meinem Arzt bis auf Schandau, wo ich den Salzbrunn getrunken und die dortigen Bäder brauchte. Gott weiß es, der Aufenthalt mit der inneren Unruhe und jede Woche hereinhetzen, bekam mir schlegt. Ich wurde wieder von einem solch entsetzlichen Husten befallen, daß ich mit Baden, Trinken Laufen u. s. w. auszusetzen genöthigt war. So plagte ich mich 3 Wochen damit herum, daß ich schließlich ganz elend war.

Nachdem ich nun mich wieder ein bischen einrangirt hatte, mußte ich meine Amerikaner, die mir viel zu thun gaben, sie bezogen nehmlich mit Ausnahme des Mittagessen, Alles und jedes von mir und dieses 3 volle Monate. Sie wollten durchaus noch ein paar Monate bleiben, dennoch mußte ich unerbittlich bleiben, somit habe ich seit dem 1ten d. M. doch wieder eine Forder Stube gewonnen, wo ich doch wenigstens aufathmen kann, wenn mich mein kleines Stübchen nach dem Hof heraus, wo ich mich stets aufhalten mußte und welches Kläre nur das Gefängnis nannte, allzusehr drückt. Den Salon und eine große daran stoßende Schlafstube habe ich seit dem 1ten bis künftigen April an zwei Damen vermiethet, es ist dies Mutter und Tochter Polinnen, die sich ganz glücklich fühlen und mir ihre Liebe täglich versichern.

Meine Wohnung konnte ich diese Michaeli noch nicht kündigen (ich habe nehmlich halbjährige Kündigung) weil mir Richard die Miethe nicht geschickt hatte und der Kündigungstag vorbei ging – folglich bleibe ich nun noch, wenn Gott mir das Leben schenkt, bis zu Ostern 1865 hier wohnen. Dann aber gebe ich unbedingt den Vermiethungskram auf und nehme selbst mein früheres kleines Möbellogis in der Marienstrasse, wo Du mich besuchtest, wieder. Soweit meine Logis-Angelegenheit und Vermietherei. –

Nun will ich vor Allem wünschen und hoffen, daß erstlich Dich Deine Zahnleiden verlassen, Du wieder recht frisch bist und Dein guter Mann den erwünschten Erfolg in Rußland gefunden hat, auch dieses trägt auf jeden Fall zur guten Laune und freundlichen häuslichen Verkehr bei, mein liebes Cècilchen.

Mit der Dienstbothenaffäre bedauere ich Dich recht herzlich und nur eine alte geübte Hausfrau wie ich weiß es zu schätzen, was es sagen will, schlegte, faule, Dienstleute zu haben, die einem das bichen Leben sehr erschweren können, wie ich es z. B. seit einem Jahr empfinde. Gute Dienstleute giebt es hier in Dresden nicht mehr oder nur höchst selten, dabei sind [sie] noch neben anderen Fehlern höchst unmoralisch was ich auch nicht brauchen kann. Gott gebe, daß Du endlich einen guten Griff gethan, daß Du Dich nicht plagen und ärgern mußtest, etwas, was ich beides nicht mehr vertragen kann und Dir erst recht nicht zuträglich ist, wie mir es geschienen hat.

Es wird Dir vielleicht noch erinnerlich sein, daß ich damals in Chemnitz Frau Wolfram, die Tante von Klären einlud, mich einmal zu besuchen. Voriges Frühjahr, ich glaube im Mai schrieb ich ihr in der Hoffnung, daß sie mich nach Salzbrunn begleiten möchte, es kam anders, wie Dir noch erinnerlich sein wird, sie konnte nicht und Röschen lud sich ein und aus. – Sie schrieb mir, daß sie im Herbst kommen würde, ich dachte mir im October, aber wer hätte es gedacht, schon d. 2ten September überraschte sie mich mit ihrem Besuche. Ich muß gestehen, daß ich ein wenig erschreckt, denn wir mußten nun in meiner kleinen Kapache beide kampiren, was mich bei meiner ohnehin Schlaflosigkeit, doch sehr störte, da sie Alles sehr laut abmachte und fürchterlich schnarchte. Nun, endlich gewöhnt man sich auch an dieses und so ging dieses unmittelbare Nebeneinander, nur durch einen Vorhang getrenntes Schlafen doch. Bequemlichkeiten konnte ich ihr in Bezug der Lokalität nicht bieten, dennoch schien es ihr zugefallen, denn erst vorigen Donnerstag reiste sie von hier ab. Du irrst dich, mein gutes Cèlchen, wenn Du sie als eine Helfende Dir denkst oder wie Du mir sagtest, einen so recht an die Hand geht, wie ich sie mir dachte und wie sie mir in Chemnitz erschienen, sie war bei mir die Dame und ließ sich bei meinem greulich dummen Dienstmädchen, für die ich täglich das Essen kochen mußte, recht gehäbig bedienen, was mir recht schwer wurde und nun nachträglich empfinde. – Mein Hausstand beschränkte sich ja nicht allein auf mich und sie, ich hatte ja zusammen 6 Personen zu versorgen und wie gesagt, bei einem so mangelhaften Dienstboten. Von einer Nichte, Mad. Treibs und ihren Bekannten in meiner Nähe, Kirchenraths Zobels [?] wurde sie allerdings mehrere Male zum Essen eingeladen, währenddem machte ich meine Commissionen in der Stadt, die ja stets auf mich warteten. Du kannst denken, bei den vielen Besuchen, die zu mir kommen, war es mir nicht möglich, Dir ein Lebenszeichen von mir geben zu können und das will gewiß viel sagen! –

Frau Wolfram ist eine ausgezeichnete gute Krankenwärterin, denn als solche hat sie sich bei mir sofort bewährt. Ich ging nehmlich eines Abends, trotzdem ich ein paar Nächte vorher die gräßlichste Kolick hatte, und an dem sie ausgebeten war, dennoch ins Theater, ich sehnte mich nach etwas Kunstgenuß, der mir hier ja so wohlfeil geboten ist. Allein ich war von all den Anstrengungen so angegriffen, daß ich ohnmächtig wurde und schon während des zweiten Acktes nach Hause gefahren mußte. Der Arzt wurde herbeigeschafft und ich mußte ein paar Tage das Bett hüten, immer heiße Tücher und Flaschen um und auf mich gelegt werden, da hat sie mir ganz vortrefflich beigestanden, ebenso jetzt, wo ich seit Ende v. M. wiederum von einem fürchterlichen Lungenhusten befallen bin, wo ich 6 Nächte kein Auge schließen konnte. Seit 8 Tagen habe ich Stubenarrest, weil es immer noch nicht aufhören will, sie konnte mir nichts dabei helfen als mir Ruhe gönnen und mich nicht zum Sprechen veranlassen. Deshalb ging sie von hier nach ihrem Leipzig zu ihren Dähnes [?], die sie, wie mir es scheint, doch sehr verwöhnt haben. –

Daß Marie Fr. Flinzer ein kleines Mädchen hat, das nun wahrscheinlich auch schon getauft ist, wird Dir auf jeden Fall von Klärchen oder Flinzer selbst angezeigt sein worden. Kläre soll sich geradezu wie eine Verrückte mit Marien und dem Kinde anstellen und beide mit ihrer Liebe fast erdrücken und zu Todte quälen, daß es für die Uebrigen eine wahre Höllenpein sein soll. Ich hätte allerdings nicht dort sein mögen. Wer Pathenstelle vertreten, weiß ich nicht, ich wurde von Klären so nebenbei zu einem höchst einfachen Tauftag eingeladen, dem ich bei meinem jetzigen Hausstand allerdings nicht beiwohnen konnte und im Uebrigen soll es scheußlich über mich hergehen, natürlich die Leutchen bewegen sich ja nur im Klatsch, kein Mensch verkehrt mit ihnen. Nichts desto weniger schreibt mir Kläre lange freundliche Briefe, räsonirte sogar in dem letzten von Richard, dem sie stets ihren großen geliebten Bruder nennt. Daß derselbe Albert, von dem sie eben einen langen zärtlichen Brief erhalten, bei seiner Durchreise nicht besucht hätte pp. versteht sich, daß ich ihr nichts geantwortet und noch antworten werde. –

Von Richard erhielt ich vorige Woche einen kurzen, doch menschlichen Brief,* worin er mir sein Kommen hierher, doch weiß er noch nicht <u>wann</u> und Geld anzeigte, welches nun auch eingetroffen ist. Seit 3 Monaten hatte ich ihm nicht mehr geschrieben, da ich ihm einen solch innigen Brief, worin ich ihm mein ganzes warmes Herz noch einmal ausbreitete und ihn bat, beschwor nicht weiterzugehen, ich hätte die Kraft nicht mehr, es ertragen zu können. Statt

mir hierauf auch nur ein vernünftiges Wort zu sagen, schreibt er
mir so fad, so herzlos wie nur möglich, sagt, daß ich ihn seiner Wege
gehen lassen sollte und wir gegenseitig unserem Vergnügen nach-
gehen wollten, jeder für sich, ich hätte es ja so viel besser, als in den
stürmischen Zeiten mit ihm u. s. w. Mein fortgesetztes Schweigen
scheint ihm, wie soll ich sagen, völlig zu imponiren, denn aus jedem
seiner Worte in seinem letzten, kurzen Schreiben spricht sich eine
gewisse Verlegenheit aus. Natürlich sagt er kein Wort, warum ich
ihm so lange nicht geschrieben oder daß ich ihm schreiben solle, er
ist, wie gesagt, wenigstens [?] artig geworden. Nach dem Empfang
des Geldes habe ich ihm telegraphisch herzlich gedankt und gesagt,
daß sein Kommen große Freude bereiten würde. Aber einen Brief
könnte ich ihm auch jetzt noch nicht schreiben. Kläre frug mich in
ihrem letzten Brief ob die Villa, welche Richard in Penzing bei
Wien bewohnt, sein Eigenthum sei, was so viel ich weiß nicht der
Fall ist, er hat sie einem Baron abgemiethet. Da ich aus Gründen
Klärens den Namen Richard nicht mehr erwähne und von Albert
diese Frage an K. gemacht wurde, so kannst Du ja derselben gelegentlich sagen, was ich Dir über das Nicht-Eigenthum besagter
Villa schrieb. –

Von Herrn und Frau v. Bronza,* beide Klaviervirtuosen zu
Liszt'schen und Wagner'schen Claques gehörend, erfuhr ich gestern, daß Richard sich mit diesen und Bülows zu Anfang nächsten
Monat hier treffen wolle, um gemeinschaftlich Conzerte geben zu
wollen. Zu diesem Zweck habe R. das hiesige Theater und Kapelle
begehrt, weshalb er an den Minister von Beust geschrieben habe,
um durch diesen einen königl. Befehl von dem König zu erwirken.
Daß er einen solchen erhalten wird, bezweifle ich im höchsten
Grade, besonders da er alle übergangen, welche das rechte Wort in
dieser Sache zu sagen haben. Wenigstens hätte er den [ehemaligen]
Generaldirector der königl. Schauspiele und der Kapelle Hf. v. Kön-
neritz nicht unbeachtet lassen sollen. Ich könnte jetzt auch nichts
thun, ich habe nichts von seinen Projekten gewußt, wo ich doch
etwas nützen konnte. Ob nun sein Kommen mit der Erlaubniß
davon abhängt, weiß ich nicht, aber Du, mein liebes Cècilchen, Du

könntest Anfang nächsten Monats aufmachen und zu mir kommen. Kömmt Richard oder nicht, in beiden Fällen könnten wie doch zusammensein und Du Dich entweder amüsiren oder ausruhen, auch dieses beide könntest Du brauchen. Glaube mir, Du herzige Cècilie, Dein Kommen würde mich unbeschreiblich freuen, das jedoch Richards wird mich sehr befangen machen. Doch gebe ich Dir die heilige Versicherung, daß Du nichts von unseren Conflickten merken sollst, ich werde gegen ihn freundlich und aufmerksam sein wie sonst. Allein aber mit ihm sprechen oder mich aussprechen, wäre mir rein unmöglich ich kann es nicht mehr. Das ist vorbei, ich bin zu leidend geworden und er wird es auch nicht suchen. –

Er schrieb mir, ich möchte ihm sein Absteigestübchen bereit halten, mit seiner Erlaubtnis nehmlich habe ich die anderen zwei Stuben vermiethet. Dein kleines liebes Ferdelchen kann ich leider, des zu beschränkten Raumes wegen, diesmal nicht mit einladen, das behalte ich mir künftigen Sommer oder Frühjahr bevor, wo ich Platz haben werde. Du wirst Dich überzeugen und mir nicht zürnen, daß ich selbst meinem Herzenswunsch nicht genügen kann. Ich habe mir es ganz gut ausgedacht, daß wir vermöge zweier Schlafsophas jedes in einer anderen Pièce schlafen können, die sogleich wieder aufgeräumt werden, damit Richard die Besuche empfangen könnte. Lange denke ich wird er nicht hier bleiben, vielleicht 1–2 Wochen, wenn er nehmlich seine Conzerte noch zu Stande bringt, wäre das nicht der Fall, bleibt er wahrscheinlich nicht so lange. Du aber mein Cèlchen, darfst nicht so bald wieder von mir fort, richte Dich ja ein, daß Du wenigstens 4–5 Wochen bleiben kannst, wir wollen recht traulich leben, was einem unendlich wohl thut und mir gewiß die beste Medicin ist.

Für heute lebe wohl! Einer recht baldigen zustimmenden Antwort entgegen sehend, bitte ich Deinen Mann, Max, Richard, Ludwig herzlichst zu grüßen. Tausend Küsse Dir von

Deiner

alten treuen

Minna.

Ferdelchen küsse von mir und sag ihm, er soll Dir stets bei trüben Stimmungen zurufen »Du hast ja die Tante Minna noch«. Besseres könnte das Kind nicht sagen.

Es ist wahrhaft schaudererregend, wie scheußlich ich geschmiert habe, alle Augenblicke wurde ich gestört und ihn noch einmal abzuschreiben bin ich nicht wohl genug. Pardon!

CÄCILIE AN MINNA, Berlin 15. Oktober 1863

Berlin, am 15 Oct. 1863.

Mein bestes herzens Minel!

Du magst es mir nun glauben oder nicht wenn ich Dir sage daß ich beim Anblick Deiner lieben Schriftzüge, die ich so eben erhalten und gelesen habe, Freudenthränen vergoß. Nun bin ich endlich aus meiner Angst um Dich befreit, denn, ich muß Dir ehrlich bekennen ich fürchtete wirklich Du seiest schwer krank – daß Du mich vergessen hättest habe ich im Stillen Dir gar nicht zugetraut, denn ich kenne ja Dein so vielfach geprüftes <u>treues</u> <u>braves</u> Herz. Aber freilich, meine theure Minna, so gesund wie ich Dich wünschte bist Du Arme nicht. Du hast wieder viele Leiden durchgemacht und ich ängstige mich fürchterlich Deines bösen Husten wegen. Könnte ich doch nur Deinen Pussinelli einmal selbst sprechen um von ihm, wie ich so fest hoffe und wünsche zu hören daß Dein Husten nichts gefährliches im Hinterhalte birgt. Jetzt ist doch das Wetter so prachtvoll schön, da ist es eigentlich ganz unerlaubt an so garstigem Husten zu leiden. Bitte; mein Minel, schreibe mir doch ja recht bald wie es mit Deinem Befinden geht und beruhige mich durch eine erfreuliche Nachricht darüber. Wie anders hast Du doch den Sommer verlebt, meine alte Minna, als ich mir es eingebildet habe. Von Schandau aus hättest Du Böse mir aber doch einmal schreiben sollen, wie viele Unruhe und Sorgen hättest Du mir dadurch erspart! – –

Daß Du Dich, die Frau des Componisten Wagner des großen Mannes, so mit Vermiethungen abplagst, meine gute Minna, das will mir doch gar nicht in den Sinn. Dein Gatte bewohnt eine schöne Villa, und lebt wahrscheinlich als großer »Herr« und Du quälst Dich mit

Vermiethungen Kochen und Bedienung anderer Leute ab. Ich glaube es wohl gerne daß Du dabei nicht frischer und gesünder geworden bist, denn ich kenne es nur zu sehr aus eigner Erfahrung was es heißt mit krankem, schwachem Körper sich übermäßig anstrengen. Daß Du jetzt die beiden Polinnen behalten hast, ist mir nicht ganz unlieb zu hören, wenn sie nette freundliche Menschen sind, die Dich herzlich lieben, so hat so eine Umgebung auch ihr Gutes, denn sie stärkt das <u>Herz</u>, und <u>das</u> ist unsereinem doch die Hauptsache, das ist die wunde Stelle die des Balsames bedarf. Ich sage Dir, meine gute Minna, ich bin jetzt auch fürchterlich an Geist und Körper herunter und mein Herz schreit oft krampfhaft nach irgend einem warmen weiblichen Herzen an das ich mich anschmiegen möchte und das mich verstände. Ich komme mir in dem großen, völkerreichen Berlin so einsam so verlassen vor, daß ich manchmal blutige Thränen weinen möchte. Ueber alle diese delicaten Puncte werde ich mich einmal vor erst mündlich zu Dir aussprechen damit Du mich ja nicht mißverstehst.

In meiner Häuslichkeit arbeite ich den ganzen Vormittag wie ein Dienstbote, denn alle meine acht Stuben sind jetzt tag täglich bewohnt und tag täglich rein zu machen, dabei steht mir keine Tochter zur Seite die mir, wenn ich von Mattigkeit und Schmerz überwältigt kaum mehr die Füße heben kann, sagen würde, schone Dich Mutter, ich will Deine Mühe theilen. Gott hat mir gute, liebe Söhne gegeben und ich danke ihm von ganzem Herzen dafür, aber Söhne gehen ihren Weg und können der Mutter das nimmermehr sein was eine gute, liebende Tochter ist. Mein Max ist allerdings so ein ganz vorzüglich weises gutes Kind gegen mich und versteht mich bis in mein innerstes Herz hinein, richtet mich durch zarte Liebe und Herzlichkeit immer wieder auf, wenn ich hart und unfreundlich berührt worden. Und, meine Minna, diesen treuen, lieben Sohn muß ich jetzt hingeben, vielleicht auf immer. Er hat alle Vorbereitungen getroffen Ende dieser Woche oder spätestens die [ersten] Tage der nächsten Woche nach R[ußland] abzureisen.* Seine Zukunft, wenn [seine] Gesundheit sich befestigen sollte, die der[einst] mir zweifelhaft erscheint – wird v[ielleicht] glänzend werden, aber d[amit ist] er auch für mich <u>verloren</u>; er [würde] denn ganz in Moscau bleiben, [sein] Vater rathet ihm, sich dann eine

wohlhabende Russin zu heirathen – in Deutschland ist dann seine
Heirath nicht wahr. Der Gedanke, das Gefühl bricht mir das Herz.

Ich habe schon so viel geweint und wie viele Thränen werde ich
noch vergießen! Seit dieser Entscheidung und mit dem tiefen Kummer im Herzen, den ich zu Hause gar nicht so aussprechen darf, bin
ich so hinfällig und schwach geworden, daß Alles was ich thue mir als
eine überlästig schwere Arbeit erscheint. Ach Gott und immer noch
höre ich nur Tadel, muß ich empfinden daß ich nicht genug leiste. Ich
muß doch trachten, wie ich mir irgend eine Zerstreuung in meinem
Hause verschaffe, durch die ich gezwungen bin mitunter auf andere
Gedanken zu kommen. Wäre Röschen das gute, zärtliche Mädchen
das sie im früheren Leben war, namentlich ehe sie Hoppes (?) Gatte,
und wäre ich nicht gänzlich mit Cläre verfeindet, so würde ich suchen
sie für den Winter für uns zu gewinnen. Mein Mann hat sie sehr gern,
und trotz allen und Allem wird mein Herz, das ihr schon als 6jähriges
Kind so sehr zugethan war, diese Undankbare […]ten. Aber der ist ja
gar nicht daran [gelegen] – Von Marie Flinzers Neider[eien] [wu]ßte
ich kein Wort. Albert wer[de] es wohl angezeigt haben, doch mein
[the]urer Bruder hat bis jetzt seit vorigem [Win]ter noch keine Zeit
gefunden zu mir [zu ko]mmen. Weißt Du, meine Minna, [ein u]
nseglich trauriges Gefühl überkommt [mich] doch manchmal, auch
eine furchtbare Wuth, wenn ich so darüber nachdenke was meine
ganze Familie doch für ein treuloses Gesindel ist! Ich habe wirklich so
tief in meiner Seele das Bedürfniß da meine Geschwister zu lieben, sie
sind ja die lebenden Andenken an meine verewigten Eltern. Aber es
ist unmöglich, immer und immer wird man die Erfahrung an ihnen
machen daß sie kein Herz für etwas Anderes als den Egoismus und
die Eitelkeit haben. Louise ist noch diejenige der am meisten der Hof
gemacht wird, weil sie in den besten Verhältnißen lebt. Manchmal
allerdings überfällt die Verachtung die mein Mann für sie Alle hat
auch mich und ich möchte sie gänzlich aus meinen dummen, teuren
Sorgen verstoßen, denn sie verdienen eine redliche, reine Geschwis-
terliebe nicht. Wäre Albert ein guter Bruder, welches Glück würde das
für mich sein in dieser großen kalten Stadt, deren Lärm und Unbe-
haglichkeiten mich fast erdrückt, wie wohlthuend würde mir es sein

mit ihm von unserem Elternhause zu sprechen, er hat ja meinen Vater besser gekannt als ich, die ich 6 Jahr alt war als er starb.

Doch dieser liebe Bruder reist ab und kommt wieder ohne nach mir zu fragen, und doch jedesmal wenn er endlich früher einmal bei uns erschienen ist, wurde er mit der größesten Herzlichkeit aufgenommen. Ich will aber sein Narr nicht mehr sein und ihm wenn er sich wieder einmal sehen läßt die Wahrheit sagen, die er von mir noch nicht gehört hat. Wenn er denn gar nicht wieder kommt mag er weg bleiben. Johanne* die hier am Schauspiel engagirt ist und mit so vielem erbärmlichen dummen, flachen Volke umgeht, hat seit Jahren meine Schwelle nicht mehr betreten. Du hattest wohl recht in Allem was Du mir früher über diese herzlose, egoistische Familie gesagt hast. So ist es mit Ottilie – von Klären rede ich gleich gar nicht. Wie liebe ich Ottilie, aber frägt sie je nach mir? Mein Mutterherz ist jetzt voll tiefen Kummers um meinen Max, ich weiß, sie, die sie ihre Kinder so sehr liebt, sie würde gewiß mich bedauern wenn es mein gequältes Herz vor ihr ausschüttete – aber an mich schreiben nicht das ist zu viel Mühe. Und Bruder Richard – nun was den betrifft so haben wir uns ja drüber ausgesprochen. Ich will ja auch gern wenn es nun einmal nicht anders ist, auf seine Liebe verzichten, mag er sie der würdigen Schwester Kläre angedeihen lassen, aber Dir, meine Minna, soll er sein Herz wieder zu wenden, das ist Alles was ich von ihm wünsche und verlange. Daher hat es mich auch ganz ungemein angenehm berührt was Du mir über seinen letzten Brief gesagt hast. Ach Gott, vielleicht wird er doch noch ganz wieder zu Dir zurückkehren um bei Dir endlich wieder zu finden was er auf seinen Irrwegen des Lebens verloren hat. Ach, wüßte ich Euch beide doch erst wieder für die Dauer vereint!

Wenn es mir möglich ist, meine Herzens Minna, so mache ich von Deiner freundlichen Einladung im nächsten Monat Gebrauch, aber natürlich nur auf 8 höchstens 12 Tage, länger kann ich vom Hause nicht fort. Da ich niemand habe der während dieser Zeit meine Stelle zu Hause vertritt. Ob in dieser Zeit meines Besuches bei Dir Richard kommt oder nicht muß ich dahin gestellt sein lassen, ich würde mir ihm gegenüber überhaupt sehr curios vorkommen, da er nie Notiz von mir genommen. Das einzige warum ich mein eignes Ich ganz vergessen würde, das daß ich Alles nur Erdenkliche aufbieten möchte ihn zur Einsicht und Vernunft zu bringen, mag er dann mit mir machen was er will. Wenn Kläre erst erfährt daß Ri[chard] nach Dresden kommt, dann wird sie sich wohl auch wieder bei Euch vorschmieren[?] wollen! Nun das ist ja Eure Sorge! Vor der Hand glaube ich noch gar nicht daß er nach Dresden kommen wird, denn er ändert seine Bestimmungen alle Augenblicke. Ich aber, meine gute Minna, werde jedenfalls suchen mich auf kurze Zeit hier frei zu machen, denn mein ganzes Herz freut sich auf ein Wiedersehen mit Dir Du gute, treue Seele! Mein Ferdchen könnte ich Dir so wie so nicht mitbringen denn der kleine Kerl geht seit 8 Tagen mit dem Ränzchen auf dem Rücken in die Schule. Er ist in diesem Aufzuge ein rührender Anblick. Mit ungeheurem Eifer betreibt er seine Arbeiten und ist nicht mehr in die Luft zu bringen weil er die Arbeiten gewissenhaft fertigen muß. Das kleine liebe Thier sieht aber sehr blaß aus, ihn greift die Schule sichtlich an. Täglich in einer von 60 Kindern vollgepfropften Klasse 5 Stunden sitzen müssen, ist, wie ich fürchte für das Kind etwas zu viel und er ist ja dabei so gewissenhaft daß er das Auge mit aller Anstrengung nicht von dem Lehrer abwendet. Doch so sehr ich auch für den zarten Jungen besorgt bin, so muß ich es doch geschehen lassen, und darf meine Besorgniße gar nicht zu laut aussprechen. Richard hat dem Buchhandel Adieu gesagt und wird studiren. Damit er sich für sein Apiturientenexamen vorbereitet arbeitet er jetzt grenzenlos und hat für monatlich 23 rl [Reichstaler] Privatstunden. Max hat so vieles Geld nicht gekostet, würde auch nie den Muth gehabt haben es zu verlangen. Nun, ich hoffe Richard wird dereinst wirklich ein tüchtiger Gelehrter werden. Trotzdem daß er jetzt übermäßig arbeitet ist er doch heiter und zufrieden und das beides war er früher im Buchhandel nie.

Ich habe Dir heute mit sehr starken Kopfschmerzen geschrieben, die jetzt nachdem der Brief beendet ist, nicht grade besser geworden sind. Ich war aber so glücklich über Deinen so heißersehnten Brief, daß ich sofort alle Arbeit stehen ließ und mir eine Masse Essigäther über den Kopf goß um Dir augenblicklich schreiben zu können. Mein

Mann und die Kinder die alle augenblicklich nicht zu Hause sind wissen noch nichts von Deinem lieben Briefe. Mein Mann ist diesmal Gott sei Dank ganz wohl aus Moscau zurückgekehrt, was mir ein großer Trost ist.

Wie dort die Geschäfte gehen, darüber erfahre ich herzlich wenig, er spricht davon nicht. Jedenfalls gehören wohl noch lange Zeiten dazu ehe die Brüder reelle wahre Verdienste haben, denn von der Ausdehnung dieser Geschäfte und den damit verbundenen grenzenlosen Plakereien macht man sich gar keinen Begriff.

[Fehlende nächste Seite(n)]

[Fehlender Brief von Minna Wagner vom 25. Oktober 1863]

CÄCILIE AN MINNA, Berlin 30. Oktober 1863
Berlin, am 30 Oct. 1863.
Mein bestes Minel!
Deine lieben Zeilen vom 25ten habe ich erhalten und danke Dir herzlich dafür. Erheitert oder beruhiget bin ich dadurch aber nicht worden da Du sagst Du seiest noch immer so unwohl daß Du das Haus nicht verlassen darfst. Wie sehr leid thut mir das, meine arme Minna! Zu Deinem Wohlerbefinden werden nun freilich die Nachrichten auch nicht beigetragen haben die Du von den Russinnen über Richards Leben in Petersburg erhalten hast. Offen gestanden: ich begreife es nicht, wie man ein armes gequältes Herz wie das Deine noch so grausam durch solche Erzählungen martern kann. Was haben die Menschen davon und was hast Du von solchen schändlichen Mittheilungen?! Ich möchte nur wissen was mag irgend einer Seite hier bei solchen Erörterungen Gutes zu holen ist. Und wer weiß dennoch ob es wahr ist, denn ich will Dir nun auch sagen was meine Schwägerin Marie, die vor 3 Wochen in Petersburg war und in demselben Hotel, in derselben Stube gewohnt hat, wo Richard während seines Petersburger Aufenthaltes wohnte. Mit den Wirthsleuten ist sie schon von früher her gut bekannt. Nach diesen Leuten ihren Erzählungen ist

Richard <u>ganz allein</u> dort gewesen und einfach und glücklich wenn er sich stundenlang ganz allein und ohne jeden Menschen auf seinem Zimmer ausruhen konnte, er soll dort viel unwohl gewesen sein und die Einsamkeit in seiner Stube für seine größeste Wohlthat angesehen haben. Auch sagte die Fr[…], von Albert sie wüßten aus sehr zuverlässiger Quelle daß Richard viel zu kaputt und angegriffen wäre um nur Lust zu einem solchen Verhältniß mit solchem schlechten Frauenzimmer zu haben. Ich hätte Dir, meine liebe Minna, gar nichts davon erwähnt wenn Du mir nicht diese Mittheilung gemacht hättest die Dich gute, arme Frau immer wieder auf's Neue so aufregen müssen.

Nein, mein Minel, glaube das böse lieber nicht und denke lieber das was ich Dir sagte, und was mir auf Ehre versichert werde ist – daß <u>das</u> das wahre ist. Deshalb also gieb auch den Gedanken nicht auf, daß Ihr beiden doch noch in Gemeinschaft und möglichster Eintracht Euer Alter zusammen verleben werdet. Richard war ja sonst nur glücklich und befriediget in seinem angenehmen Hause, bei Dir – bald wird er von des Lebens und Ruhmes Last erschöpft und gedrückt sich nach dem wahren Heil und Freude sehnen, das er nur in seiner rechtmäßig Häuslichkeit an Deiner Seite finden kann. Nach Deinem letzten Briefe zu urtheilen so wird ja aus den Conzerten nichts werden die Rich[ard] in Dresden geben wollte und daher ist es doch auch zweifelhaft geworden ob er wirklich kommen wird. So verstand ich es wenigstens aus Deinen Worten. Ich werde aber jedenfalls von Deiner freundlichen Einladung Gebrauch machen Dich zu sehen und freue mich herzlich auf Dich, denn mein Herz fühlt sich seit Maxens Abreise sehr vereinsamt. Am Mittwoch vor 8 Tagen ist er von uns geschieden. Ueber den Abschied von ihm werde ich Dir mündlich erzählen, ich bin seitdem sehr viel unwohl gewesen und jetzt bin ich im Gesicht ausgefahrn und sehe schauderhaft aus.

Da ich hier nichts, oder eigentlich täglich viel versäume wenn ich fort reise, da doch der ganze Haushalt auf mir beruht und Ferdchen noch sehr unselbstständig ist, so bleibt es sich eigentlich ganz gleich, da ich einmal reisen will <u>wann</u> ich reise, deshalb möchte ich Dich bitten zu bestimmen <u>wann</u> es Dir am liebsten ist daß ich komme. Du hast, wie Du sagst Dir so viel zurecht zu machen da Dein anhaltendes

Unwohlsein Dich bis jetzt verhinderte Deine warmen Sachen in Stand zu bringen. Jedenfalls wirst Du doch erst damit fertig sein wollen, ehe ich komme, obgleich ich mich auch gern erbiete Dir dabei behülflich zu sein.

Auch komme ich, die ich, wenn es mein eigenstes Vergnügen gilt immer schwankend in meinen Entschlüssen bin, besser und leichter zur Abreise wenn Du selbst mir die Zeit genauer angiebst. Oder auch bin ich bereit erst später zu kommen, wenn es Dir dann passender sein sollte.

Mein Mann hat mir die Erlaubniß gegeben und ich kann sie benützen wenn ich will, vorausgesetzt natürlich daß kein ernstes Hinderniß in den Weg tritt. Also, mein bestes Minel, ich harre auf Deinen Wink.

Wie viel werden wir uns zu erzählen haben, ich freue mich sehr darauf.

Nun lebe wohl, gute Seele. Möchte Dein nächster Brief mir sagen daß Du wieder ganz wohl bist.

Mit treuer Liebe bin ich stets
Deine
alte
Cecilie.

[Fehlende Briefe von Cäcilie Avenarius bis 1. Februar 1864]

MINNA AN CÄCILIE, Dresden 31. Dezember 1863
Dresden d. 31ten Dec. 63
Mein theures gutes Cècilchen!
Glaube nur um Gotteswillen nicht, daß es meiner Seits eine Saumseeligkeit sein könnte, wenn meine Antwort etwas später, als ich sie Dir wohl zusenden möchte, erfolgt.

Ich hatte in der Weihnachtszeit wohl viel zu thun, da meine Geschenkchen für meine Freundinnen doch nur in Häubchen, Ärmel, Kragen u. s. w. bestehen, auch war ich wieder viel unwohl, der alte Husten bringt mich sehr herunter. Dennoch hätte ich Dir ein paar Zeilen geschrieben, um Dir für Deinen lieben gemüthlichen mittheilenden Brief zu danken, was hiermit von ganzem Herzen geschied, wenn ich Dir Richards Addresse, die ich von Tag zu Tag, von Stunde zu Stunde zu erfahren hoffte, sogleich hätte mittheilen können.

Erst vorgestern erfuhr ich durch die Tichatschecks, welchen er seine Schuld und das Geld für mich (ohne irgend einen Gruß) geschickt hatte. Er ist also, nachdem er in Löwenberg und Breslau Conzerte gab, wieder in <u>Penzing</u> bei Wien, dies ist seine Adresse falls Du noch gesonnen sein solltest ihm zu schreiben. Es ist leider nur zu wahr, daß er, man sagt sogar ein paar Tage in Berlin gewesen ist und sich nur mit diesen vortrefflichen Bülows unterhielt oder befaßte. Die Frommann sprach mit Richard auf der Treppe im Conzert, man hatte sie glaube ich dorthin rufen lassen.

Nachdem ich R. nach Karlsruhe geschrieben, daß Du wahrscheinlich den bevorstehenden Freitag wieder abreisen müßtest, ihn deshalb bat sein Kommen zu beschleunigen, durfte er sogar annehmen, daß Du schon zurück seist und versuchen Dich dort in Deinem Hause zu finden oder auch Deinen Mann. Wußte er Deine Addresse nicht mehr, so konnte ihn die Frommann oder auch Bülow berichten. Nun, die Herzlosigkeit ist groß und um eine beschönigende Ausrede derselben, ist Richard nicht mehr verlegen. Ich habe ihm gestern kurz, herzlich gedankt und meine besten Glückwünsche zum Neujahr ihm gesandt. Leider ließ er mir durch die Tichatscheck sagen* ich möchte von dem Vermiethungsgeld die 14jährigen Interessen an Krietens hier abbezahlen,* sie gaben nehmlich zu seinem viel umfassenden Musikverlag – wo ich ihn von vornherein vor diesem schmählichen Betrug warnte, ich glaube 1500 Thr. welche sie nun zwar, ohne Zinsen, aus dem Geschäft zurückerhalten. Ich würde meines Lebens nicht froh, müßte ich das abwürgen. Bescheidener kann man nicht wohnen als ich in meinem friedlichen Stübchen, in seine Stube komme ich ohne Anlaß niemals. Richard war, wie fast alle Männer nie ein Freund von Wäscheanschaffen, das beste davon was ich mühsam vom Wirtschaftsgeld ersparte und anschafte, ließ ich ihm zurück, daß ich selbst nur zur höchsten Noth übrig hatte. Es

mußte nun sogleich als die Vermietherei anfing, Bettwäsche, Hand-
tücher, Tischzeug angeschafft werden, was ich alles auf Abzahlung
entnahm. Auch brauchte ich Leibwäsche und jetzt einen Mantel und
anständiger Weise endlich auch ein Kleid – außer der Anschaffung
der nöthigen Möbel z. B. 1 Schreibtisch, 1 Bett, 1 Waschtisch, ein
Schlafdiwan u. s. w. verausgabte ich nahe an 200 Thr. Die Vermiet-
hung dauert nur ein Winter, im Sommer ist es höchst ungewiß.
Hätte mir Richard vorige Michaeli die Miethe pünktlich geschickt,
so hätte ich nächste Ostern die ganze Vermietherei aufgegeben und
in ein kleines Möbellogis gezogen, so aber konnte ich nicht kündigen, weil eben sein Geld nicht pünktlich eintraf, wie es schon öfter
der Fall war. – 240 Thr. kostet die Miethe. Abgaben 29 fl. 20 pf. Das
Dienstmädchen kann man unter 100 Thr. nicht erhalten. Apotheke,
Arzt, Badereise und was sonst noch ein Haushalt für unvorherge-
sehene Ausgaben mit sich bringt. Verschwenden thue ich nicht und
eine einzelne Person braucht fast ebenso viel als zwei. Es wird mir
ganz heiß mein Arzt spricht von Salzbrunn unbedingt und im heißen Sommer soll ich erst recht nicht hier sein, sondern am Seestrand Swinemünde. Nun Gott weiß es aber man kann eigentlich nie
so lange voraussagen was man thun will oder muß. Von Klären, der
ich bis jetzt d. h. Anfang October nicht geantwortet hatte.

Aufrichtig gestanden hält mich auch jetzt noch ein gewisses
Schamgefühl, daß Richard gar nicht hier war, ab, ihr zu schreiben. Sie
frägt ob und wie lange er hier gewesen oder ob ich bei Dir in Berlin
mit ihm zusammen getroffen hätte, thut überhaupt sehr besorgt um
meine Gesundheit, vielleicht hat sie Lust mir eine sanfte Pflege durch
ihren Besuch bei mir angedeihen zu lassen. – Über Deinen kalten
Brief, nachdem sie Dir die Hand zur Versöhnung geboten, beklagt sie
sich etwas doch nicht gehässig. Es scheint die Zeit wird ihr in Chemnitz lang und sie möchte gern einen Ausflug machen. –

Louise kommt nicht erst nach Berlin, sagte mir die Kessinger, er
hat mit nach Schleßwig gemußt und so wird sie bei ihrer Tochter
wohnen. Ich denke und hoffe, daß es zu keinem eigentlichen Krieg*
dort kommen wird und Klärchens Mann somit ungefährdet davon
oder zurückkommen wird.

Frau Köll habe ich leider noch nicht besuchen können, werde es
aber nächstens thun und Dir, sobald etwas vorgefallen sein sollte,
was ich nicht hoffe, Dir sofort berichten. Der Baumgarten geht es
gut. Ich begegnete ihr mit der Mama letzthin. Sie lassen Dich herzlichst tausendmal grüßen und wünschten gleich mir, Dich lange
oder immer hier zu haben.

Ja, wenn das möglich wäre, mein gutes Cècilchen, dann brauchte
ich niemanden weiter. Suche wenigstens Deinen Plan während der
Abwesenheit Deines guten Mannes auszuführen. Du lebst hier gewiß angenehmer und billiger. Schreibe mir darüber nächstens be-
stimmteres, Gutes, daß Du kommst. – Was hast Du für Nachrichten
von Deinem lieben Maxel, wie geht es ihm, wie bekommt ihm das
Klima und wie gefällt es ihm jetzt? Ich glaube, die russische Wirthschaft wird ihm noch lange nicht behagen, indessen er ist ein lieber,
vortrefflicher, vernünftiger Sohn und somit werden die Jahre, wo er
dort sein muß, auch vergehen, wo er dann auch hoffentlich reiche
Entschädigung findet. –

Du aber meine liebe Herzens Cècilie suche Du Deinen Trost,
während Dein liebster Sohn in dem rauhen Norden weilen muß, in
Deinen anderen lieben guten Kindern, die Gott Dir ebenfalls wohl
und gesund erhalten möge. Wo wirst Du heut Deinen Silvester verbringen? Gewiß zu Hause wie ich, aber nicht so allein wie ich. Ich
bin zur [Opernsängerin] Bürde Ney eingeladen, ihr Mann war
schon vorigen Montag bei mir um mich einzuladen. Ich aber befinde mich auch an solchem Abend nirgens wohler, als in meiner
friedlichen Halle und so schlug ich alle Einladungen aus. Mathilde
wird zu mir kommen und ein paar Nächte hier schlafen. Das ist
mein größtes Vergnügen, eine gute Seele in meiner Nähe zu wissen.
O, dieses Alleinsein! – –

Die Feiertage ließen mich meine alten, lieben Freundinnen auch
nicht allein. Den 1ten war ich bei der Tichatscheck, den 2ten bei mir,
den 3.– bei der Huber, so auch den heiligen Abend, wo wir uns unsere kleinen Geschenke gegenseitig bescherten. Von meiner Bewohnerin bin ich mit einem sehr schönen Kaffee Service für zwei Personen beschenkt worden. Hoffentlich ist der Heilige-Christ bei Dir

reichlich eingezogen? Frau Atkinsen die Du auch hast kennenlernen, hat Dich sehr in ihr Herz geschlossen, sie wird sich nächsten
Winter nach Berlin übersiedeln. Ihr Sohn wird Dich nächstens besuchen. Alle meine Bekannten lieben Dich und lassen Dich herzlichst grüßen! Die innigsten herzlichsten Glückwünsche, Gesundheit für Dich und allen die lieben Deinigen von

> Deiner
> alten treuen
> Minna

MINNA AN CÄCILIE, Dresden 25./29. Januar 1864

Dresden d. 25ten Jan. 64.

Meine gute, theure Cècilie!

Dir mit Worten für Deine Liebe und Vollherzigkeit, mich wieder mit
meinem Manne vereinigen zu wollen, zu danken, kommt mir wirklich recht nichtig vor. Ich wünschte es stünde früher oder später in
meiner Macht, Dir meinen heißesten Dank durch Thaten beweisen
zu können. Daß Dir Deine edle Absicht unter den Bewandnißen
und Beziehungen, welche Richard seit den Jahren unserer Trennung
eingegangen, nicht gelingen würde, fürchtete ich fast, daher überraschte mich seine Antwort an Dich eben so wenig als sie mich früher aufgeregt haben würde. – Richard setzt voraus, daß Du von mir
während Deines Hierseins von Allem unterrichtet bist. – Daß er sich
Euch gegenüber rein hinzustellen suchen wird, liegt auf der Hand –
was ihm auch bei seiner Rednergabe vielleicht leicht gelingen wird,
sobald Du Dich nicht an seine Thaten im Allgemeinen und seiner
Handlungsweise gegen mich überhaupt halten wirst. – Im nächsten
Juni soll endlich Tristan in Weimar mit Schnorr's zur Aufführung
kommen, wohin er Euch, Wesendonck u. a. m. einladen wird.* – Im
April wahrscheinlich wird er Euch besuchen. Daß er kommt, ist si-
cher. Vergiß dann nicht, mein Cècilchen, aus welchem Anlaß mich
Richard roh und grausam behandelte und mich verlassen hat und
daß er der Wahrheit eben so wenig getreu, als er seinem König und
Frau war. – Was ich Dir über unsere traurigen Verhältnisse sagte

und schreibe, ist, so wahr ich einstens selig zu werden hoffe, die reinste Wahrheit, ich will auch von ihm nichts als Wahrheit und Gerechtigkeit! Sieh, meine gute Cècilie, wenn Du mir, der Entfernten, durch unwahre Überredung, die ich nicht vertheidigen kann, ach, wenn ich das doch in Gegenwart würdiger Menschen dürfte – wieder entfremdet werden könntest, zum ersten Male in meinem Leben würde ich Eifersucht empfinden und das ungläubigste, unzugänglichste, verschlossendste Geschöpf werden. Was das Gesindel in Berlin und Leipzig z. B. die Nähermamsell Scholle pp welche mein ehrenwerther Mann auf eine conise Art von unserem Zerwürfniß unterrichtete, ist mir gleichgültig, aber die, welche ich achte und liebe, sollen mir Glauben schenken. Richard schreibt Dir also »Du habest unserer Häuslichkeit am längsten ferngestanden[«], das ist leider wahr, wäre dies nicht der Fall würde er Dir das wahrscheinlich nicht geantwortet haben. – Ferner, wer ihr näher gestanden, habe sich nur über Eines gewundert, daß das, was erst jetzt nicht schon früher eingetreten. – Das ist ein rechter netter Anfang von meinem guten Mann – kommst Du aber einmal mit den vortrefflichen Schweizern und den in Zürich wohnenden Deutschen, die ich Dir seiner Zeit alle aufzählen werde, zu reden, die wirklich unserer Häuslichkeit näher gestanden und die ihn oft darum beneidet, von Ihnen würdest [Du] Anderes hören. –

Beruft sich Richard vielleicht auf Frau Wesendonck und seine Buben, die ich ihm zu lieb oft in unser Haus eingeladen, das freilich wäre etwas Anderes. – Vor ihnen allerdings entblödete er sich nicht, mich ohne ein Verschulden, grob anzufahren oder wohl gar meine Gedanken zu verrathen. – Natürlich geschah dieses scheußliche Gebahren, erst dann, als wir in die gefährliche Nachbarschaft der Fr. W. gezogen waren und seine Leidenschaft, die er ja nicht verbarg, den Höhepunkt erreicht hatte. Hat dieses Gesindel, Bülows, ein Tausig, Ritter* pp wirklich ihre Verwunderung ausgesprochen, daß unsere Trennung erst jetzt erfolgt, so ist es sehr traurig, daß das geschehen durfte. Ein Ehrenmann allerdings würde in solchem Fall dieser Race die Thür gezeigt haben, wenn sie sich unterstanden gegen eine ehrbare Frau, die ihnen nichts zuleide gethan, als daß sie, wie gesagt, ihrem Mann zulieb aufs freundlichste bewirthete. – Von einem schwachen, charackterlosen Mann aber wie Richard, der seine treue Frau, die alles Elend standhaft mit ihm getragen nicht besser den Unkundigen hinstellt, daß sie es wagen dürfen, solche Bemerkungen zu machen, muß jedem braven Menschen zuwider und höchst verächtlich sein.

Der schwache blinde Mann, der als ich nichts Böses, nichts von seiner Liebe zu jener Frau merken wollte, wurde durch seine Eitelkeit zur Rohheit gegen mich getrieben und rief mich eines Tages, wie Du ja weißt auf sein Zimmer, um mir in klaren, deutlichen Worten zu sagen: »Du, die W. und ich haben eine Leidenschaft für einander, sie leidet es nicht, daß wir noch ferner zusammen sein dürfen, sie kann Dich nicht ausstehen, ist eifersüchtig auf Dich.[«] – Nun, mehr kann man nicht verlangen – und die Folgen davon wissen wir bereits. – Was aber konnte ich dafür daß jene Frau meinen Mann so schön, so interessant fand, daß sie unsere alte, beinahe 22jährige glückliche Ehe trennte und er mich als die Behinderin seines Glückes haßte und mich noch haßt! Ich habe es ihm und ihr angeboten, daß ich ihnen nicht hinderlich sein wolle, daß sie sich angehören müßten. Doch sie zog es vor, die reiche Kaufmannsfrau zu bleiben und mochte nicht die Frau eines armen Künstlers werden. Warum haben diese beiden Menschen mein Anerbiethen damals nicht angenommen? – Jetzt freilich habe ich anders denken gelernt, ich bin zu krank und alt geworden, um noch einen so abgeschmackten Scheidungsackt durch machen zu können. –

Wenn die ernsten Versuche einer Wiedervereinigung mit mir bestanden haben sollen, bin ich wirklich gespannt, nach Richards Besuch bei Dir später zu vernehmen. – Es ist mir um Deine kostbare Zeit leid, meine liebe Cècilie, wenn ich etwas ausführlich werden mußte, ich versichre Dir aber auch zugleich, daß dies heute zum letzten Male geschehen sein soll, denn noch ferner viel über Richard zusprechen, wird mir nicht gut mehr möglich sein. – Hebe Dir daher dieses Geschreibe auf und lies es noch einmal aufmerksam, kurz vor seiner Ankunft bei Dir durch und mache dann beliebigen Gebrauch davon, verhele ihm nichts. Denn es ist Wahrheit, die ich verantworten kann. Im November 60 [recte: 59] ließ mich mein Mann nach Paris kommen, worein mein Arzt nur ungern willigte, indessen, er wünschte es und ich reiste hin. – Mit welcher abgeschmackten albernen Vornehmheit wurde ich empfangen und ferner, mit welcher Herzlosigkeit behandelt, die ich nicht weiter bezeichnen will, ich kam mir wie verrathen und verkauft vor und will Dir nur einen kleinen Begriff geben. Z. B. wenn mein Mann zum Fenster hinaus sah und ich ganz unbefangen an seiner Seite dasselbe that, wo zufällig mein Kleid das seinige berührte, welches heftige Abwischen, als ob ich vergiftet wäre, erfolgte. – Sprach ich, so fuhr er mich an, frug ich ihn in seiner Angelegenheit etwas wo ich wieder einen Bescheid zu geben hatte, welches Rücken und Zupfen an sich herum, welches Gesichterschneiden mußte ich erst abwarten, ehe ich eine kurze unwillige Antwort erlangte! Wenn eine Frau nichts verbrochen hat, auch sonst nicht an Zudringlichkeit leidet, ist solches Betragen nicht gerade geeignet einem das Herz zu erschließen, sich traulich an seinen Lebensgefährten zu schließen. Man thut streng seine Pflicht, wird still und verliert endlich ganz das Selbstvertrauen. –

Richard ging viel aus, wohin frug ich nie. Wir sahen uns nur beim Essen. Während seiner Abwesenheit ging ich allein mit meinem treuen Hündchen in der großen fremden Stadt, mitten unter dieser zahllosen Menschen Masse mit schwerem Kummer im Herzen umher. Ich will hier Einiges übergehen, es ist mir zu delikat zu besprechen, habe einen gewissen Punkt auch gegen meinen Mann nur ein paar andeutende Worte verloren. –

Ich pflegte ihn 7 Wochen, wie ein geliebtes theures Kind im Nervenfieber, ertrug auch da alle Ungezogenheiten, ließ mich stoßen, denn er war wirklich krank. Machte dann später die aufregende, unerquickliche Tannhäuser-Affäre mit durch und mußte nach 19 Monaten mit einem schwarzen Arm, worin mein Mann seine 10 Finger wegen einem Brief, den er wieder von _ihr_ empfing – mir zur Erinnerung eingedrückt, abreisen. Von einer Annäherung oder Vereinigung aber hatte ich keine Spur gemerkt. –

Den Zweck, _warum_ man mich eigentlich nach Paris damals hatte kommen lassen, erfuhr ich leider zu spät. – Die vortrefflichen

Schweizer und Deutschen kannten das Verhältnis zwischen Fr. W. und meinem Mann und mich besser, sie waren empört über das was mir angethan wurde. Sie wußten auch, daß unsere Trennung eine <u>ewige</u> sein sollte. – Diese prächtige Villa mit ihrem Luxus und der Menge Dienstboten wurde von Allen gemieden und verödete bis zu der Zeit als ich meinen Einzug in Richards Haus hielt. – Was natürlich der hübschen aber langweiligen Frau noch langweiliger wurde. Wie gesagt, die guten Schweizer durch mein Zusammensein mit ihm in Paris getäuscht, fanden sich auch wirklich von da an wieder im Hause Wesendoncks ein und nun war ich wieder überflüssig geworden. – Nächsten Monat wird es zwei Jahre als sich Richard in Biebrich am Rhein niederließ. Er schrieb mir, daß eine Einrichtung herzustellen sehr lästig sei anderseits hätte er eine Frau, wäre das freilich anders. – Ich setzte mich sofort auf und fuhr zu ihm, um ihm nach besten Kräften zu helfen. Er freute sich ganz unsäglich, als er mich sah, riß mir beinahe den Kopf ab und vergoß sogar Thränen. Gott, ich sah mich schon um, <u>wo</u> ich wohnen würde. – Mein glücklicher Wahn sollte aber nicht lange dauern. Den ersten Morgen als wir beim Frühstück saßen, mein guter Mann theilte mir eben seine nächsten Pläne und Aussichten mit – da kam ein Brief von Frau Wesendonck an ihn, ich war im Wege –aus war es! – Die traulichen Mittheilungen verwandelten sich sofort in Toben und Schreien gegen mich, daß ich mir völlig vorkam, als ob ich etwas böses begangen hatte und kaum von meiner kleinen Arbeit, die ich mir gesucht hatte, aufzublicken wagte, ach und wie gleichgültig war mir im Grunde genommen diese Correspondenz, wenn ich nur etwas weniger darunter zu leiden gehabt hätte. – Den folgenden Tag machten wir einen Ausflug nach Mainz und Darmstadt. Die böse Laune hatte ihn noch nicht wieder verlassen und ich mußte mit vielen Anderen – darunter leiden. Als wir nun den zweiten Tag nach unserer Zurückkunft wieder beim Frühstück uns befanden, kam abermals ein Brief von <u>ihr</u>. – Ich erschrack <u>fürchterlich</u>, denn ich wußte was mir bevorstand. – Es war gräßlich! Ich wurde angefallen, trotz meiner Betheuerungen, daß mir ja Alles recht sei, er solle nur ruhig lesen, antworten, was er wolle, nur Erbarmen mit mir haben, die ich ja nicht dafür

könne! – Das war Alles vergebens, das Toben und Rasen dauerte
fort. – Ein dritter Brief mit Sturm [?] – und einige Tage ein Kistchen
mit einem gestickten Kissen, Eau de Cologne u. d. m. folgte. –

Ach Gott, ich war so abgespannt von diesem sinnlosen Ge-
schrei, daß ich am 10ten Tage anfing mein Bündel zu schnüren, was
auch Richard recht gern sah. Recht tief betrübt, doch trockenen
Auges, mit heftigen Schmerzen reiste ich wieder ab, sehr erkältet,
aufs Neue verletzt, in meiner friedlichen Zelle angekommen, wo ich
mich nun ungestört recht herzlich ausweinte, das also war der zweite
Versuch, den mein Mann gemacht, sich wieder mit mir zu vereinigen. – Nach dieser Zeit hatte er neue Bekanntschaften angeknüpft,
die ihn zum größten Theil in Wiesbaden und Frankfurt fesselten.
Von seinem Hiersein vor einem Jahr glaube ich Dir erzählt zu haben, daß er nur ursprünglich auf einen Tag kommen wollte. Ich bat
um einen längeren Besuch und endlich schrieb er vier Tage zu. –

d. 29ten
Mein Cèlchen!
Erst heute komme ich dazu diesen Brief an Dich schließen zu können.
Eine Menge Besuche, Geburtstagseinladungen, denen ich nicht allen
folgen konnte, Unwohlsein und eine lebhafte traurige Correspondenz
mit meinem guten Schwager in Zwickau, dessen Frau, meine Schwester, auf den Todt krank ist, daß ich jeden Augenblick fürchten muß
eine Trauerbotschaft von ihm zu erhalten oder auch auf einige Tage
zu ihnen reisen muß, da meine arme Schwester den sehnlichen
Wunsch wiederholt ausgesprochen, mich noch sehen zu wollen. Gott
gebe, daß eine glückliche Krisis eintritt. Mein braver Schwager liebt
seine Frau und ist in der Befürchtung schon trostlos.

Ich will mich nun beeilen, dieses Schreiben fortzusetzen und wo
möglich zu schließen. Den ersten Abend Richards Ankunft wollte er
allein mit mir und Klären sein, er sagte, er sei abgespannt und wolle
niemanden sprechen. Den zweiten waren wir bei Louisen, den dritten bei uns, wozu ich einige alte Freunde, Brockhausens, Kessingers
eingeladen hatte, weil Richard seine Meistersinger vorlas. Den
4. Abend weiß ich nicht einmal mehr und den 5. früh reiste er

wieder ab. Übrigens war er den Tag über nur wenig zu Hause, machte zu Wagen Besuche, bedankte sich bei den Ministern für die Amnestie. Der Hauptzweck seines Hierseins war eigentlich das Geld aufzutreiben, um sich am Rhein flott machen zu können, mit einer gewissen Person nach Wien zu reisen, wohin sich R. bald gänzlich übersiedelt, um dem mißlungenen Gastspiel welches er bei H. Laube erwirkte, – für die alte Maitresse des Herrn v. Guaita der wirklich talentlosen Schauspielerin Friederike Meyer* beizuwohnen, bei ihr und mit ihm zusammen zu reisen u. s. w. – Es ist dies dieselbe Meyer von der Dir die Kessinger gesagt hat R. habe das Verhältniß mit ihr abgebrochen. Schade, das hätte er nicht thun sollen, nun braucht er weniger Geld und hat die Noth sich eine andere solche Person zu suchen. Vielleicht ist so etwas schon im Gange und man macht es ihm nicht so leicht. – Wenn mein Mann unglücklich liebte, wünschte er sich stets den Todt, wollte sich erschießen, in eine Gletscherspalte versinken oder auf einem hohen Berge in einer Einsiedlerhütte elend umkommen u. d. g. m. Verzeihe mir daher, wenn mir sein Wunsch zu sterben, jetzt nicht mehr recht imponiren will. Ein Mann der sich wirklich den Todt wünscht, spricht es weniger aus und hängt nicht an lächerlichen Aeußerlichkeiten. – Sicher ist es aber, daß die Weiber an seinem künstlerischen Untergang schuld sein werden. Ich muß darauf zurückkommen, daß ich mit Richard vorm Jahre als er hier war, kein Wort allein sprach, ich hatte ihm durch meine Aufmerksamkeiten, einige Arbeiten schon so viele merkliche Verlegenheiten bereitet, daß ich ihm gern jede andere ersparte. –

Was hinter meinem Rücken gesprochen, geklatscht wurde, mochte ich nicht wissen und habe es auch nie erfahren. Wir begleiten ihn auf den Bahnhof, wo er mir beim Abschied unter Küssen Verschiedenes ins Gesicht murmelte wovon ich nur soviel verstand, Geduld, es wird schon wieder Alles gut werden u. s. w. Das also war sein ernster, letzter Versuch, sich wieder mit mir zu vereinigen. – –

Nach seiner Abreise glaubte Kläre, würde er einen langen versöhnten Brief schreiben. – Statt seiner kommen aber nur kleine Zettel, worin er sagte, ich bin heut sehr eilig, nächsten ausführlich wozu er aber nie gekommen, <u>warum</u> wissen wir bereits. – Eben so was ihn abgehalten im vorigen November hierher zu kommen, wo wir dummen Frauen ihn von Tag zu Stunde erwarteten. – Daß er zwei, drei Tage in Zürich war, wo er seine Meistersinger in der Dir bekannten Gesellschaft vorgelesen, bei W. gewohnt, ist faktisch. Daß er die Meyer auf seiner Rückreise in A. besuchte, auch und daß er mehr als einen Tag in Berlin sich aufgehalten, ist ebenfalls wahr pp. Ich habe nichts übertrieben oder erlogen. Es wäre mir lieb, wenn Richard eben so wahr spräche, als ich oder wenn durchaus auf meine Kosten gelogen sein muß wünschte ich, daß er Allen sagen möchte, wie er es anno 1850 in Bordeaux, wo er die Frau seines Freundes entführen wollte und nichts Anderes gegen mich zusagen wußte, als daß er mit mir gar <u>nicht verheirathet</u> sei. –

Solcher offenbaren Lüge könnte ich mit triftig Beweisen entgegentreten, bei anderen wird es schon schwieriger. Ich muß Dir gestehen, meine theure Cècilie, in dem Stadium in dem sich R. noch befindet, gelüstet mich ein Zusammen nicht besonders, das ist höchst gefährlich, was hat er mir während unserem Zusammen geboten! Nichts als Aufregung, Kummer, Arbeit, Sorgen. Ich war nur Sklavin – er litt niemals, daß ich <u>mir</u> liebgewordene neue Bekanntschaften haben durfte, ich lebte <u>nur</u> für ihn, kam <u>nicht</u> aus dem Haus und mußte nur die einladen, die er gerne sah und die er liebte. –

Gestern war Fritz Brockhaus hier. Der sprach sehr stark seine Entrüstung über Richards Treiben in Wien aus. An Arbeiten dächte er nicht. diese Nachrichten hatten B. direct aus W. nicht von mir. Ottilie ist noch dort, sieht R. fast nie, der sich mit den Geschöpfen, in dessen Gesellschaft er sich nur allein noch wohlfühlt, für die solide Welt abschließt. – mit jenen aber einschließt. –

Jugend muß austoben, so mag denn mein Mann es thun, ist dies in vollem Maße geschehen, so wird er vielleicht auch einmal fromm. – Für heute schließe ich, ich befinde mich in der Aufregung und Angst eine schlimme Nachricht aus Zwickau zu bekommen, es ist Poststunde. – Die Familie Baumgartner d. heißt die Mme. Zacher, waren damals bei mir und nahmen zugleich auf einige Monate Abschied, sie gingen nach Schöningen* zu Fr. Rose, sie lassen Dich bestens grüßen! Alle meine Bekannten, die Du bei mir gesehen, lassen Dich ebenfalls herzlichst grüßen! –

Von Herzen wünsche ich nun, daß Du und die lieben Deinigen sich alle recht wohl befinden mögen und Du, meine arme liebe Schwester, gute, beruhigende Nachrichten von Deinem guten Maxel erhalten haben mögest! Mit den innigsten Grüßen, Dir und Deinem Mann bin und hoffe es bleiben zu dürfen,

Deine treue

Minna

Schreib mir bald wenn Du kannst wenn auch nur wenig.

In diesem Augenblick erhalte ich die gefürchtete Todtesanzeige meiner geliebten Schwester Charlotte. Gestern früh ¼ 4 Uhr ist sie sanft entschlafen. An ihr verliere ich eine treue, liebevolle Theilnehmerin und Trösterin. Mein Schmerz ist groß.

Leb wohl!

CÄCILIE AN MINNA, Berlin 1. Februar 1864
Berlin, am 1 Febr. 1864.

»Es ist bestimmt in Gottes Rath
»daß man vom Liebsten was man hat
»Muß scheiden! – -

Meine theure Minna!
Dieses Lied ging vorgestern Abend mit mir in Gedanken zu Bett und war mein erster Gedanke gestern morgen beim Erwachen. – Da kam Dein Brief mit so vielem Herzleid angefüllt und schließlich mit der mich tief ergreifenden Todesnachricht Deiner geliebten Schwester Charlotte. Du arme, arme Minna! Das Schicksal prüft Dich hart und schwer. Fast alle Deine Geliebten hast Du in einer so kurzen Reihe von Jahren müssen zur ewigen Ruhe eingehen sehen und Du selbst stehst da, allein, mit tiefen Herzens wunden umsonst Dich nach dem Gatten umsehend der liebend, tröstend Dir zur Seite stehen sollte. Ach, glaube mir, meine Herzens Schwester, ich fühle im Innersten der Seele <u>mit Dir, was Du leidest</u> – ich höre Alles was eine innere Stimme

Dir jetzt zuruft. Doch, blicke auf zu Gott den ewig treuen Vater und denke an die Schlußworte des eben angefangenen Liedes: »Wenn Menschen auseinander gehn, dann sagen sie

»Auf Wiedersehn!

Du wirst sie Alle wiedersehen in einer besseren, schöneren Welt, wo keine Ungerechtigkeiten, kein Kummer Dich mehr bedrücken wird.

Ich habe Deine gute Schwester Charlotte nie gekannt, doch habe ich mir immer ein sehr liebes Bild von ihr entworfen. Auch darin war Cläre die Bevorzugte sie hat sie gekannt. Wohl sagte mir damals Natalie in Chemnitz daß Charlotte so sehr stark wäre und deshalb einmal schnell sterben könnte. An welcher Krankheit hat sie denn zuletzt gelitten? Dein armer Schwager! – Ach Gott wie trostlos stelle ich mir ihn vor, ich denke immer und immer an das Trauerhaus. Wie leid wird es Dir nun thun daß Du Dein Vorhaben nicht ausgeführt hast vorige Weihnachten nach Zwickau zu reisen. Wahrscheinlich hat Dich Unwohlsein und die eingetretene Kälte davon zurückgehalten. Nun, das ist Alles nicht mehr zu ändern, die Gute ist schneller als Alle es ahnen konnten diesem Erdenleben enteilt! -

Was wird nun mit Natalie werden? Ich denke sie wird wohl beim Schwager bleiben und ihm die Wirthschaft führen, denn sie ist ja jetzt in dem Alter wo, meiner Ansicht nach, nichts Anstößiges darin gefunden werden kann. Der arme Wittwer dürfte doch unmöglich plötzlich ganz allein gelassen werden. Schmerzlich genug wird er so schon die treue, umsichtige Hausfrau vermissen, der arme Mann, der nicht einmal ein Kind hat das ihn Trost und Ersatz gewähren könnte. Darum sage ich doch: Kinder sind ein Seegen Gottes!

Ich bitte Dich inständigst, meine herzens liebe Minna, schreibe mir bald ein Paar Zeilchen wie es mit Deinem Befinden geht. Du hast Dich beim schreiben Deines letzten Briefes wieder fürchterlich angestrengt, das macht mir große Sorge um Dich und nun noch dieser letzte schwere Schlag! Ich hoffe und bin es fest überzeugt daß Deine Freundinnen Dir jetzt recht treu zur Seite stehen und Dich nicht viel allein lassen werden. Du hättest mir gar nicht so ausführlich noch einmal über Deine traurigen Erlebniße mit Richard schreiben sollen, denn ich kannte das ja Alles und habe es tief in mein Herz eingegraben. Wohl mag ich, wie Du mir den Vorwurf machtest bei unbedeutenden Dingen mit unter etwas »zerstreut« sein – dergleichen ernste Lebensfragen brennen mit Flammenschrift in meinem Gedächtniß – davon sei fest überzeugt.

Von wem weißt Du so gewiß daß R.[ichard] im April nach Berlin kommt? Hat er selbst es Dir geschrieben? Ich glaube noch nicht daran, will auch seinen Brief* worin er, wie Du gelesen hast mich frägt ob es mir recht ist dann wird er bei mir absteigen – gar nicht beantworten.

Sollte R. Dir, seit er im Besitze meines Briefes ist – nicht etwas ausführlicher und wärmer geschrieben haben? Vielleicht bringt die Nachricht vom Tode Deiner lieben Schwester ihn Dir wieder näher. Ach Gott, was soll man noch sagen? Was soll man noch wünschen?! Du selbst sagst wieder in Deinem letzten Briefe: »in dem Stadium in dem Richard sich noch befindet, gelüstet mich ein Zusammenleben nicht besonders, das ist höchst gefährlich, was hat er mir während unseren Zusammenlebens geboten?«

Er sagt wiederum in seinem Briefe daß er selbst der höchsten Schonung und Berücksichtigung bedürftig sei und daher nicht im Stande wäre sie Anderen zu gewähren! Das ist ein endloses und trostloses Thema mit all seinen Variationen, daß man wirklich kaum mehr Mittel und Rath zu einem beiderseitig befriedigenden Auswege sich erdenken kann.

Im Laufe dieser Woche erwarten wir meine Schwägerin Emma aus Moscau zurück. Sie kann es nicht mehr dort aushalten, namentlich da ihr Mann jetzt viel auf Reisen gehen muß, auch klagt sie sehr über das Klima. Da sie nur kürzere Zeit in Berlin vor der Hand zu bleiben gedenkt, weil sie dann nach Hamburg zu Elise reisen will, so habe ich ihr angeboten bei uns zu wohnen, obgleich ich jetzt sehr schlecht bedient bin und Emma nur zu gut kenne wie leicht sie einen beraissonirt. Dennoch bin ich zu gutmüthig dazu sie ganz allein in ihrer, jetzt gänzlich zerstörten Häuslichkeit wohnen zu lassen, auch gehört sie unter die verzagten Seelen die sich – wenn sie allein schlafen sollen – zu tode fürchten. Von ihr werde ich ja ausführliches von meinem Herzensjungen hören. Vor 3 Tagen kam endlich ein, in verschiedenen Zeitperioden geschriebener Brief von Max hier an. Was hat der arme Junge Alles auf dem Neste durch gemacht. Demnach schreibt er, zu des Vaters Freude mit vielem Humor über das elende strapatiöse Leben dort. Tag und fast die ganze Nacht in der Hundekälte auf den Füßen, dabei der gefährliche Temperaturwechsel. Schauderhaftes Essen das er nur durch den furchtbaren Hunger hinunter würgen kann. Von der harten Arbeit so durstig daß die Zunge am Gaumen klebt und kein Wasser haben. Wenn er trinken will nimmt er sich Eis aus dem Teiche und läßt es in der Ofenröhre zergehen. Eine Lampe giebt es des Abends auch längst nicht mehr, da das Oehl nicht zum Auftauen zu bringen ist. Sein Lager bestand im Anfange in einem auf die Erde gebreiteten Platz und einer wollenen Decke zum Zudecken. Die ganze Nachttoilette bestand nur im Ausziehen der Stiefel. Durch vieles Reden hat er endlich eine Matratze auf die Erde gelegt bekommen. Auch die größeste Feuersgefahr hat der arme Kerl durchgemacht, wo es gerade unter seinen Füßen gebrannt hat und der Qualm schon bis zu ihm eingedrungen war. – Von dem Neste ist er nun fort, aber er hat sein Loos nicht gebessert. Jetzt ist er unterwegs und macht eine Reise zu Schlitten von 510 Werst in's Innere von Rußland. Dort soll er natürlich ebenfalls auf dem Lande ein Brennerei mit einrichten helfen und sogar später die Leitung derselben übernehmen. So wird er den ganzen Winter über auf diese Weise zubringen, den Sommer über in Moscau sein und Gott weiß es wann ich den lieben, theuren Jungen wieder sehen werde – und geschieht es einmal dann wird es ferner nur noch auf sehr kurze Zeit sein. Vor Allem bitte ich Gott aus tiefstem Herzensgrunde er möge ihn vor Krankheit bewahren denn was sollte aus ihm werden wenn er allein auf solchem Neste, umgeben von ganz rohen Russen – erkrankte? Ach Gott! Den Gedanken will ich von mir schleutern, sonst vergehe ich vor Angst. – –

Ist denn Louise wieder in Dresden und hat sie Dich besucht?

Unser Aller Befinden ist Gottlob ja ziemlich befriedigend. Ein Held an Kräften bin ich freilich nicht und habe darunter mehr zu leiden als sich die Leute denken, da ich selten klage und immer auf den Füßen bin.

Nun, meine liebe, liebe Schwester, schließe ich Dich in meine Arme und drücke Dich im Geiste recht zärtlich an mein Herz das Dir ehrlich und treu ergeben ist.

Deine

alte

Cecilie.

[S. 6 am Rand:] Als ich so eben den Brief nochmals durchlas fand ich erst was Du am Rande von Fritz Brokh. schreibst – seine Nachrichten über Rich.[ard] sind beide auch nicht herzstärkend und ermuthigend

[S. 7 am Rand:] Von meinem Mann und den Kindern einige Grüße und die Versicherung ihrer aufrichtigsten, wärmsten Theilnahme an Deinem schweren Verlust.

MINNA AN CÄCILIE, Dresden 16. Februar 1864

Dresden d. 16ten Feb. 64.

Meine theure Cècilie!

Tausend herzinnigen Dank für Deinen lieben trostreichen Brief! Hätte ich Dich und meine Freundinnen nicht, es wäre unmöglich, daß ich in meiner traurigen Lage leben könnte. Der Himmel möge mir Dich und Alle bis an das Ende meiner Tage erhalten, dies ist mein tägliches Gebet zu Gott.

Die Zurückgebliebenen sind bei einem solchen Trauerfall gewiß die Beklagenswertesten. Mein armer Schwager ist trostlos, daß ich ihm, die selbst des Trostes bedarf, täglich tröstende Briefe schreiben muß. Kaum vermag er seine Patienten zu versorgen. Er ist seit Jahren mit als Bergarzt gewählt und hat täglich 100 Rezepte allein zu verschreiben.

Von früh 7 Uhr an stehen im Vorsaal in seinem Hause gewöhnlich schon 30–40 Menschen, die von ihm besorgt sein wollen. Von 10 Uhr an muß er in der Stadt herumhetzen, um die Kranken zu besuchen. Kaum hat er dies gethan, so wird sofort Mittag gegessen und dann muß der müde Mann noch hinaus, um in den umliegenden Bergwerken seinen verunglückten Bergleuten beizustehen, was

er stets mit der größten Aufopferung und Gewissenhaftigkeit thut,
denn er ist ein vortrefflicher guter Mensch und war es als Gatte ebenfalls. In den Abendstunden, wenn seine Geschäfte beendet waren,
verdoppelte der alte Mann (er ist bereits 60 Jahre) seine Schritte, um
zu seiner geliebten Frau, die schon lange sehnsuchtsvoll zum Fenster
hinaussehend seiner wartete, sie mit einem herzlichen Kuß zu begrüßen. Kurz, es war eine vollkommene glückliche Ehe, die bereits
beinahe 27 Jahre gedauert. Meine geliebte seelige Schwester, liebte
ihren Mann und mich über Alles, um so schmerzlicher bedaure ich
ihrer Einladung zum Weihnachtsfest trotz meines Unwohlseins nicht
gefolgt zu sein.

Indessen, wer konnte auch voraussetzen, daß der unerbittliche
Todt sie uns so plötzlich entreißen würde. Sie war nicht krank, nur
einige Tage fühlte sie sich besonders matt, daß sie kaum über die
Stube zu gehen vermochte. Mein armer Schwager ahnte ihren Zustand sofort und fürchtete bei ihrer ungewöhnlichen Stärke, war
er von da ab um sie besorgt, so auch war sein Schlaf. Den 28ten Feb.
früh ¼ 4 Uhr hörte er nur ein paar schwere Athemzüge, springt aus
dem Bett, ruft Natalien, doch ehe diese noch kömmt, war sie für ewig
entschlafen! –

Ein Lungenschlag hatte ihr glückliches Dasein ein Ende gemacht. – Etwas hat meine gute Schwester zu ihrem früheren Todt
selbst beigetragen, sie war 58 Jahre, sie machte sich niemals Bewegung, ging nie aus und glaubte, daß das, da sie mit Hülfe eines Dienst-
mädchens allein ihren ziemlichen großen Haushalt besorgte, genug
sei, um sich das Ausgehen zu ersparen. Natalie ist jetzt beim Schwager
und besorgt nun seinen Hausstand, er könnte sie nicht entbehren,
weil oft sehr viele Bestellungen kommen und diese notirt werden
müssen, was ein Dienstmädchen gar nicht könnte. Es ist möglich, daß
mich mein Schwager nicht losläßt zu ihm zu kommen, doch könnte
dies höchstens auf 2 Tage geschehen. –

Mich hat dieser Verlust furchtbar angegriffen und ist mir zuletzt
in die Beine gefahren, ich kann vor Schmerzen kaum gehen. Zunächst bin ich fürchterlich aufgeregt und stellt sich mit dem gräßlichen Herzklopfen totale Schlaflosigkeit ein; wird nun diese endlich

durch allerhand Medicamente z. B. Digitalis, Chinin, Morfium u. s. w. etwas beseitigt, dann kommt die Abspannung im vollsten Grade, in der ich mich auch gegenwärtig befinde, die mir aber immer noch erträglicher ist, als, wie gesagt die abscheuliche Aufregung, unter der glücklicher Weise niemand zu leiden hat. Denn ich lernte mich stets beherrschen. –

Von Klären erhielt ich, wie Du siehst, auch einen recht theilnehmenden lieben Brief. Ich schließe Dir eine Hälfte, wegen einer Stelle über Richard, mit der Bitte, mir sie mit Deinem nächsten Brief mir wieder zurück zu schicken, bei. In Bezug auf Dich ist das nicht bös in dem Brief gemeint – im Gegentheil. Doch Du selbst wirst es erwägen können. Kläre frug mich in ihrem vorletzten Brief, wie ich mit R. stünde, ob er mir oft geschrieben pp. Da erzählte ich nun was ich zuletzt indirect von ihm erfahren. Wie ich mich bei seinem letzten Aufenthalt hier benommen, so that ich es stets, ich lebte, wie gesagt, nur für ihn; mag er dagegen sagen was er will. –

Wie er gelebt hat und noch lebt. – Ich bedarf jetzt eine freundliche Behandlung nichts weiter und meine Freundinnen behandeln mich so, sind lieb und gut gegen mich. Mein Mann aber hatte wegen seiner albernen Frauenzimmergeschichten nichts mehr für mich als Grobheiten, Herzlosigkeiten und endlich nur noch Rohheiten. Seine gemeine Untreue kann ich ihm verzeihen, aber letzteres könnte ich nicht noch einmal von ihm ertragen, ich würde rasend werden oder würde (Gott verzeihe es mir) mein Dasein plötzlich ein Ende machen und das hätte er ebenfalls zu verantworten. – –

Um das was ich erdulden mußte, einigermaßen wieder gut zu machen, dazu hat Richard kein Herz mehr, besser also ich sehe ihn nie wieder! Mag er dann seine frivolen Wege gehen und dabei den Leuten glauben machen, daß er sich den Todt wünsche und von seinem Weibe gegen jeden Buben und Näherin räsoniren, so viel er will. Die sich die Mühe gegeben, mich kennen zu lernen und die guten edlen Menschen werden ihm nicht glauben. In dieser Überzeugung muß ich auch wieder einen schwachen Trost finden. –

Bis diesen Augenblick habe ich keine Zeile seit Deinem Hiersein von ihm wieder gesehen, trotzdem ich ihm zu Neujahr Glück wünschte, den Todt meiner vortrefflichen Schwester Charlotte habe ich ihm nicht angezeigt, ich hätte es nicht gekonnt, nur würdigen, Theilnehmenden guten Menschen konnte ich diese Trauerbotschaft geben. Meine Vermuthung, daß R. im April zu Dir kommen wird, gründet sich allein auf die Aufführung seines Tristan in Weimar, welche nächsten Juni stattfinden soll. Dazu muß er gegenwärtig sein um die Proben zu leiten und so denke ich wieder vorher nach Berlin kommen um Dich und Albert endlich zu versöhnen. Das ist Alles, was ich mir zusammen componire und hier erfuhr, weil Schnorrs im Tristan beschäftigt sind. – Jedenfalls ist Deine Schwägerin nun bei Dir, die ich Dich bitte, herzlich von mir zu grüßen! Hättest Du nur ein besseres Dienstpersonal, dann könntest Du Dich doch manch Stündchen gemüthlich mit ihr von Maxel unterhalten.

Der gute arme Sohn hat viel Schlimmes zu durchleben und gewiß kann man ihn keiner Verweichelung beschuldigen. Aber tröste Dich, mein gutes Cèlchen, er wird gewiß ein ausgezeichneter guter Ehemann werden, der einstens froh sein wird, zu Hause auf einem bequemen Stuhl bei seinem Weibchen sitzen zu können. Dennoch dauert er mich jetzt sehr und ich fühle recht innig mit Dir. Du sagst Kinder ist ein Segen Gottes, aber man müßte sie auch zu Hause haben können, nie von sich lassen müssen, auch die Mittel besitzen, mit der glücklichen Gabe verbunden, sie gut und recht zu erziehen, zu verstehen, was meines Erachtens sehr schwer ist. Ich will Dich nicht mit Deinen Kindern berufen aber Du hast liebe herzige Kinder, die manche vortreffliche Eigenschaft von den Eltern geerbt haben, und des Vaters Ernst, der wohl öfter zu hart erscheinen mag, allein für Kinder, besonders bei Knaben, höchst erforderlich ist. – Hätte Gott uns Kinder geschenkt, aus denen wäre sicher nichts Gutes mit all den anerzogenen Inconsequenzen geworden, die dem Vater eigen sind. – Ich habe nicht Angenehmeres in Aussicht, als nächsten Sommer mit Dir und Ferdelchen an irgend einem Strande zusammen zu sein, schreibe mir doch etwas darüber. Was macht Deine Freundin Strussberg? – Leb wohl, für heute. Verzeihe mein flüchtiges Geschreibe! Herzlichste Grüße und Dank, Dir und den lieben Deinigen! Es küßt Dich wie immer

Deine

treue, betrübte

Minna.

Louise ist auch wieder mit Fritz zugleich zurückgekommen, hat aber den Weg bis zu mir nicht finden können, tröste ich mich! –

MINNA AN CÄCILIE, Dresden 24. Februar 1864

Dresden d. 24ten Feb. 64.

Meine theuere Cècilie!

Es ist mir wie eine Ewigkeit, daß ich nichts mehr von Dir vernommen, und doch sehne ich mich <u>unbeschreiblich</u> nach einer Nachricht von Dir. Hoffentlich ist nichts vorgefallen, daß Du oder Eines von den Deinigen krank ist? Das möge Gott verhüten! Beruhige mich, wenn es Dir irgend möglich ist durch ein paar Zeilen.

Den Tag nachdem ich meinen letzten Brief an Dich abgeschickt, denke Dir, erhielt ich einen sehr guten, doch zum größten Theil mistischen [mystischen] Brief von Richard,* der mich ganz in Erstaunen setzte. Seit den paar Zeilen, die ich während Deinem Hiersein von Karlsruhe aus von ihm erhielt,* hatte er mich keines Buchstabens mehr gewürdigt. Ich dankte ihm für das Geld, welches er mir vor dem 1ten Januar zur Miethe durch die <u>Tichatschecks</u> ohne einen Gruß zuschickte, und wünschte ihm alles Glück zum Neujahr. Doch wie gesagt, ohne daß er Notitz davon genommen. Was er Dir auf Deinen lieben wohlgemeinten Brief in Bezug auf mich geantwortet, verwunderte mich gar nicht. – Doch über das, was er mir jetzt schreibt, bin ich ganz aufgeregt, doch kann ich mich jetzt schon nicht einmal mehr darüber freuen. –

Zuerst muß ich vorausschicken, daß der Sohn von Klären ein paar Tage in Dresden war, um sein Acktuar Examen zu machen, der auch gut ausgefallen ist, denn er hat sofort eine Acktuar Stelle in Lichtenstein mit 400 Thr. erhalten.

Fritz also besuchte mich hier, fand mich gerade sehr elend aussehend, das hat er zu Hause erzählt und Kläre schrieb mir sogleich, glaubte ich sei krank, weil ich ihr ein paar Briefe nicht gleich beantwortet hatte und bot sich an zu mir zu kommen, um mich zu pflegen, was mich wirklich sehr rührte. – Indessen dankte ich ihr und schrieb ihr, wie sehr ich mit dem Plaz beschränkt sei u. s. w.

Tannhäuser wird seit mehreren Wochen in Chemnitz gegeben, wozu ich auch von ihr eingeladen worden. Wolfram mußte als ein Bekannter des dortigen Theater-Director wegen dem Honorar mit Richard unterhandeln. Bei dieser Gelegenheit hat ihm der Wolfram auch von dem Todt meiner guten Schwester geschrieben, was ihn wohl erinnert haben mag, wie bald wir von Gott abberufen werden können oder es muß ihm sonst etwas ganz besonderes geschehen sein, was ihm dort begegnet. Auch Deinen guten Brief in sein Gedächtniß zurück gerufen haben, was ihn zu dieser unvermutheten Milde gegen mich stimmt. Gott weiß es!

Richard bedauert mich also in seinem Brief* aufs Herzlichste wegen dem Todtesfall meiner geliebten Schwester und schreibt mir »Wenn Du meine unzähligen Thränen sehen solltest, die ich häufig um Dich vergieße, – Du würdest wissen, was Du von meiner anscheinenden Härte gegen Dich zu denken hättest!![«] –

Aufrichtig gestanden das verstehe ich nicht ganz, ich bin doch keine Griseldis?* Ferner sagt er »Das Eine weiß ich, wenn ich Dich besuche, so kann das nur sein, um ganz und unausgesetzt bei Dir zu bleiben. Jedes, anderes Uebereinkommen ist unausführbar. Diesen Entschluß zu fassen, kann ich mich aber noch nicht überwinden, – und zwar aus Rücksicht für Dich, wie für mich. Ich glaubte deshalb besser ganz zu schweigen. – Soll ich Dir heute Hoffnungen machen, wie mein Herz so gern es thäte? Das Leben ist so schwer, so ernst, wer sagt immer klar, was das Rechte zu thun ist? Arme Minna! Das Schicksal hat Dich an einen der seltsamsten Menschen gebracht. Täglich mache ich die Erfahrung mehr, wie wenig ich eigentlich begriffen werde, wie allein und verlassen ich stehe. Welch Wunder, daß Du sehr darunter zu leiden hast.« – Dann theilt er mir mit, daß er sich entschlossen bei seiner Arbeit zu bleiben, grüßt und küßt mich am Schlusse seines Schreibens, die ich ihm selbst brieflich ein wahrer Abscheu seit Jahren war. – Ist diese Milde nicht nur aus einer momentanen guten Stimmung gegen mich entsprungen, wird es die Zukunft leren. – Es versteht sich, und ich brauche es Dir gewiß nicht erst zu versichern, daß ich ihm ebenfalls <u>sehr</u> herzlich darauf geschrieben habe. Doch konnte ich, nach dem Allem was vorher gegangen, nicht gleich mit beiden Händen zugreifen. – Ich habe ihm gesagt, daß mir der Inhalt seines Briefes wie ein wohlthuender Traum erschienen sei, den ich aber in der <u>Wirklichkeit</u> in meinem Innern noch gar nicht aufzunehmen wage, das Uebrige ein wenig der Zeit anheim gestellt pp. Auf jeden Fall wird Richard mir bald wieder schreiben, daß wir uns vorläufig doch wenigstens schriftlich wieder etwas näher kommen! – Wahrscheinlich erhalte ich nun bald auch eine Nachricht von <u>Dir</u>, mein liebes Cèlchen, wie gesagt, nur ein paar Worte ob ihr wohl seid. Deine Schwägerin ist vielleicht noch bei Dir, bitte, grüße sie bestens. –

Ende dieser Woche wollte ich auf zwei Tage nach Zwickau zu meinem armen Schwager gehen, nun ist mir mein Dienstmädchen, welche Du kennst, schon wieder krank geworden, das ist sehr schlimm, wer weiß ob ich sie nicht fort thun muß. Verzeihe deshalb mein flüchtiges Schreiben und sei herzlichst und innigst umarmt von

Deiner

Minna.

Bitte beiliegendes in den Briefkasten werfen zu lassen. Es ist mir sehr um mein gutes Atest zu thun.

Louise war noch nicht gesehen Ottilie war aber bei mir sie ist und bleibt mir antipathisch. – Bitte vergiß nicht mir den Brief von Klären wieder zurückzuschicken.

MINNA AN CÄCILIE, Dresden 13. April 1864

Dresden d. 13ten April 64.

Mein liebes gutes Cècilchen!

Trotz meines bedeutenden Unwohlseins, denn ich habe Schmerzen in allen Gliedern, will ich auf alle die bittere Medizin, die ich schlucken muß, Balsam genießen, indem ich Dir schreibe.

Lange hatte ich eine Nachricht von Dir ersehnt, doch immer vergebens. Zwei Briefe, wenn auch nicht sehr lang, hattest Du mir zu beantworten. Du armes Herz, ich begreife, daß Du sehr viel zu thun hast, ohne eigentlichen Dienstboten eine große Wohnung im Stande zu halten, ist keine Kleinigkeit, doch bitte ich Dich nochmals, strenge Dich nicht gar zu sehr an, laß fünf gerade sein. Vielleicht nehmt ihr nun eine kleinere Wohnung 4 Zimmer ist schon genug Arbeit zum täglichen Reinigen. Ich muß Dir gestehen, daß ich mich recht nach einer kleineren Wohnung sehne und wer weiß ob ich nicht eine größere nehmen muß, um noch mehr Fremde in Kost und Logis zu nehmen, damit ich wenigstens umsonst mein bischen Essen wegbekomme. Von Richard habe ich, seit jenem freundlichen Brief, den er mir aus Gott weiß welchem Anlaß zum 15ten Februar geschrieben, auch keinen Buchstaben wieder gesehen.

An Pusinelli jedoch hat er seit ganz kurzer Zeit, drei Briefe* nicht gerade brillanten Inhaltes gesendet. Im ersten Brief ersuchte er Pusinelli, mir doch das Vierteljahr statt seiner auszubezahlen, was er jetzt nicht könnte. Der arme Doctor kann das bei einer so starken Familie von 8 Kindern, trotzdem er ein reicher Mann ist, auch nicht sogleich. Dennoch gab er mir einen Theil davon, da ich gerade 60 Thr. Miethe, Dienstboten, Abgaben pp. zu bezahlen hatte. Uebrigens ließ er mich grüßen und sich für meinen Brief als Antwort auf den seinen danken, der ihm sehr wohl gethan habe. –

Der zweite Brief von R. an P. dessen Inhalt ich heute erst erfuhr, sei folgender gewesen R. habe sehnlichst gewünscht eine kleine Wohnung in einer hiesigen Vorstadt mit mir zu bewohnen und habe meinen P. gebeten, sogleich eine <u>Sammlung</u> für ihn, <u>hier</u> zu veranstalten, um das <u>Reisegeld</u> für <u>ihn zusammenzubringen</u>. Was sagst Du dazu?! – Das dritte und letzte Schreiben von R. an P. kommt aus

Zürich, wohin er ohne das gesammelte Reisegeld, welche Sammlung ich mir Schande halber verbeten, und ehe er es empfangen konnte, gereist ist. Er sagt P. daß er bei einer Familie Dr. Wille* wohne, welche ihn eingeladen den ganzen Sommer bei ihm zu bleiben. Diese Willes sind ziemlich wohl bestellt, besitzen ein Gut, welches dreiviertel Stunde von Z. dicht am See liegt.

Leider aber wird er auch dort nicht zur Arbeit kommen. Niemand in der Schweiz giebt sich mit diesen verrufenen Leuten ab, mit Ausnahme Wesendoncks, welche Richard mit diesen Willes bekannt machte, damit sie später, als H. Wesendonck nichts mehr von diesem reinen freundschaftlichen Verhältniß, welches mein guter Mann mit seiner treuen Frau geschlossen, wenigstens ihre Briefe durch diese ehern Leutchen besorgen konnten. – – –

Ich muss aufrichtig gestehen, daß mir diese geheimen Winkelzüge, die Blamage Pusinelli gegenüber, und endlich, daß mir Richard nicht in ein paar Zeilen selbst sagte, ich reise nach der Schweiz, Verhältnisse zwingen mich dazu u. s. w. Alle Heimlichkeiten haben ihm noch kein Glück gebracht; mein Vertrauen zu ihm schwindet immer mehr und in die Zukunft sehe ich immer schwärzer für ihn. – So, meine theure Schwester, steh ich mit meinem Mann. – Indem er einen guten Gedanken an mich niederschreibt, fliegen ihm schon wieder zehn böse durch seinen Kopf. – Von einer Aufführung des Tristan in Weimar höre ich nichts mehr, woran auch diese, die letzte Aussicht gescheitert ist, wissen die Götter. Möchte es doch nur einmal eine aufrichtige Seele auf dieser Erde geben, die Richard an eine einstige Zukunft erinnerte; – doch ehe es zu spät wird. – Recht lieb wäre es mir, wenn Du der Frommann von dem letzten Leben und Sein Richards einige Mittheilungen machen wolltest, ich habe meine guten Gründe wegen Bülows dafür. – Was aus unserer Seereise unter solchen Bewandnissen, die mich betreffen, werden wird, weiß ich nun wirklich noch nicht. Glücklicherweise kann man an einen Seestrand erst Anfang July gehen. Bis dahin verfällst Du vielleicht auch auf ein anderes Seebad als gerade Kranz bei Königsberg. – Diese weite Reise – die Erinnerung an diese alte Residenz – wo ich ein so glückliches Band geknüpft, könnte mir diese Luft etwas <u>sehr</u> verleiden. –

Wie gern wäre ich mit Dir und dem kleinen Ferdelchen zusammengewesen, doch wie gesagt. – Ich nannte Dir schon einmal Doberan d. h. dabei Heiligendamm, welches unmittelbar an der See liegt, dort auch ist ein Hotel wo vor zwei Jahren ein paar bekannte Damen von mir mehrere Monate wohnten und die es außerordentlich wohlfeil gefunden haben. Man giebt sich nehmlich dort in Pension und zahlt die Person für ein ganz anständiges Zimmer, Kost, kurz für Alles 10 Thr. pro Woche. Vielleicht könnte man auch noch wohlfeiler wohnen. – Außerdem bleibt man doch nur 6–8 Wochen und ist nicht zu weit. Nun lassen wir das, ich möchte Dich zu nichts überreden, kommt Zeit kommt Rath. – Wie leid und wie schmerzlich ist mir Dein Kummer um Dein Maxel. Der arme gute Junge, gerade daß er in dem alten Rußland sein muß und doch begreife ich auf der anderen Seite die Nothwendigkeit, weil er einstens die Blüthe, der Träger, der Besitzer dieses ganzen ungeheuren Geschäftes sein wird und wo allerdings ein ungeheuerer Reichthum erworben werden kann, den er und die Seinigen dann mit um so größerem Behagen genossen werden kann. es ist wirklich schaurig, wie der gute Junge sich behelfen muß aber seine Jugend muß ihm jetzt noch über diese Strapazen hinweg helfen und Gott beschützt seine <u>guten</u> Kinder für alle Krankheiten und Ungemach. Darum tröste Dich und bedenke, wenn er Soldat hätte werden müssen, wo er von einer Kugel getroffen, vielleicht in einem gräßlichen Sumpf seinen Geist hätte aushauchen müssen, wäre das nicht schlimmer, jede Hoffnung auf ein Wiedersehen für immer vernichtet? Ist das nicht noch trauriger? Eines was mir um Deinetwillen ins Herz hinein schneidet, daß Louis und Emma sich so abscheulich gegen Max benehmen, wie Du mir sagst, da steht mir mein Verstand still und ich kann solche Handlungsweise nicht begreifen. –

Ach Gott, das ist gewiß ein erhabenes, ein schönes Gefühl Kinder zu haben, wenn man sie aber auch, wenn sie wohlgeraden sind, wie die Deinigen, immer bei sich haben könnte, so aber ist es der Beruf, ihnen viel lernen zulassen, damit sie später <u>Selbständig</u> werden können, die Söhne eben sowie die Töchter, deren Beruf es wiederum ist, sich zu verheirathen, nun und was knüpfen sich erst daran für Aengste und Erwartungen – das sehe ich jetzt, wo ich vor einem Jahre mit bei der Hochzeit war und nun die Niederkünfte erwartet werden. – Darum, mein liebes Cècilchen, tröste Dich mit allen liebenden Müttern. Erhalte Dich gesund für Deinen lieben guten Mann und Deine prächtigen kleinen Söhne. Deinen lieben Richard behältst Du in Deiner Nähe, zu den fallenden Ferien kann er Dich besuchen, das ist schon besser als ihn überhaupt weit außer Landes zu wissen, ihr könnt Euch oft ein paar Zeilen schreiben, fällt etwas vor so kann er schnell bei Dir sein. Ach ja, Jedes hat seinen Kummer Eines auf diese, das Andere auf jene Art – Sind wir erst zusammen, wollen wir unseren armen gequälten Herzen gegeneinander ausschütten und uns gegenseitig so viel wie möglich zu trösten suchen. Diesmal darfst Du Dich über meine Saumseligkeit nicht beklagen. Dir habe ich lang und breit geschrieben, thue Du bald wieder ein Gleiches! – Richard habe ich seit der Antwort auf seinen guten Brief noch nicht wieder geschrieben, da er mir nichts schreibt, weisßß ich ihm auch nichts zu sagen, besonders jetzt, da er so unvermuthet wieder bei Zürich lebt, wird er auch mir nicht schreiben. Leb wohl, mein gutes Kind! Pflege und erheitere Deinen vortrefflichen Mann, vor dem ich allen Respect habe, so gut Du kannst. Grüße ihn! Indem ich Dir gute Gesundheit wünsche, küsst Dich herzlichst

Deine

Minna

Eigentlich müßte ich diesen Brief noch einmal abschreiben aber ich habe keine bessere Feder drum entschuldige.

Mad. Huber läßt Dich schönstens grüßen! Es geht ihr wieder gut, sie hat sich der Homeopathie ergeben.

In Chemnitz war ich anderthalb Tage. Zwei Vormittage war ich bei einem sehr guten Zahnarzt, der mir von früher her bekannt war.

Natürlich wohnte ich bei Wolframs. Kläre hätte das Hotel gestürmt, wenn ich dort gewohnt hätte. Sie erzählte mir viel was ich gesagt, gethan haben sollte, ich ließ mich wenig darauf ein, wiederlegte nur, was offenbar Lüge war und verhelte ihr meine Ansicht über ihr Gebahren in nichts, und schieden um Leben und Sterben willen im guten Vernehmen. – In Zwickau war ich 3 Tage ach, welch ein trauriges Leben dort. Die arme Natalie dauert mich, sie hat keine Freunde auf der dortigen Erde. Dabei wirtschaftet sie ganz famos, sie bekommt jeden Monat 15 Thr. dafür muß sie für drei Personen jeden Tag Fleisch, kurz <u>Alles</u>, sogar Wäsche stellen, das will was sagen, denn mein Schwager lebt nicht schlegt, das arme Thier, wenn sie nur Dank dafür hat weiter wünsche ich ihr nichts.

[Fehlender Brief von Cäcilie Avenarius]

MINNA AN CÄCILIE, Dresden 6. Mai 1864
Dresden, d. 6ten Mai 64.
Meine liebe Cècilie!
Obgleich ich mir vorgenommen hatte, Dir auf Deinen letzten Brief, worin Ihr, in Bezug Klären mich <u>sehr</u> hart und falsch beurtheilt, nicht mehr an Dich zu schreiben, weil Du wirklich so ernstlich in demselben, sogar von mir Abschied nimmst, so halte ich zu meiner eigenen Beruhigung für nothwendig Dich in etwas aufzuklären. Deinem guten Mann, der mich doch nicht genug kennt, Klären aber besser als mich kennen müsste, nehme ich sein Urtheil über mich, daß ich mich mit dieser besser als mit Dir verstünde, nicht übel. Du aber, liebe Cècilie, solltest mich doch erst gehört haben, ehe Du mich mit solcher Leidenschaft so schnell verdammst. – Ich war in Zwickau bei meinem Schwager, der es schon lange gewünscht hatte, daß ich wegen einiger Gegenstände halber, die er mir als Erbe meiner seeligen Schwester zugedacht, in Empfang nehmen möchte und sich überhaupt mit mir über Einiges zu besprechen wünschte. Richard hatte in seinem letzten Brief gewünscht, daß ich nach Chemnitz gehen sollte, um mich in seinem Namen über das Tannhäuser Honorar, der dort aufgeführt wurde, mit Wolfram zu besprechen, zugleich aber auch denselben für sein Schreiben an R., welches ich nicht kenne, zu bedanken. –

Auf meiner traurigen Rückreise von Z. ließ ich meine Sachen in C. auf dem Bahnhof, ging unter den gräßlichsten Zahnschmerzen in den Laden zu Wolfram, um mich sogleich zu dem Zahnarzt zu verfügen. Allerdings haben wir hier deren sehr viele und gute Ärzte, doch ich habe nöthig, die Theuerniß derselben zu scheuen. – Um Dir einen kleinen Begriff von der Unverschämtheit zu geben, will ich Dir nur berichten, daß kürzlich die zweite Tochter von Professor Hähnel, die Du auch kennst, nur zwei Zähne bei einem mittleren in Ruf stehenden Zahnarzt blombiren ließ und dieser noch ein bischen in ihren gesunden Zähnen herumstocherte, wofür sie nur 17 Thr. bezahlen mußte. Dies kannst Du seiner Zeit von ihr selbst vernehmen. Die anderen hiesigen Zahnkünstler sind noch unverschämter.

In Chemnitz zahlte ich für das Blombiren von 4 Zähnen, wobei er alle meine armen Patienten durchputzte und zwei Vormittage daran arbeitete, die Summe von 1 Thr. und 10 pf. Dabei hat es der Mensch so famos gemacht, daß ich seitdem in dieser Hinsicht, wie im Himmel bin und wieder wie früher beißen kann. Ich bin demnach gesonnen, falls ich wieder Zahnschmerzen bekommen sollte, wieder nach Chemnitz zu reisen, weil wie gesagt, dieser Arzt ausgezeichnet ist und ich ganz gut die Hin- und Rückreise, nebst der Gasthausrechnung bezahlen kann, wobei ich mir immer noch 8–9 Thr. ersparen oder verdienen würde. – So, meine gute Cècilie, kam es mit dem Zahnarzt und meines Aufenthalts bei Wolframs, der eine Nacht, einen Nachmittag und den folgenden Nachmittag reiste ich hierher, gedauert hat. –

Daß ich trotzdem ich es nach all den Klatschereien fest verredet hatte, Kläre <u>nicht</u> mehr zu besuchen und es doch gebrochen habe, so fest ich sonst bin, mag Dir ein Beweis sein, wie nahe ich am Ende meines Lebens bin und wie wenig ich eigentlich auf solche erbärmliche kleinlichen Klatsch gebe. Diese Leute stehen mir doch viel zu fern, als daß das bis übers Grab hinaus beachtet werden könnte, sie sind mir in dieser Hinsicht viel zu verächtlich. Das Ärgste hat mir mein <u>Mann</u> gethan, dem ich so nahe stand und durch das harte Schicksal unsere Seelen in einander verwachsen waren. Dieser hat es grausam, unverantwortlich aus einander gerissen, daß ich an diesen Wunden verblute. –

Mag Dir dies, was Dir jetzt so entsetzlich, Wortbrüchig von mir zu sein scheint, beweisen, wie schwer ich ein Freundschaftsband, welches ich seit so und so viel zwanziger Jahren knüpfte, wieder löse. – Außerdem, da ich einmal Wolframs Haus betrat, ließen sie mich nicht wieder gehen, doch habe ich mich auf nichts eingelassen, sondern nur bedeutet, weil sie mir sagten, was ich gethan, gesagt haben sollte, dass es nicht so war, mich ungeschoren lassen sollten. Kläre aber, weil ich mündlich nichts weiter hören wollte, hat mir das Uebrige schriftlich zugeschickt. – Worauf ich ihr gedient und ich Dich, weil ich es nicht glauben mag verschonen will. –

Heute schon wäre ich in den Stand gesetzt, Dir einen Brief mit einschließen zukönnen, der Dich über mein Verhältniß, in dem ich zu Deiner Schwester stehe, trotz meiner Anwesenheit in Chemnitz vollkommen aufklären würde. – Ich bin überzeugt, dass Du dieselbe eher bei Dir zum Besuche sehen wirst als ich sie bei mir. – So viel von ihr und mir über meinen scheinbaren freundlichen Besuch bei Klären. –

Nach dem Seebad, worauf ich mich mit Dir zu reisen sehr gefreut hatte, gehe ich diesen Sommer nicht, wie überhaupt in kein Bad! Richard hat mir seit seinem freundlichen Brief nicht mehr geschrieben, noch Geld geschickt, sondern schiebt mich meinem Arzt und Freundinnen z. B. der Tichatscheck auf den Hals, die mich bis nächsten Winter erhalten sollen, nur diesen hat er deshalb geschrieben* und mich grüßen lassen. Er meint nun hat er mich auf diese Art mit Hausmiethe, Dienstboten-Lohn versorgt. – Also ich gehe nicht von hier fort, da ich nicht wie R. Schulden machen will. Weshalb er auch so plötzlich seine fürstliche Einrichtung bei Wien hat verlassen müssen. – Ein in prachtvolle Livree gekleideter Bedienter mit silbernen Achselschnüren, Köchin pp. hatte er für sich. Wie schade, daß er das schöne russische Geld 8–10000 silb. Rubel ebenso das was er vorigen Herbst in Prag Breslau Karlsruhe u. s. w. 6000 eingenommen hatte, wie dummer genialer Bankier verjuckert hat. Dazu bedarf es nicht einmal einen geistreichen Mann, o pfui! – In der Luft in der er sich jetzt befindet – ist es sehr zu bedauern, arbeitet er gewiß nicht, das steht fest und wird die Zukunft lehren. –

Ich bat in voriger Ziehung Gott auf meinen Knien, daß er mich etwas Rechtes gewinnen lassen möchte – dann wüßte ich, was ich gethan – doch leider wieder nichts!

Lebe wohl, kannst Du Deine Verachtung so weit überwinden mir einmal zu schreiben, wirst Du mich sehr erfreuen. Bis dahin sei gegrüßt von

Deiner

Minna.

Wenn Du mir schreiben kannst, dann laß mich auch von Deinem Maxel etwas wissen. –

Inliegendes Briefchen bitte ich an seine Add. gelangen zu lassen.

[Fehlender Brief von Cäcilie Avenarius]

MINNA AN CÄCILIE,

Tharandt [Kurort südwestlich von Dresden] 15. Juli 1864

Tharandt d. 15ten July 64.

Mein liebes, gutes, armes Cècilchen!

Wie sehr ich Dein Kranksein, das Mißlingen Deiner Kur, Dein Nichtkommen bedaure, bedarf gewiß keiner weiteren Versicherungen von mir. Du kennst meine herzliche Theilnahme und Liebe zu Dir gewiß hinlänglich. Wie unaussprechlich hatte ich mich auf ein Wiedersehen mit Dir, meine Seele, gefreut, nun fühle ich doppelt schmerzlich Dein Außenbleiben, weil Krankheit Dich davon abhält. Wüßte ich Dich nicht in so außerordentlich gute Pflege, von deinem guten Manne und lieben Schwägerin umgeben, würde es mich fürchterlich aufregen. Gott gebe nur, daß Deine Schmerzen sich verlieren und Dir Ärmsten, bald wieder Kraft und Gesundheit wiederkehrt. –

Die starken Bäder von großem Ruf sind nicht immer für Jeden heilsam. Wer weiß, ob Dir ein längerer Aufenthalt hier, in der schönen reinen Waldluft nicht besser bekommen wäre. Hier hättest Du auch Moorbäder, Fichtennadel Malz und Stahlbäder im Hause bekommen können. Vielleicht weichen alle Schmerzen bald von Dir, daß Du noch eine kleine Kur hier zu Deiner Stärkung machen könntest, ich wollte Dich schon recht, wie mein Herzenskindchen pflegen. Bis Ende August bleibe ich hier, was doch noch ziemlich lange hin ist und dennoch denke ich mit Grauen wieder in meine Wohnung nach Dresden zurückgehen zu müssen. Deinen Arm glaubte ich gar nicht so schlimm, wenn Du mir klagtest, ich gestehe, ich hielt den Schmerz für etwas Reuhmatismuß. Hoffentlich sind durch die Entzündung, die gewiß unsäglich schmerzhaft gewesen ist, wie ich immer hörte, die Schmerzen nun für immer gehoben, ich wünsche es Dir, mein armes Cèlchen, von Herzen! Auf jeden Fall war es ein Glück, daß Dein lieber Mann und Schwägerin sich sofort entschlossen, Dich selbst abzuholen. Ich kann es begreifen, daß sie Dir wie rettende Engel erschienen sein müssen und Du dadurch eine große Beruhigung empfunden hast. Möchte Deine Schwägerin, Marie, bald einen Augenblick Zeit finden, mir bald über Dein Befinden ein paar Zeilen schreiben zu können, meine große Besorgniß um Dich, meine geliebte Schwester, würde dadurch sich gewiß etwas legen, denn ich bin um Deinetwillen höchst aufgeregt, wie Du Dir wohl denken kannst. –

Vorgefallen ist sonst gar nichts, als daß mir Kläre öfter hierher schreibt und viele Fragen an mich stellt, die ich ihr immer gleich beantworten mußte. Die Tante Wolfram ist nehmlich mit der Familie von Zabel in Loschwitz, bei dieser Gelegenheit ist ihr in den Sinn gekommen, sich von ihr auch eine Sommerwohnung miethen zu lassen und mehrere Wochen dort zuzubringen. Kläre reist über Freiberg und so will sie d. 29ten d. M. mich hier mit Röschen, die eben erst von einer längeren Reise mit Dähnes aus Thüringen gekommen ist, auf zwei Tage besuchen. Auf diese kurze Zeit mag es gehen, aber Du weißt es, was man für länger von ihr zu fürchten, zu erwarten hat. –

Louise war hier, mit Mann, Ottel und Enkelchen sie lud mich ein zum Sängerfest den Umzug von ihren Fenstern aus mit anzusehen, ich werde aber schwerlich in die alte heiße Stadt hinein kommen, ich liebe die Ruhe hier, die schöne frische Luft. Lebe für heute wohl, mein einziges armes Cècilchen! Der Himmel schenke Dir recht bald eine gute Gesundheit und mir eine beruhigende Nachricht von Dir, dies ist mein brünstiges Gebet für Dich, welches ich mit innigsten Grüßen an Dich und den lieben Deinigen besiegle. Es küßt Dich, leider nur in Gedanken

Deine
alte treue
Minna.

[Fehlender Brief von Cäcilie Avenarius]

MINNA AN CÄCILIE, Dresden 14. Oktober 1864

Dresden, d. 14ten Oct.64.

Meine liebe, gute Cècilie

Wie wunderbar, eben nahm ich die Feder in die Hand um Dich auf-
zufordern, doch endlich ein Lebenszeichen von Dir zu geben, wonach ich mich eine Ewigkeit gesehnt und schon glaubte ich, daß Dich
die Meereswellen verschlungen, da ich kein Lebenszeichen mehr von
Dir erhielt, als Dein Brief kam. Gott lob, daß Du endlich wieder in
Deinem Hause bei den Deinen bist was doch auch eine Beruhigung
ist, wenn auch sonst einige Freundlichkeit und Gemüthlichkeiten zu
wünschen übrig blieben. – Um Dich aber gleich von vornherein zu
beruhigen und Du nicht gar zu unbeachtet meine Zeilen, die andere
oder meine Wenigkeit betreffen liest, sage ich Dir, daß Richard sich
vollkommen gesund und wohl in Starnberg befindet. Er selbst hat
mir das geschrieben,* daß ich den falschen Zeitungsberichten nicht
glauben und mich nicht zu ängstigen. Es geht ihm sehr gut, er lebt
noch immer in der Nähe des jungen Königs und wird erst später mit
diesem nach München, um zunächst Concerte von seinen Com-
positionen und später den Holländer aufzuführen. Der Sohn von
H. Brockhaus hat ihn vorigen Monat auf seinem Sommersitz, welchen ihm der König eingeräumt, besucht, er soll wundervoll wohnen, einige Lakayen zur Bedienung haben, nebenbei 4000 Fl. Gehalt
und 23 000 Fl. Schulden, die R. während seinem Aufenthalt in Wien
gemacht hat, die er größten Theils mit der F. Mayer durchgebrachte,
diese Summe also hat der junge enthusiastische König auch bezahlt,
das ist factisch, denn Richard selbst hat es dem jüngsten Sohn Herr-
manns erzählt, trotzdem daß es in den Zeitungen als Uebertreibung
widerrufen wurde und wozu ich das Meinige dazu beigetragen, wenigstens ließ ich es in den hiesigen Blättern nach einem Münchener
Journal als unbegründet einrücken,* weshalb ich von R. gewissermaßen ersucht wurde, weil er sich zu viele Neider auf den Hals
hetzte.

Ottilie ist auch schon mit ihrem Mann zum Besuch bei R. gewesen. Louise welche gerade bei ihnen in Leipzig war, als sie zurückkam, hat mir die Bestätigung, daß Richard wirklich 4000 Fl. als Gehalt für nichts bezöge und daß der König 23000 Fl. Schulden in Wien für R. bezahlt hat, ebenfalls bestätigt. Das nenne ich doch mehr Glück als Recht, was ich ihm von Herzen gönnen würde, wenn er mir gegenüber sich besser benehmen würde. Gerade <u>jetzt</u> wieder will er, daß mir mein Arzt, Pusinelli, der wohl ein wohlhabender Mann ist, das früher von ihm mir bestimmte Geld geben soll, was der gute Doctor wirklich nicht kann, da er 8 Kind hat, wovon seine älteste Tochter diesen Winter heirathen wird und wo die Ausstattung viel Geld kostet. –

In dieser Art und Weise in Geldsachen seinen und meinen Freunden mich auf den Hals schieben, liegt eine Demüthigung für mich, die ich kaum überwinden kann. Wenn er in bedrängten Verhältnissen lebte, wollte ich nichts sagen aber gerade da er im Glücke sitzt, sein Leben ihm gar nichts kostet, weil er Alles als Wohnung, Bedienung, Beköstigung pp. frei erhält und dazu auch noch 4000 Fl. es ist wirklich gemein. Nicht daß er sich gegen mich allein roh und herzlos benommen, er thut nur ausnahmsweise jemandem schön z. B. auch Brockhausens, die eben reiche Leute sind.

Auf oder von der Todtesanzeige von Wolframs Sohn mag es sonst sein wie es will – hat er nicht die geringste <u>Notiz</u> genommen, trotzdem ich ihn wiederholt bat, an die armen Eltern ein paar theilnehmende Worte zu richten. Er ist ein Egoist, ein Herzloser eitler Mensch und dies bleibt er je höher ihn das Glück stellt.

Mit der Arbeit scheint es noch immer nicht zu gehen, früher wünschte er sich nichts als nur sorgenfrei arbeiten zu können und <u>jetzt</u> nennt er sein Leben schwer und mühevoll, weil es eben flach und hol in ihm geworden ist.

Demnach wird nicht viel Genießbares von ihm zu erwarten sein, wenn er jetzt schon auscomponirt hat und nur noch gequälte Arbeiten zu Tage fördert. – Sehr schlimm – was dagegen ein Meyerbeer geschaffen hat, jeder in seiner Art, ganze Kisten hat er hinterlassen, dessen Inhalt die Welt noch nicht kennt.

Wünschen will ich nur, daß das gute Vernehmen bis ans Ende seiner Tage dauern möchte und daß der junge König kein anderes Interesse faßt sich z. B. noch lange nicht verheirathet und daß auch Richard
einmal treu bleibt, sich dankbar beweist, was von ihm noch nicht erlebt worden ist. – So, nun weißt Du wieder Alles, nein, noch nicht,
versteht sich, daß er nicht ein herzliches Wort für mich hat, nicht eine
Silbe von einem Wiedersehen schreibt. Das würde sich gefunden haben, wenn er statt in Glück in Unglück gekommen wäre. Leider haben
sich diese lüderliche Race von Bülows auf den Hals gesetzt, den er eine
Rolle in München verschafft hat, auch Liszt hat sich wieder unter Menschen begeben und lebt in Richards Nähe. Das ist schlimm. R. ist cha-
rackterlos und hängt sehr von seiner Umgebung ab. –

Louise sehe ich selten, sie besuchen mich dann und wann, ich sie
weniger jedes hat andere Interessen, andere Beziehungen. – Mein
Tharandt war mir sehr gut bekommen, es war herrlich dort, sobald
ich aber in meinen Haustrubel zurückkehrte, des öfteren Fremden-
wechsel wegen geht es mir schlimm, mein Mädchen habe ich nie für
mich, immer nur für meine Abmiether, daß nie die von mir gewünschte Ruhe in mein Hausstand kommt. Ich habe deshalb die Vermietherei recht satt und gebe sie unbedingt nächstes Jahr ganz auf,
ziehe in eine Familie, die mir zwei Stuben abgeben, die ich von meinen bequemsten Möbeln einrichten werde, ich will weiter nichts ein
bescheidenes Leben, Frieden und Ruhe. Von dem alten Hausdrösel [?]
wo ich immer tüchtig mit zugreifen muß befinde ich mich gar nicht
wohl, es bekommt mir nicht mehr, ich habe auch die Kräfte nicht
mehr, der Kummer, die Leiden haben sie mir geraubt.

Dir auch mein Cèlchen, bist in dieser Hinsicht kein Held mehr
und thut Dir das Herumschaftern nicht gut. Du sagst mir in Deinem
Brief wenig von Deinem Maxel, ich vermuthe, daß es ihm recht gut
geht. Jetzt bei diesen politischen Wirren ist es kein Wunder, wenn in
Rußland die Unternehmungen, die Geschäfte stocken, doch verzage
nur nicht, die schlimmsten Zeiten sind nun vorbei. Die Männer haben
es in solch schweren Zeiten freilich schlimm und wie ich Deinen
Mann kenne, entzieht er sich lieber jeder Theilnahme, als daß er sich
ausspricht und darin eine Erleichterung findet. –

Die Mathilde behielt ich nur 14 Tage bei mir in Tharandt, sie wird auch alt und launisch, daß sie einem jedes Aussprechen unmöglich macht. Ich bin ein gutes Thier und hatte frühere Excesse von ihr vergessen. Doch hatte ich von der Familie Hähnel abwechselnd die Töchter bei mir. Ueberhaupt fehlte es mir nicht an Besuchen, wodurch mein Leben etwas theuer wurde. Allen gefiel es und waren entzückt. Schenkt Gott mir das Leben, so gehe ich im Frühsommer wieder nach Tharandt. Gott erhalte Dich, lenke Alles zum Besten. Leb wohl, herzlichste Grüße Deinem Mann und Kindern. Es umarmt und küßt Dich

Deine treue Minna

(In gräßlichster Eile)

Nachschrift.
Mit Deinem Brief erhielt ich auch gleichzeitig einen von Klären. Sie sagt, daß zehn Wochen sehr an Gesichtsschmerzen gelitten, daß Marie, ihre Tochter, nächstes Frühjahr wieder Mutterfreuden erwartet. – Was ich für sehr bedenklich halte – sie sieht doch zu elend von der letzten Entbindung, als ich sie vorigen März sah. Gott möge ihr über alle Gefahren helfen, sie kräftigen, diesen gefährlichen Ackt zu überstehen.

Albert dauert mich sehr, grüße ihn, wenn Du ihn einmal siehst, er soll sich meiner herzlichsten Theilnahme, über den herben unersetzlichen Verlustes seiner Frau überzeugt halten. Ich ehre die Männer, welche einen solchen Verlust schmerzlich empfinden. –

Meinem lieben Manne lebe ich schon zu lange, es ärgert ihn jeder Groschen, den er mir geben muß und ich kann doch nicht dafür. – Hätt' ich in der Lotterie gewonnen, wie stolz und glücklich hätte mich diese Unabhängigkeit gemacht. – Eine Stelle annehmen, was sich mir öfter geboten, bin ich nicht mehr kräftig und gesund genug. – Fritz Brockhaus ist sehr Gedankenschwach deshalb konnte er wohl auch nichts von mir erzählen. Warst Du denn schon zum Begräbniß der Elise zurück? Du scheinst sehr lange im Bade gewesen zu sein. Die Stärkung kommt oft nach. Dir wünsche ich sie von ganzer Seele! Adieu!

Bitte inliegenden Brief an seine Addresse gütigst gelangen zu lassen.

CÄCILIE AN MINNA, Berlin 22. Oktober 1864

Berlin am 22. Oct. 1864.

Mein liebes Minnchen!

Habe recht vielen, warmen Dank für die schnelle Beantwortung meines Briefes. Es fehlte mir gar so sehr, dass ich so eine ewig lange Zeit ganz ohne Nachrichten von Dir war, der Sommer ist in der Beziehung eine ungemüthliche Zeit, Alles geht aus einander und man erfährt nichts rechtes. Also in Tharand war es so schön? Ach, ich kann es mir wohl denken und wünschte nun ich hätte können Dein Paradies mit Dir genießen! Daß Du Dich jetzt wieder unwohler fühlst thut mir herzlich leid und – ehrlich gesagt – ich verwünsche Deine nichtswürdige Vermietherei! Was plagst Du Dich auch immer noch mit solchen Geschichten, gönne Dir doch endlich wenigstens die körperliche Ruhe, da Dir ja leider Gottes die so nöthige Ruhe des Geistes und Gemüthes so wenig zu Theil wird. Ich höre daher mit wahrem Vergnügen daß Du die große Wohnung nächstes Jahr, d. h. wahrscheinlich zu Ostern aufgeben willst. Diesen Brief hatte ich vor 4 Tagen angefangen – heute ist der 26 – und kam nicht wieder zum schreiben. Ich habe Dir, glaube ich in meinem vorigen Briefe nicht erzählt daß ich meine Schwägerin Marie Avenarius zu uns für diesen Winter eingeladen habe. Das Leben war wirklich jetzt zu trostlos, es wurde fast kein Wort gesprochen, Verstimung und Trübsinn. Ich kann solches tristes Leben ohne alle Lichtblicke jetzt, wo die großen Kinder mir fern sind nicht mehr ertragen, ich hätte schließlich unterliegen müssen, kränkelte und medizinirte fortwährend. Nun ist seit 8 Tagen Marie da und wir fangen Alle an wieder aufzuleben. Meine Schwägerin ist nicht als solcher Gast zu betrachten für dessen Wohlergehen man sich abmühen muß, im Gegentheil, sie macht <u>mir</u> das Leben behaglich, nimmt mir mit unvergleichlicher Liebenswürdigkeit alle häuslichen Verrichtungen ab und ist dankbar für jede Kleinigkeit die man so verrichtet.

Nun ist sie doch mit Emma Avenarius seit Jahr und Tag gespannt, man möchte sagen, zerfallen, weil Letztere die Behaglichkeit nicht ertragen konnte welche Marie auf ihren Bruder Louis – Emmas Mann, hervorbrachte. In Eifersucht und Mißgunst hat sich E.[mma] zu sehr gemein gegen M.[arie] betragen, so daß M[arie] jetzt es doppelt hoch anerkennt daß ich selbst sie in mein Haus eingeladen, nachdem E. sie auf schmälige Weise verläumdet hat.

Nun ist nicht das allein. Eine Schwester meines Mannes, die verwittwete Dr. Heinrich ist jetzt durch das Studium ihres Sohnes gezwungen ihn ein halbes Jahr in Berlin studiren zu lassen, er studirt Medizin und macht zu Ostern sein Doctor Examen. Schwer trennt sie sich von ihrem einzigen Sohn und sah mit Angst den jungen Mann nach der so gefährlichen Stadt Berlin fortgehen. Ich weiß was es heißt sich von einem Sohne trennen und schrieb ihr, zum ersten Male seit Jahren denn ich bin eine faule Correspondentin – ihr einen sehr theilnehmenden Brief, beredete meinen Mann den Neffen die 6 Monate bei uns wohnen zu lassen und ihn unter meinen Platz und Pflege zu nehmen, was mir dann die ganze Familie mit großer Dankbarkeit anerkennt. Somit werden dann diesen Winter meine Räume wieder gefüllt sein, wenngleich freilich nicht von meinem lieben Jungen. Max ist augenblicklich wieder aus einer sehr anstrengenden Reise mit seinem Oncel Ferdinand in's Innere von Rußland. Die anstrengenden Zeiten haben nun wieder ihren Anfang genommen und währen den Winter über. Danach aber lebt mein Junge der schönen Hoffnung die ihn bei all seinen Strapazen aufrecht erhält daß er es wo möglich machen möchte im März zu unserer silbernen Hochzeit zu kommen. Wenn Gott nichts zwischen diese Feier schickt und uns wieder einmal an diesem Tag Alle zusammen führt – ach, was wird das dann für eine Seeligkeit sein!

Der Himmel gebe seinen Seegen dazu. Habe vielen herzlichen Dank über die Nachrichten die Du mir Richard betreffend mitgetheilt hast. Ich freue mich daß er nicht krank ist, aber Vieles was Du mir in Bezug über sein Leben und Treiben mitgetheilt, hat mich gerade nicht erfreut. So daß z. B. die Bülowsche Sippschaft richtig auch nach München zieht, da fühlte ich ganz mit Dir, daß sein Stern bald wieder erbleichen wird, denn dieses Volk trägt doch entschieden nur zu seinem unsittlichen Wesen, wie überhaupt zu seinem Unglück bei. Durch Albert hörte ich auch wie sehr sich R. in München durch sein unerhört arogantes Wesen schadet, alle Musiker und Orchesterleute sollen ihn hassen. Und das ist doch sehr schlimm. Seine Aroganz wird aber noch toller werden durch diese Bulows die ihn noch darin bestärken. Bülow selbst ist ja auch ein unverschämter Lümmel – ich habe den Kerl nie riechen können.

Warum gehst Du erst im Juni nach Tharand und nicht im schönen Mai? Daran ist gewiß wieder die verwünschte Vermietherei schuld. Wenn Du so schwach bist, mein liebes, süßes Herz da solltest Du doch alles Andere bei Seite werfen und nicht noch 5 Wochen in der engen Stadt verweilen. Was Landluft thut, das sehe ich deutlich an mir seit den 8 Tagen daß ich sie genieße.

Ob Dir nicht Franzensbad auch recht gut thäte? Dann reisten wir zusammen! Ich reise zwar mit einer mir fast ganz fremden Dame der mich mein Arzt empfohlen hat. Diese war schon 6 Tage hintereinander in Franzensbad, kennt alle Verhältniße genau, hat mir auch eine leider, sehr theure Wohnung in ihrem Hause gemiethet, in der hättest Du noch vollkommen Platz. Mittwoch nach Pfingsten reisen wir.

Als ich so krank war ließ mein Mann unseren Max aus dem Innersten Rußlands zurück kommen damit die Freude seines Anblickes zu meiner Genesung beitragen sollte.

O Gott, meine Minna – was war das für ein Wiedersehen als der gute Sohn auf den Knien vor meinem Bette lag und seinen Freuden- oder Schmerzensthränen mir über die Hände rieselten! Bald wird er wieder fort gehen nach Moscau – mein Mann wahrscheinlich auch. – –

Werde ich Dich, mein theures Minnelchen in diesem Sommer einmal zu sehen bekommen. Vielleicht wenn ich von Baden komme, ich glaube, ich fahre nicht viel und da komme ich auf 2–3 Tage höchstens zu Dir. Oder besser Du kämst auch nach Franzensbad. Zu mir nach Charlottenburg Dich einzuladen muß ich mich wohl hüten. Tharant und Charlottenburg – welcher Contrast!

Und dann sind auch die Verwandten da, ich könnte Dich nicht so genießen wie ich es möchte. Wenn wir uns wiedersehen haben wir uns viel zu sagen, was wir nicht vor Anderen sagen wollen. Gott gebe nur daß wir uns wieder sehen.

Jetzt muß ich aber abbrechen. Nur meine Liebe zu Dir, meine geliebte, theure Schwester, hat es mir möglich gemacht Dir so viel zu schreiben. Ach, und wie oberflächlich ist dieser Wisch, wie Viel, wie sehr Viel hätte ich Dir noch sagen mögen. Gott behüte Dich, mein bestes Mienel!

Ich bitte Dich <u>dringend</u> laß mich bald wieder wissen wie es mit Deinem Befinden geht, ich ängstige mich gar so sehr.

Grüße Natalie und Du selbst sei auf das Innigste und Zärtlichste umarmt von

Deiner

ewig treuen

Cecilie

[S. 7 am Rand:] Meine Adreße. Spandauerstraße 24 bei Herrn Deubert. Charlottenburg

CÄCILIE AN MINNA, Berlin 30. Oktober 1864

Berlin, am 30 Oct. 1864.

Meine theure Minna!

Wie oft hat schon das Blatt in den letzten Tagen vor mir gelegen worauf ich Dir schreiben wollte, jedoch ein wahrer Unstern waltete über mir der mir immer und immer Etwas zwischen mein Vorhaben schickte. Schon in Misdroy* hatte ich so oft Sehnsucht Dir zu schreiben, gedachte an Deinem Geburtstage es wirklich auszuführen, welcher plötzliche und aufregende Zufall auch diesmal mich behinderte, muß ich für einen einstigen mündlichen Unterhaltung aufsparen, weil es mich schriftlich zu weit führen würde. Wie ist es Dir in Deinem schönen Tharand ergangen? Hast Du dort die gehoffte und so nöthige Stärkung gefunden? Ach bitte, schreibe mir doch recht bald wie Dir es geht. Du glaubst es mir vielleicht gar nicht so wie sehr ich mich nach Mittheilungen von Dir sehne.

Mir ist diesmal der Gebrauch der Seebäder nicht wie sonst bekommen[,] ich bin schwach und leidend zurück gekehrt, auch meine Nerven sind auf das Höchste überreizt und krank. Das macht wohl, es ist mir dort wie fast immer bei solchen Gelegenheiten zu ungemüthlich ergangen. Du bist immer so glücklich Mathilde bei Dir zu haben, die Dich versteht und liebt und mit der Du Alles was auf Deinem Gemüthe lastet, oder was Dich erfreuen könnte, aussprechen kannst.

Ich habe bei meinen Badereisen entweder ein gemiethetes kaltes Frauenzimmer mit mir, oder ich bin ganz allein. Diesmal habe ich fast tag täglich Aerger und Unannehmlichkeiten gehabt, war gezwungen außer der Zeit meine Frau fortzuschicken und noch dazu als ich krank war und am heftigen Fieber litt.

Richard, mein Sohn, war auch eine Zeit bei mir, doch der war mir nur sehr theilweise ein angenehmer Gesellschafter, ließ mich fast stets allein und machte im Uebrigen aber ziemliche Ansprüche. O, wie viel habe ich da an meinen Max gedacht. Mein kleines Ferdchen hat sich Gott sei Dank, sehr gekräftiget, hat bei der gräßlichsten Kälte, Regen und Sturm – ein Wetter wie es dort war – mit wahrem männlichem Muthe täglich gebadet. Das ist nun doch <u>ein</u> Seegen der aus dieser Zeit herein gegangen ist.

In meiner Abwesenheit hat mein Mann eine böse Augenentzündung gehabt und Ludwig, der auch die drei Ferienwochen bei mir in Misdroy verlebt hatte und der dick und roth zurückgekehrt war, ist ebenfalls 8 Tage nach seiner Heimkehr erkrankt – was mir aber Alles eine lange Zeit verheimlicht wurde, mein Mann wußte wohl daß ich mich sonst in Misdroy nicht hätte halten lassen. Jetzt d. h. vor 4 Wochen zurückgekehrt hatte ich nur ein Mädchen und fand natürlich das ganze Haus in schlechtem Zustande – die paar Kräfte die ich noch übrig hatte, sind wirklich in der Arbeit von Morgen bis zum Abend voll drauf gegangen und ich bin so caputt daß es mir vor jedem neuen Tag graut. Mein Mann ist Gott sei Dank wohl, aber, Du hast keinen Begriff davon wie finster und verstimmt er fortwährend ist – ach Gott – wenn doch nur mitunter wenigstens ein Sonnenstrahl mir leuchtete! Diese verwünschten Geschäfte in Rußland die scheinen uns Alle noch umzubringen. Und die großen, furchtbaren Sorgen die damit erwachsen sind.

Jetzt wo mein armer Mann in dem Alter ist, wo ein glücklicherer Mensch mit einiger Ruhe wenigstens auf die Zeiten des sauren Schweißvergießens zurück blickt und sich sagen kann, nun kann ich meinen Lebensabend wenigstens ohne schwere Sorge dahin bringen; so arbeitet mein Mann jetzt mit 54 Jahren anstrengender und Geist und Sinn tödtende Dinge ohne nur sich umzublicken.

Natürlich kommt er ermattet und verstimmt nach Hause, liebt es nicht wenn gesprochen wird und zieht sich sogleich nach dem Mittag und Abendessen in sein einsames Zimmer zurück. Sein Frühstück nimmt er auch allein in seiner Stube ein. Daß das Leben mir mitunter auch recht schwer zu tragen wird, kannst Du glauben, namentlich da ich ja selbst fast stets körperlich und Seelenleidend bin.

Ein ganz gesunder Mensch würde sich vielleicht besser in solche Tage finden. Ihn aufzuheitern darf keiner versuchen, das verletzt ihn. So lebe ich denn mit meinen beiden kleinen Kindern ein recht trübes Leben dahin und nehme all meinen Muth so mit zusammen daß ich mich den Kindern widme, so gut ich es irgend vermag damit diese zarten jungen Wesen nicht schon gar so trübe in die Welt schauen lernen. Ach, was war das doch noch ein anderes Leben als ich die großen Jungen noch unter unserem Dache hatte. Was haben wir oft so herzlich gelacht, wenn wir des Abends allein waren – der gestrenge Vater war nicht zugegen. Sah mein Maxli mich betrübt, was wurde alles aufgestellt bis er mich wieder munter und vergnügt sah. Das waren wenigstens noch Momente in denen sich ein gedrücktes Gemüth wieder etwas Lebensmuth und Leichtsein – der eine sehr gute Sache ist – gewann. Jetzt ist Alles vorbei und ich bin wahrhaft »öfteres« lebensmüde, denn mein geistigen wie phisischen Kräfte reichen nicht mehr aus und erhalten nur noch zu schwache Nahrung.

Ich hatte jetzt mehrere Nächte hinter einander, recht schreckliche Träume u. A. auch von Bruder Richard. Ich träumte in der Nacht von Sonntag zum Montag, daß ich einen Kasten in dem alten Büreau von der Mutter aufziehen wollte, die Mutter saß in der Stube auf dem Sopha; da fiel das Büreau um und auf mich drauf, jedoch hatte ich nur einen tüchtigen Schlag davon bekommen, sonst nichts. Da kam aus einer Thür hinter dem Büreau Richard leichenblaß herein, sah furchtbar ängstlich aus und blutete stark am Kopfe. Ich stürzte auf ihn zu und sprach meine Verwunderung aus, daß <u>ihn</u> das Büreau verletzt haben könnte, da er doch nicht bei mir war; er wurde immer schwächer und ich sah zu meinem Entsetzen daß ihm das Blut aus einer blauen Ader am Schläfe durch ein kleines Loch unaufhaltsam heraus rieselte. Indem ich verzweifelt schrie: »o Gott <u>da</u> läßt sich das Blut nicht stillen, er muß sterben!« – erwachte ich in Schweiß gebadet.

Gestern Nacht hatte ich auch wieder so einen bösen Traum, der mich den ganzen Tag verfolgte. Nun kam vorhin, indem ich schon angefangen hatte zu schreiben, eine Dame zu mir, die erwähnt gesprächsweise: ich wüßte doch ohne Zweifel daß mein Bruder Richard so krank sei!

sie hätte es vorgestern in einer Zeitung gelesen. Ich wußte kein Wort davon da wir grade diese Zeitung nicht hatten. Diese Anzeige war vom 4 Oct. datirt aus München und sagt R. Wagner läge krank an einem Schleimfieber darnieder, so daß man für ihn fürchtete.* Schon öfters haben Uebertreibungen über Richard in den Zeitungen gestanden, wie damals mit seiner Hand – so daß ich auch diesmal hoffen will diese Nachricht ist übertrieben. Dennoch, meine gute, beste Minna, bitte ich Dich recht <u>dringend</u> und <u>herzlich</u> mir umgehend zu schreiben was Du darüber weißt. Ist Ri. wirklich so krank, was Gott verhüten möge, so muß ich freilich vermuthen daß Du gar nicht in Dresden bist, sondern bei Richard der doch gewiß seine treue Lebensgefährtin sich an sein Bett erfleht. Mein Gott, Du liebe liebe Minna, welches Geschick ist dieses wieder!

Du weißt daß Alberts Frau diesen Herbst gestorben ist, ich dachte immer: wer wird wohl in der Familie ihr zunächst folgen? Dabei dachte ich an Albert der sehr alt, sehr traurig und matt ist.

Denn wenn die Alte auch – Gott habe sie seelig – ein böses Weib war, so war sie doch bis in das hohe Alter seine Lebensgefährtin und die beiden wie unauflöslich an einander gekettet – in ihren alten Tagen noch mehr wie in ihrer Jugend. Gottes Hand würde doch recht grausam sein sollte sie jetzt schon Richard von dieser Erde rufen, wo er noch so <u>Vieles abzumachen</u> hat.

Bitte, bitte, meine Minna, schreibe mir was Du über Ihn weißt, vergiß aber ja nicht mir auch zu schreiben wie es <u>Dir</u> geht, wie Deine Gesundheit ist, in welcher Verfassung Dein armes krankes Herz sich befindet.

Ach, mir ist doch so wohl, daß ich endlich mein Sehnen befriediget habe und Dir schrieb, denn nun werde ich ja wieder etwas von Dir hören. Meinen Mann wie Albert frug ich ob Fritz Brockhaus nichts von Dir erzählt hätte, wie Du lebtest und wie es Dir erginge. Die Beiden haben aber gar nichts durch ihn über Dich erfahren.

So lebe denn recht herzlich wohl, meine liebe alte Minna und sei auf das zärtlichste umarmt von

Deiner treuen
Cecilie.

CÄCILIE AN MINNA, Berlin 4. Dezember 1864
Berlin, am 4 Dec. 1864.
Meine theure Minna!
Ich weiß in der That kaum mehr was ich darüber denken soll daß Du meinen vor 6 Wochen an Dich abgesandten Brief nicht beantwortest. Hast Du mich vergessen, oder gelte ich Dir jetzt nichts mehr? Oder bist Du krank? Bitte schreibe mir ein Paar Worte und beruhige mich.

Nimmermehr könnte ich so lange Zeit vergehen lassen ohne Dir zu antworten seitdem wir uns wieder, wie ich glaubte, vertrauensvoll genähert haben. Wie steht die jetzige Zeit im vorigen Jahre mir so nah vor der Seele, tag täglich habe ich daran gedacht. Es waren so schöne gemüthliche und genußreiche Tage die ich bei Dir verlebte, für die ich Dir stets dankbar bleiben werde. Freilich zog Richards Ausbleiben und Nichtschreiben einen dunklen Schatten darüber, sie aber dies war ja doch nur ein Schatten bei vielem freundlichen Sonnenschein. Ich versprach Dir damals an Richard in Deinem Interesse und nur für Deine Wünsche noch einmal zu schreiben – ich habe mein Versprechen wenigstens redlich erfüllt und habe auch darin redlich Wort gehalten daß ich auf seinen Brief nicht und nie wieder geschrieben habe. Daß meine ernsten Bemühungen begleitet von den engsten Wünschen für Dein Wohl, leider keine Resultate hervor gebracht haben, – dies hat mich wohl tief geschmerzt, aber es ist doch nicht meine Schuld.

Ich bin jetzt sehr viel leidend, ja wohl eigentlich krank zu nennen, habe sogar vorige Woche einige Tage zu Bett gelegen, was mir außer in meinem Wochenbette noch nie im Leben vorgekommen ist. Die wiederholten, jetzt wieder so heftigen Blutverluste bei der großen Blutleere fangen an bedenklich auf meine Gesundheit, ja, auf mein Leben einzuwirken, sie erzeugen vielerlei und verschiedenartige böse Leiden welche drohen gefährlich zu werden. Wie Gott will! Ein unsägliches Glück daß meine Schwägerin hier ist, die mich liebend und sorgend umgiebt und mir alle Wirthschaftsorgen abgenommen hat.

Wie geht es der armen Cläre? Ich denke viel an sie, der Winter wird ihren Schmerz um den dahin geschiedenen Sohn ihr noch immer fühlbarer machen. Durch Albert hörte ich sie hätte wieder sehr an Gesichtsschmerz gelitten. Cläre hat mir auf meinen Brief nach der Todesnachricht nicht geschrieben. Also erkundige ich mich bei Dir nach ihrem Befinden was mir auch vollkommen genügt.

Schreibt Richard Dir jetzt fleißiger? Ich habe hin und wieder von ihm indirect gehört, er scheint ja der Mann des Tags in München zu sein. Emmas Schwester, die Du damals bei mir in Berlin sahst, ist in München an einen Arzt verheirathet und soll sehr glücklich leben.

Wie geht es Dir, meine liebe Minna? Was macht Dein Hals? Du bist doch dieses Jahr nicht wieder so sehr von Husten gepeiniget? Wie geht es der Thichatschek, wie der guten Huber? Grüße doch Deine lieben Freundinnen herzlich von mir.

Zu Weihnachten wird wohl Richard d. h. mein Sohn, auf ein Paar Tage nach Berlin kommen. Mein armer Max treibt sich auf gräßlich anstrengende Weise im Innern Rußlands herum und wir erhalten aus diesen Einöden fast gar keine Nachrichten von ihm. Zur silbernen Hochzeit hoffen wir ja aber so zuversichtlich auf sein Kommen, daß der liebe Gott ja barmherzig sein wird mich leben zu lassen und ihn kommen zu lassen.

Mein Mann und Schwägerin lassen Dich herzlich grüßen. Bei uns ist jetzt wieder viel Menschheit im Hause. Da Ferdchens Lehrerin auch täglich bei uns ißt, so sind wir immer 9 Menschen zu Tisch. Aber immer besser so als so einsam sein wie ich es zuvor war. Jetzt bei meinem vielen Unwohlsein würde ich der Schwermuth ganz verfallen.

Lebe herzlich wohl, meine liebe theure Minna! Gebe der Himmel daß Du gesund und frisch bist wenn diese Zeilen in Deine lieben Hände kommen.

Mit treuer Liebe

Deine Cecilie.

MINNA AN CÄCILIE, Dresden 9. Dezember 1864

Dresden d. 9ten Dech. 64.

Meine gute liebe Cècilie!

Kaum finde ich Worte für Deine gute Absicht, Deine Mühe an Richard einen solch schönen eindringlichen Brief zu schreiben, Dir aus tiefster Seele danken zu können. Ja, das bist Du auch nur mit Deiner Vollherzigkeit, Deiner Einsicht von all Deinen, verzeihe, oberflächlichen Schwestern im Stande, auszuführen. Du fühlst mit mir, kannst Unrecht und Herzlosigkeit gleich anderen braven guten Menschen nicht ertragen und das wird Dir Gott lohnen! –

Das Wenige was Du mir geschrieben, was Du Richard sagen wirst, ist ganz ausgezeichnet, <u>vortrefflich</u>! Kehrt er darauf auch nicht zurück, so hat ihn doch ein guter Engel an eine Vergangenheit, an eine Sterblichkeit erinnert. Vielleicht hatte er bis jetzt nicht mehr daran gedacht und bringt ihn dieses Erinnern, wie gesagt, wenn auch nicht zu mir, doch wieder auf Arbeits auf die <u>echte</u> Künstlerbahn zurück, von der er sich schon seit jenen unseeligen Bekanntschaften – verirrte. –

Schreibe ihm, mein Cèlchen, nur <u>Alles</u> das was Du mir mittheiltest, es ist gewiß gut, vielleicht bedürfte es nur jemanden, der uns sah, Zeuge unseres einstigen Glückes gewesen, was er vergessen. Ich weiß was er Dir antworten wird, und könnte Dir es im Voraus wörtlich niederschreiben. Er wird alles in Abrede stellen, seine Handlungsweise gegen mich dadurch beschönigen, nachdem er zwar beinahe 22 Jahre glücklich und, bis auf die Bordeaux-Geschichte – ungetrennt glücklich mit mir lebte. Jetzt wird er mir vielleicht Eifersucht (eine Beleidigung, der ich mich schämen würde) Gereiztheit, nun, ich möchte in der That eine Frau kennen die so in Gegenwart der Buben mit Füßen getreten wurde und unter solchen gräulichen Rohheiten wie er mir zu Theil werden ließ, während er in seinen gräulichen Leidenschaften, die ihn in der That zur wilden Bestie gegen mich armes harmloses Weib machte, nicht endlich in seiner Art, nicht gelegentlich ein paar Worte entschlüpfen sollten, wie es mir z. B. bei Louisen wegen der 4 traurigen Lieder geschah,* die mich auch sogleich gereut. – Glaube mir, wenn ein Mann sich einmal soweit gegen seine Frau vergessen konnte – kann dann auch in den besten harmlosesten Worten etwas finden, wie es mein guter Mann leider nur zu oft gethan. – Eine gründliche Aussprache zwischen mir und Richard, und was er mir gethan, könnte gar nicht stattfinden, er müßte sein Unrecht in Bausch und Bogen zugestehen und ich ihm so verzeihen können. – Sein Benehmen gegen mich müßte offen und ehrlich, ohne Winkelzüge, denn mich so an der Nase herumführen, wie er mir jetzt gethan – dazu käme ich mir wirklich zu gut oder zu respektabel vor. Er möchte Correspondiren mit wen er wollte, nur offen. Es sind mir alle Heimlichkeiten <u>entschieden</u> zuwieder. Nur ein reines edles freundschaftliches Verhältniß, (womöglich ohne einen Kuß) vor dem ich mich jetzt nur ekeln muß – kann zwischen uns bestehen. Eine anständige Behandlung müßte ich mir ausbedingen und mein Haus müßte auch von einer gewissen Sorte mir verächtlichen Geschöpfen gesäubert bleiben. –

Dies, mein gutes Kindchen, sind Bedingungen, die ich so in die Luft hineinschreibe, weil sie mein guter Mann <u>nicht</u> eingehen würde und ich wiederum die er krank und unglücklich gemacht – ich wollte lieber sterben als noch einmal ein solches grauenhaftes Höllenleben mich auszusetzen, wie ich ertragen mußte. –

Aber schreibe ihm nur Deinen guten Brief, nur sage nicht darin, daß ich unter <u>jeder</u> Bedingung mit ihm, mit diesem Mann wieder zusammen sein möchte, ich will ihn nur pflegen, der Kunst zur Liebe – nicht aber von einem eitel ungetreuen Menschen mißhandeln lassen.

Mit einer lieben treuen Freundin für immer zusammen zu sein, wäre mir auch lieb, vielleicht besser als mit einem herzlosen bösen Mann, nur nicht lange mehr allein sein, das kann ich kaum mehr ertragen, es ist mein Leben ein zu ärgerliches – Darum schreibe nur getrost – Du gute Schwester, es ist doch gut und man wird ja hören, was er sagt.

Vorigen Sonntag war ich, wirklich nach sehr langer Zeit, in der Kirche und da habe ich meine neue Brille verloren, die mich einen Thr. 15 Pf kostete. Ich tröstete mich, wen Gott lieb hat, den züchtiget er. allein lieb ist es mir ohne [?]

Die Baumgartner ist mit der Gräfin Hackethal [?] nach Bernburg gereist. Ihre Mama und Tochter habe ich gebeten, morgen Mittag ein Gänschen verzehren zu helfen. Tausend herzlichste Grüße von ihr.

Alle meine Freundinnen lassen Dich bestens grüßen.

MINNA AN CÄCILIE, Dresden 25. Dezember 1864

Dresden d. 25ten Dec. 64

Mein theures Cècilchen!

Nur um Dir einen herzlichen Gruß zu senden, lege ich diese Zeilen mit ein. Hoffentlich und wie ich herzlichst wünsche, geht es Dir wieder besser und Du hast eine gute liebe Nachricht als Weihnachtsgeschenk von Deinem lieben Maxel bekommen! – Dein lieber Sohn Richard ist wahrscheinlich zu den Feiertagen bei Euch, was ich Dir ebenfalls von ganzer Seele gönne, Du gute liebe Schwägerin, um im traulichen Familienkreis sich gemüthlich von In und Außen zu erwärmen. Fast möcht ich Euch beneiden und gern auch dabei sein. – Mein Weihnachten ist diesmal in die Brüche gegangen, es existirte für mich und meine nächsten lieben Freundinnen nicht. –

Als ich Dir mein letztes Schreiben sandte, war ich gar nicht wohl, hatte gar keinen Athem, konnte deshalb nicht mehr ausgehen. Ich legte mir Senfteich* auf die Brust, während ich an Dich schrieb, daß ich schon ganz zerbrüht war, das half aber immer noch nicht. Ich hustete furchtbar dabei, daß mein armes Herz mir herauszuspringen drohte. Zufällig besuchte mich mein Doctor. Dieser verordnete mir gleich Medizin, vor Allem aber mußte ich ins Bett, da ich mich im heftigsten Fieber befand. Dieses mußte ich beinahe volle 14 Tage hüten. Seit vorgestern bin ich zwar wieder auf, geht mir etwas besser aber noch immer nicht gut. Ich habe es noch fürchterlich auf der Brust, huste noch immer und thut mir überall wehe. Es sind vielleicht meine letzten Weihnachten, oft wenigstens, das fühle ich nur zu gut, werde ich sie nicht wiedersehen. – So gräme ich mich langsam ab, um eines eitlen Menschen willen, der herzlos und bös geworden und fast mich als Opfer kaum werth ist. Hätte ich weniger Kräfte zuzusetzen, wäre es schon lange überstanden. – Doch vergieb, ich wollte nichts mehr von ihm sagen, aber es ist unvermeidlich wenn man so wie ich auf das tödtlichste verwundet wurde. – –

Vielleicht hast Du Klären ein paar Zeilen geschrieben, sie schien es sehr zu wünschen. Du bist gut versöhnlich, in der Ferne läßt sich das mit ihr eher aufrecht erhalten, nur nicht bei einem längeren Zusammensein. –

Solltest Du einmal gesund genug sein, um die Frommann per Spazieren zu besuchen, da kannst Du Dir eine Arbeit von mir, eine Tischdecke, zeigen lassen. Sie ist mir ein bischen schwer geworden, da ich öfter unwohl war und doch mein kleiner Haushalt mit meinen Fremden bestellt sein will. – Seit 18 Tagen kann ich keinen Schritt mehr aus dem Hause und darf auch noch nicht ausgehen. Meine Bescherung muß bis den Sylvester verschoben bleiben, was mir leid ist, weil mir schon mehrere Arbeiten z. B. auch von der Familie Hähnel bescheert wurde. Da wir nur noch wenige Tage im alten Jahre haben, so wünsche ich Euch von ganzem Herzen ein recht glückliches, gesundes Neujahr!

Deine liebe Schwägerin, Deinen guten Mann, sowie Deine lieben Kinder bitte ich von mir herzlichst zu grüßen. Die besten innigsten Grüße für Dich, mein liebes Cècilchen, von

Deiner

Dich liebenden

Minna.

Bitte schreibe mir sobald es Dir möglich wie es dir geht pp.

Immer eilig und zerstreut, Verzeihung!

… wir brauchen Liebe um verstanden zu werden

Der Briefwechsel von Februar 1865 bis zum Tod Minnas am 25. Januar 1866

Das Jahr 1865 bringt für Wagner die Münchner Uraufführung von »Tristan und Isolde«, danach viel Unruhe: Im Dezember muss er München als persona non grata verlassen und in der Schweiz für sich und prospektiv auch für Cosima eine neue Bleibe suchen. Trotz aller berechtigten Klagen über die Illoyalität ihres Mannes – sie spricht im Folgenden vom »dreißigjährigen Krieg« ihrer Ehe – hält Minna dem Gatten vor der Öffentlichkeit die Treue. Noch im Jahr ihres Todes entwirft sie eine Zuschrift an die Redaktion des »Münchner Volksboten« – von ihr irrtümlich »Weltboten« genannt – mit dem Wortlaut: »Der Wahrheit die Ehre. In Folge eines irrtümlichen Aufsatzes in dem Münchner Weltboten, erkläre ich der Wahrheit getreu hiermit, daß ich bis jetzt von meinem abwesenden Mann Richard Wagner eine Sustentation erhielt, die mir eine anständige sorgenfreie Existenz verschafft.« Eine verbesserte Version, die Hans von Bülow der Redaktion übermittelt, enthält den Satz: »Es gereicht mir zur besonderen Befriedigung, durch diese meine Erklärung wenigstens eine der vielfachen Verleumdungen, die gegen meinen Mann gemacht werden, zum Schweigen bringen zu können.«**

Der »Volksbote« druckt zwar diese Erklärung ab, gibt aber nicht nach, fragt vielmehr bei »einer höher gestellten Persönlichkeit in Dresden« nach. Deren Antwort veröffentlicht die Zeitung am 5. Februar 1866: »Die Gattin Richard Wagners ist vor wenigen Tagen gestorben. Sie lebte seit längerer Zeit hier, von ihrem Manne getrennt, in bitterem Elend, und habe ich seiner Zeit vernommen, daß sie Unterstützung aus städtischen Mitteln bekommen habe, so daß der Gedanke sehr nahe liegt, daß das in den Zeitungen ver-öffentliche Attestat erpreßt, beziehungsweise durch eine augenblickliche Sustentation [Unterhaltszahlung] ihres Mannes hervorgerufen war.« Der hämische Unterton, mit dem der »Volksbote« die ersichtlich unrichtige Mitteilung ihres Dresdner Infor-

manten kommentiert, ist unüberhörbar. Man muss Wagner nicht zum Opfer seiner Affairen stilisieren, um zu bemerken, wie gnadenlos seine Widersacher ihrerseits gegen ihn vorgehen. In diesem Fall ist einmal mehr die Gattin die Leidtragende – selbst noch nach ihrem Tod.

CÄCILIE AN MINNA, Berlin 1. Februar 1865

Berlin, am 1 Febr. 1865.

Meine theure Minna!

Entschuldige daß ich Dir mit Bleistift heute schreibe, Du kannst daraus meine Liebe zu Dir ermessen, denn ich schreibe Dir im Bett, woran ich schon seit 4 Wochen gefesselt bin und darf und kann Dir auch nur wenig schreiben. Die Sorge um Dich, die Du mir das letzte mal auch so sehr leidend schreibst läßt mir keine Ruhe – ich antwortete Dir sogleich weil ich fühlte daß ich mich nicht mehr würde auf den Füßen halten. Und so war es. Sehr schwer krank bin ich gewesen, Montag vor 3 Wochen auf den Tod. Nun geht es langsam vorwärts, leider kam ein Rückfall der mich dann immer wieder so sehr zurück bringt. Nun soll ich noch 8 Tage im Bett und dann 14 Tage auf dem Sopha liegen. Ich bin so schwach daß ich beim Umbetten muß unterstützt werden. Dabei so abgemagert daß mein Anblick Dich mit Mitleid erfüllen würde. Dankbar aber erkenne ich mit welcher aufopfernden Liebe und Sorgfalt mein guter Mann meine Pflege überwacht. Alle Stunde kam er aus dem Geschäft nach Hause und besorgte mir eigenhändig meine Nahrung von der so viel ja mein Leben abhängt, denn die sich wiederholenden furchtbaren Blutverluste, die drei Wochen anhielten hatten mich fast zur Leiche gemacht – mit gebrochenen Augen, ohne noch die Kraft zum schreiben zu haben, so lag ich endlich darnieder, mein Geist hatte sich schon nach Oben gerichtet, ich war gefaßt zu sterben ohne Max wieder gesehen zu haben.

Mein Mann bereitet mir selbst alle Tage Austern zu, die ich mit Laywein* genieße, das kräftigte was es geben kann wird mir in kleinen Portionen alle Stunde zugetheilt. Die größeste Vorsicht ist dabei nöthig sonst kommt der gräßliche Magenkather wieder, den ich zwei mal bekommen, der mir außer die Schmerzen die ich leide allen

Appetit nimmt und mich so wieder gefährlich zurück bringt. Welches Glück meine Schwägerin jetzt zu haben, was sollte sonst aus dem Haushalt werden und mit welcher Herzensangst und zarter Sorge pflegt sie mich.

Von all meinen Bekannten erhalte ich täglich die freundlichsten Liebesbeweise, seit 12 Tagen darf ich wieder Jemand sprechen und so ist denn jeden Nachmittag ein lieber, theilnehmender Gast an meinem Bett. Als Fr. Dr. Heinrichs mich das erste mal wieder sah, war sie von meinem Anblick so ergriffen daß sie sich nicht beherrschen konnte, sie fiel auf ihre Knie am Bett, erfaßte meine Hände und bedeckte sie mit Küßen und ihren Thränen.

Du kannst daraus erkennen wie es mit mir stand. Ich fühle es dankend in meinem Herzen daß auch in dem kalten Berlin es doch viele warme Herzen für mich giebt. Meine Schwägerin bittet mich flehendlich mit schreiben aufzuhören.

Ich will es thun, Dir aber recht bald Alles noch sagen was ich heute nicht sagen kann.

Ich bin glücklich endlich meinen Wunsch Dir zu schreiben ausgeführt zu haben. Meinen letzten Brief vor der Krankheit hast Du jedenfalls erhalten.

Sage mir ja nur recht schnell wie Dir es geht. Du bist grausam daß Du es nicht längst schon gethan.

Tausend Grüße und Küße von

Deiner

Cecilie.

MINNA AN CÄCILIE, Dresden 5. Februar 1865
Dresden d. 5 [15] ten Februar [März?] 65.
Mein liebes armes Cècilchen!
Gern hätte ich Dir gestern schon geschrieben, wenn mir meine beiden Einwohnerinnen (Engländerinnen) nicht zuviel zu thun gegeben hätten; mit denen mein <u>sehr</u> langsames Mädchen nicht fertig wird. –
Halte mich dieser kleinen Verzögerung wegen nicht für Theilnahmslos an Deinem Kranksein. O Du armes Kind. Es hat mich diese

Nachricht, und Dein mit Bleistift geschriebenes Briefchen furchtbar erschreckt. Ich bitte Dich, halte dich nur recht ruhig, bleibe so lange auf dem Sopha liegen bis Du Dich vollkommen gestärkt fühlst. Rege Dich durch nichts auf, selbst nicht durch längeres Ausbleiben einer Nachricht von Deinem lieben Max! Denke, daß ein, sogar zwei Briefe aus Rußland ausbleiben können, ohne daß etwas Schlimmes geschehen ist. Tröste Dich mit mir, ich schreibe mir die Finger ganz kurz an die Meinigen und seit vorigem July haben sie von 3 langen Briefen von mir auch nicht einen davon erhalten, während ich immer wieder um eine Antwort von ihnen gebeten werde. Das ist Thatsache, und diese sind noch lange nicht im Inneren von Rußland, sondern in Petersburg und Narwa abwechselnd. Doch dies nebenbei, wenn es Dir zu einiger Beruhigung dienen könnte, sollte es mir selbst lieb sein. Wie gesagt, Gemüthsruhe ist bei jeder, besonders aber bei Deiner Krankheit unbedingte Nothwendigkeit! Mein Trost ist, wie ich solche starke Blutverluste schon einige Male vor Jahren an meinen Bekanntinnen erlebte, und die heut noch frisch gesund und kräftiger als früher einhergehen. Zwei Fälle, die hier erst kürzlich vorkamen, will ich noch erwähnen. Eine junge Frau, in dem Ausgang der Dreißiger Jahre, Frau Doktor Beyer, bekam vor Weihnachten ohne einen Grund ebenfalls wiederholt die heftigsten Blutstürze und blüht jetzt wieder wie eine Rose. Ein anderer Fall war mit Mad. Sonntag, Mutter der verstorbenen Gräfin Rossi, welche ebenfalls, selbst ihres hohen Alters wegen, wo wir sie Alle verloren gaben, wieder ganz gesund ist.

Darum, mein Herzens Cècilchen, nur recht ruhig halten, nicht zu viele aufgeregte Besuche annehmen, – dann bin ich überzeugt, daß Du durch die vortreffliche umsichtsvolle Pflege Deiner lieben Schwägerin und durch die Fürsorge Deines guten lieben Mannes, mir bald ganz beruhigende Nachricht von Dir geben wirst.

Wüßte ich Dich nicht in so guten Händen, hätte ich hier alles im Stiche gelassen und wäre ohne Weiteres zu Dir gekommen, um Dich vollens zu pflegen und Deinen Haushalt zu versorgen, worin ich ja nicht auf den Kopf gefallen bin. –

Bin ich auch kein Held und der Winter nicht mein Freund, so weiß ich doch, was ich mit liebender Aufregung, noch schaffen kann. – Mir geht es besser, der alte Husten hat mich, Gott lob, wieder ziemlich verlassen, doch darf ich bei dem hier vorherrschenden Ostwind nur selten ausgehen, ohne nicht sofort einen Rückfall zu fürchten. –

Mein Arzt will durchaus, daß ich einen Winter in Italien verbringen soll. Der hat gut Anordnen – ich will froh sein einen 3 Monat langen Aufenthalt in meinem lieben Tharandt zu ermöglichen, der mir überaus gut bekommen war. –

Seit d. 4ten Jan. ist Natalie bei mir, mein armer Schwager in Zwickau, der täglich mehr den Verlust seiner Frau betrauerd, hat sie durchaus nicht wollen fort lassen, doch mein Arzt bestand wieder einmal auf ihr Kommen, was zwar etwas spät erfolgte. –

Das arme Thier hatte auch ein recht verödetes Leben dort geführt, nirgendwo hingekommen, nur Arbeit und Sorge mit 15 Thr. per. Monat für drei Personen und Wäsche zu stellen, auszukommen. Meiner seeligen Schwester gab er mehr als das Doppelte aber nach deren Todt wurde er geizig und nichts mehr im Sinn, als für Jenseits zu sparen. –

Natalie ist ernster oder besser gesagt, vernünftiger geworden, ist auch alt genug dazu, war sehr fleißig im Klavierspielen, gab in Zwickau Anfängern Unterricht und hat auch hier schon mehrere Stunden, wofür sie freilich nur 5 Pfg. nimmt aber es ist für den Anfang doch etwas und sie kann sich vielleicht mit der Zeit ihre eigne Existenz gründen, da sie sonst doch verlassen dastünde nach meinem Todte. –

Von meinem guten Mann erhalte ich so gut wie gar keine Briefe,* er theilt mir nichts mit, schreibt nur kurz, schimpft, daß er ewig unnöthige Schreibereien und eine sehr schwere Existenz hätte u. s. w. Keine Spur von einem nur freundlichen, geschweige von einem herzlichen Wort. Es ist mir daher unmöglich ihm noch ferner Mittheilungen zu machen. – Da er auf nichts eingeht, mich so zu sagen todtschweigen will. Nun, das ist ihm gelungen, denn ich wüßte nicht, was ich ihm noch sagen sollte. Seit d. 24ten November 64 habe ich ihm nicht mehr geschrieben, ihm nach dem Empfang des mir von ihm bestimmten Geldes, welches er mir sehr unbestimmt, ungern schickt, ich habe ihm nur telegraphisch gedankt und Glück zum Neujahr gewünscht. Aus sicherer Quelle hörte ich, daß er sich in München

wunderschön eingerichtet habe. Nächsten Monat wird der unglückliche Tristan mit Schnorr's von hier dort ermöglicht. Gott gebe seien
Segen! – Aber ich möchte nicht dabei sein. – Es hat auch sein Gutes,
wenn man nicht zum Kommen eingeladen wird. – Vorige Woche
wurde der Fliegende Holländer zwei Mal bei gefülltem Hause mit
ziemlichem Erfolg gegeben. Es ist dies meine Lieblingsoper, sie ist
mir Melodien reicher als seine anderen drei Opern. Ach, diese herrlichen Werke schuf er damals unter aller Misère in 7 Wochen und
jetzt kommen vielleicht so viel Jahr heraus und noch dazu unter
Wohlleben – und wird doch nichts zu Tage gefördert. Schade! Doch
kann man es nicht ändern! Brockhausens kümmern sich jetzt etwas
mehr um meine Wenigkeit, sie besuchten mich [auf] der Reise noch,
nachdem ich sie seit October auch nicht besucht hatte. Nächstens
will ich aber auch zu ihnen gehen, um nicht unartig vor ihnen zu
erscheinen. –

Von Klärchen erhielt ich vor 5 Tagen auch einen Brief, sie klagt
sehr über ihre Gesichtsschmerzen. Auch ist sie für Marie sehr in Sorge
wegen ihrer bevorstehenden Entbindung, welche im März fällt. – Marie hat ihre erste noch nicht überwunden sah allerdings als ich sie das
letzte Mal besuchte, erschrecklich elend aus. Der Himmel möge ihr
über diesen schweren Ackt weghelfen! Ihr Kind soll merkwürdig dick
und gescheut sein, dass sie die ganze Familie Wolfram aufheiterd. Dessen ohngeachtet spricht Klärchen immer nur vom Todt daß sie, trotz
ihrer Corpulenz, doch bald sterben würde, wonach sie sich sehne. – Sie
möchte gern auf einige Zeit hierherkommen, aber ich habe nicht die
Courage sie einzuladen, es möchte mir wieder übel bekommen, wofür
ich denn doch danken muss. –

In diesen Tagen antworte ich ihr, ich werde ihr schreiben, daß Du
Dich nach ihrem Besuche sehntest, sie wäre ganz geeignet Dir die
nöthige Ruhe, die Du bedarfst, zu verschaffen. –

Röschen ist oder wird wieder einmal nach Leipzig zur Familie
Dähne [?] reisen, die sie seit langer Zeit wiederholt eingeladen. Von
Deiner Tante Wolfram erhielt ich auch kürzlich einen Brief, die
Aermste scheint sehr traurig, es muß ihr gar nicht gut gehen, hat Dir
Dein Sohn Richard nichts von ihr erzählt, besucht er sie nicht manch-

mal? Ihre reiche Nichte hier Mad. Treips könnte ihr öfteres unter die Arme greifen. –

Für heut mein liebes gutes Cècilchen muß ich schließen. Wir sind heut bei Frau Huber zu Tische eingeladen, es ist bald Zeit, daß ich mich schmücke. Wir wechseln ab, bin ich gesund genug, so essen sie bei mir, dann ich wieder bei ihr, was mir lieber ist, ich habe zu große Anstrengung, weil mein Mädchen gar nicht kochen kann überhaupt ein Esel ist und ich sogar Feuer anmachen muß, wenn es brennen soll, was noch immer nicht zumachen versteht.

Gott gebe nun, daß Du nun bald ganz gesund wirst und mir dann gleich schreibst. Hörst Du, mein gutes Herz, laß mich nicht lange in der Angst schweben. Die herzlichsten Grüße Deinem lieben guten Mann und Kinder, auch Deiner lieben Schwägerin! Es drückt Dich an ihr wundes Herz und küßt Dich

Deine

alte treue

Minna.

Entschuldige meine Eile.

MINNA AN CÄCILIE, 14. Februar 1865

d. 14. Febr. 65

Meine liebste Cècilie!

Hoffend, und von Herzen wünschend, daß Du ganz genesen, kann ich nicht umhin Dir bei dem heutigen Anlaß die innigsten Grüße zu senden!

Seit mehreren Tagen macht beifolgender Aufsatz die Runde in <u>allen</u> Zeitungen wahrscheinlich hat Dir Dein guter Mann ihn Dir aus der All. schon vorgelesen,* dennoch kannst Du ihn so mit mehr Ruhe zergliedern und daraus folgern ob Richard, nachdem auch Du von seiner Herzlosigkeit ein Pröbchen hast, einer solchen unverschämten Undankbar gegen seinen rettenden Engel, gegen den jugendlichen König fähig wäre. –

Nachdem was ich durch einen hiesigen Herrn erfuhr, der eben von München zurückgekehrt war und mir Grüße von Richard brachte, habe ich allen Grund zu glauben, daß sich dies leider Alles bestätigt. Denn er hat gegen diesen so schonungs- und rücksichtslos über den guten König geschimpft, alle dortig bestehenden Verhältnisse so bespuckt, – daß dies auf jeden Fall sehr unvorsichtig gegen sich selbst war. – R. hat gesagt, daß er es in diesem Nest nicht lange aushalte, er langweile sich (ein geistreicher Mann sich langwilen, auch nicht übel!) – und sehr bald nach Paris reisen würde. Der Luxus in dem er lebt, soll unsäglich sein. 12 Zimmer von denen 3 Schlafzimmer köstlich eingerichtet, alle drei mit rosa mit blau und grünem Atlas traperirt und für jedes Zimmer ein anderes Frauenzimmer pp. – Sämtliche Stuben sind stets geheitzt, des Abends erleuchtet. Dies aus reinster Quelle.

Gegen 1 Uhr ist der Herr zu Richard gekommen, um ihm seinen Besuch zu machen, da hat er aber noch, ohne jedoch krank zu sein, noch im Bette gelegen, was wohl das Schlimmste von Allem, indem es ein Beleg ist, welch ein verächtliches Leben er führt und so unmoralisch und geistig zu Grunde gehen muß. An Arbeiten denkt er bei solchen Üppigkeiten doch nicht, was doch des jungen Königs gute Absicht gewesen, als er ihm dazu eine Sorgenfreie Zukunft bot. –

Mehrere hier, und auch Brockhausens hatten von München, aus reinster Quelle und direct erfahren, daß sich Richard allein nur für 8000 fl. Quincaillerien gekauft hatte, wie ein altes coquettes Weib, so unpassendes albernes kindische Zeug – wenn es nur wenigstens ein oder einige gute Gemählte wären, dieser Kunstluxus wäre doch begreiflich und verzeihlich aber solch Albernheiten die ein vernünftigen Menschen vielmehr aber eines geistreichen Mannes oder Künstlers gänzlich unwürdig, lassen mich fast an seinen gesunden fünf Sinnen zweifeln. –

Was soll aus diesem Menschen werden, wenn er wirklich alt wird, wohin er doch nur noch 8 Jahre höchstens braucht, wenn er sein Glück, was sich ihm bis jetzt aufgedrungen, so mit Füßen von sich stößt. – Schwerlich wird sich wieder, wie er verrufen ist, ein solcher guter Fürst finden, denn endlich beeinträchtiget der Mensch auch noch den Künstler. –

Es ist leider wahr, Richard hat mehr Feinde aber sein größter Feind ist er selbst. Du glaubst nicht, wie eitel er durch die albernen Weiber geworden, und wie schlegt und bös er gegen mich dadurch geworden. Ach Gott, ein solch Leben könnte ich nicht noch einmal durchmachen, lieber wollte ich sterben. Schreibe mir recht bald wieder, sobald es Deine Gesundheit erlaubt. Verzeihe mein gräßliches eiliges Geschreibe und sei herzlich umarmt von

Deiner

treuen

Minna.

Ich bin furchtbar aufgeregt, es [ist] kein Wunder. –

MINNA AN CÄCILIE, Dresden 17. März 1865

Dresden d. 17ten März 6[5]

Meine liebe gute Cècilie!

Hoffend und von Herzen wünschend, daß Du nun wieder ganz genesen, sende ich Dir bei Diesem Anlaß der eigenen Empfehlungen Deines lieben Sohnes Richard nachträglich die herzlichsten Glückwünsche zu Eurer Silbernenhochzeit! Möchtet Ihr im Kreise Eurer Kinder und der einstigen Enkelchen die Goldenehochzeit recht gesund und treulich zurücklegen.

Gott, die Zeit fliegt so unglaublich schnell an uns vorüber, daß es mir eben erst einige Jahre zu sein dünkt, als ich so glücklich war für Euch junges Paar das blaue Himmelbett einrichten zu dürfen. –

Ebenso ist es mir wie ein Traum, daß ich im nächsten Jahre schon meinen 30jährigen Krieg feiern kann. – Nun den will ich gern solo verbringen, daß ich aber meinen Silbernenhochzeitstag, der erste wichtige Lebensabschnitt meiner Ehe, allein verleben mußte, schmerzt mich heut noch tief. – Daß ich überhaupt einen Mann habe, rückt mir immer ferner, trotzdem ich meine besten Jahre unter Sorgen, Schrecken, Aufregungen, nicht bester Art, mit diesem eitel Herzlosen Menschen vergeudete. – –

Wahrscheinlich hat Dein lieber Mann die Allgemeine No. 50 dort gelesen,* desgleichen den Punsch oder Signale No. 15, worin

seines albernen Luxus wegen angreift und ihn auf das Witzigste
lächerlich macht. – Für Deutschland ist das nicht gut, wo man
darüber andere Ansichten als in Frankreich hat. –

Auf jeden Fall wird er nicht lange in München aushalten, es ist
auch zu solid dort man erfährt gleich Alles und das ist eklig. –

Faktisch ist, daß der junge König Richard nicht mehr persönlich
sehen mag, ihn durchaus <u>nicht</u> empfängt, nur mit dem Künstler will
er es zu thun haben und besuchte deshalb auch kürzlich die Vorstel-
lung Tannhäuser.

In No. 53 der Allg. steht auch eine sehr politische Erwiederung
[sic!] von R.*

Kannst Du mir <u>recht</u> bald eine Nachricht, wie es Dir geht, mein
Cècchen, zukommen lassen, so bist Du wohl überzeugt, daß es mich
sehr glücklich machen würde. Doch strenge Deinen armen Arm
nicht an, damit Du Dir nicht neue Schmerzen bereitest.

Daß mein Glückwunsch so spät erst erfolgt, war ebenfalls Unwohlsein schuld. Ich hatte einen Rückfall von Husten und dabei heftige Brustschmerzen und Blutauswurf, einige Tage wieder im Bett,
kurz, ich bin diesen Winter gar nicht auf dem Zeuge, kein Wunder. –
Mein Arzt will durchaus, daß ich nächsten Winter im Süden zubringen soll. Nimm schließlich für Dich und die lieben Deinigen tausend
herzliche Grüße!

Es küßt dich

Deine

alte treue

Minna.

CÄCILIE AN MINNA, Charlottenburg 18. April 1865
Charlottenburg am 18 April 65.
Meine herzens liebe Minna!

Mit ganz lahmen Arme und unter dem strengen Verbot denselben nicht zu gebrauchen, läßt es mir auch keine Ruhe mehr, von Tag zu Tage hoffte ich auf Besserung um Dir dann recht ausführlich schreiben zu können. Habe tausend tausend Dank für alle Deine Briefe, Deine vielen Mittheilungen, Deine Liebe. Ich muß mich sehr kurz fassen. Meine Krankheit ist noch nicht gehoben, ich glaube Du hast keine Ahnung davon wie schwer krank ich gewesen bin und noch immer wohl in Gefahr. Anfang Juni muß ich nach Franzensbad um dort die angreifende Kur mit den Schlammbädern durch zumachen – mir graut es vor dieser Badereise! Meine Kräfte und sonstigen Zustände waren noch vor 14 Tagen so bedenklich, daß mein guter Mann mir in Charlottenburg eine Sommerwohnung für 125 rl gemiethet hat. Seit 8 Tagen habe ich sie mit Ferdchen bezogen, der hier die Schule besuchen kann. Hier auf dem Lande trinke ich schon seit 6 Tagen Brunnen und sobald das Wetter wieder warm wird muß ich Stahlbäder in Charlottenburg nehmen um vorbereitet nach Franzensbad zu kommen. Die Luft und Ruhe auf dem Lande thun mir sehr gut und ich kann doch schon wieder eine kleine Strecke auf der Straße gehen, noch vor 14 Tagen kam ich nicht weiter als vor's Haus in die Droschke.

Später. Sieh, mein Minchen, so schwach bin ich noch – von den wenigen Zeilen die ich geschrieben habe ich so stechenden Kopfschmerz bekommen, vom Arm will ich gar nicht reden, daß ich eine Stunde Pause machen mußte.

Alle Abende kommt Einer aus der Familie mich zu besuchen, Sonntags Alle zusammen, damit mir es wenn ich aus dem Bade zurückkehre nicht zu einsam wird und ich gute Pflege habe, so haben wir meines Mannes Schwester Louise, die Doctorwittwe deren Sohn schon den ganzen Winter bei uns wohnt, mit ihrer Tochter eingeladen, die Beiden werden auf dem Lande bei mir wohnen. Die sind natürlich sehr glücklich darüber, ihren Sohn und Bruder und unsere Kinder auf so lange Zeit genießen zu können. Nun bleibt auch Schwägerin Marie hier, die wird in der Stadt die Wirthschaft führen, sonach hat mein armer Gatte 4 Gäste auf so lange Zeit zu ernähren, und dabei machen gegenwärtig die Geschäfte schwere Sorgen. Doch das ist ein langes Kapitel das ich unmöglich schriftlich erörtern kann.

Mein Richard ist Dir zu so großem Danke verpflichtet für die so überaus liebevolle Aufnahme die Du ihm in Dresden gewährt als für die Briefe die Du so gütige warst in seinem Interesse zu schreiben. Der Junge war von der Aussicht bald nach der Schweiz zu kommen so aufgeregt daß er an Nichts Anderes fast denken konnte bevor er abreiste. Seinen großen und herzlichen Dank wollte er Dir aber von Zürich aus schreiben. Hat er es noch nicht gethan so wird es gewiß nächstens geschehen. Bitte, vergieb seine Saumseeligkeit.

Mit tiefem Schmerz, meine theure Minna, hat mich die Nachricht von Deinem bedeutenden Unwohlsein erfüllt. So geht es denn immer uns Beiden gegenseitig. Ach, wenn ich doch so recht klar wüßte was Dir eigentlich fehlt – ich bin wirklich recht innig betrübt um Dich. Ein Trost ist es für mich Natalie bei Dir zu wissen. Sie hat ja auch Niemand mehr auf der Welt und wird um so mehr bemüht sein Dich in treuer aufopfernder Liebe zu pflegen. Was wäre aus mir geworden diesen Winter wenn ich nicht die ausgezeichnete Pflege meines Mannes und meiner Schwägerin gehabt, ich wäre längst im Grabe. Denke nur immer an Dich – an Dich allein und Dein Befinden, denke nicht an Richard, laß ihn machen was er will. Ich bin meinem Worte treu geblieben, habe Richard seit dem Briefe den ich um Dich schrieb nie wieder geschrieben. Unser Richard hat ihn in München besucht und bei ihm einen Theil von Tristan gehört der bei Richard einstudirt wurde. Bülows, Schnorr, Mitterwurzer warn da. Mein Junge wird Dir wohl selbst davon schreiben.

Gebe der Himmel daß das glückliche Verhältniß mit dem jungen König noch lange Bestand hat. Wenn nicht mehr, was wird wohl dann aus Richard werden? Als ich mich vorhin zum schreiben niedersetzte fuhr es mir so heraus – denn ich schäme mich es gegen Andern auszusprechen, daß Richard 2 mal in Berlin gewesen ohne mich zu besuchen. Diese Nachricht machte einen solchen furchtbaren Eindruck auf Marie daß sie leichenblaß wurde und so heftig zusammen fuhr mit den Worten: das ist nicht wahr, das ist unmöglich, daß ich es doppelt bereuete es gesagt zu haben, denn nun ist auch von dieser Seite der Stab über ihn gebrochen und es schmerzt einen doch immer seinen nicht so heiß geliebten Bruder von so unbefangen guten Menschen redlich auch verdammt zu sehen.

Daß R. Dich mit Deinen Einnahmen an Deine Freunde verweist – für diese Schonungslosigkeit finde ich allerdings auch keine Worte. Sage doch, liebe Minna, schreibst Du ihm denn gar nicht mehr? Hast Du ihn denn nicht darüber zur Rede gesetzt? Er muß Dir doch Entschuldigungsgründe dafür angeben und kann sich doch selbst in Deine drückende Lage versetzen. Ja, ja, sein Herz scheint todt zu sein! Wie schade um ihn, denn er hatte ja einst ein so gutes, weiches Herz. Ich denke immer noch an Euer Leben in Paris damals und an Euer reizendes Leben in Dresden.

Alles andere hat seine edleren Gefühle nicht so vernichtet als die frivole Bülowsche Gesellschaft und schließlich die niederträchtigen lüderlichen Weiber. Was hatte er sonst für einen Abscheu vor solchem lüderlichen Gesindel und nun?! – Ich habe seit dem Briefe den ich damals in Deinen Interessen schrieb ihm nie wieder geschrieben, hate gänzlich mit ihm abgeschloßen und wenn ich heute hörte er sei in Berlin, ich würde mich nicht von der Stelle rühren – das bin ich mir selbst schuldig und um Deinetwillen noch Versuche zu machen habe ich auch aufgegeben, denn ich sehe ein daß es zu nichts mehr nützen würde.

Doch nun genug über Richard. Das ist immer dasselbe Thema mit seinen hundert Variationen und bleibt stets die alte Geschichte.

Wie geht es Deinen lieben Freundinnen? Was macht das einzige Viehchen, der süße Papagei? Dem wird es wohl auch in Tharand sehr wohl gefallen haben. Wenn Du nächstes Jahr wieder dorthin gehen solltest und ich muß nicht ein Bad gebrauchen, dann bin ich am Ende so zudränglich mich auch nach Tharand fest zu setzen; ich erinnere mich nur an Tharand noch aus meiner Kindheit und weiß wie wenig schön es mir da gefallen hat.

Um mich herum schwirren drei Stimmen. Ich habe mich in die entfernteste Stube zum schreiben gesetzt, aber auch hier haben sie mich glücklich aufgefunden.

[S. 6 am Rand:] Marie, die sich Deiner noch lebhaft erinnert, grüßt
Dich recht herzlich, das gleiche mein Mann und meine Würmer. Lebe
recht wohl und sei tausendmal geküßt von
    Deiner Cecilie.

MINNA AN CÄCILIE, Dresden 25. April 1865
Dresden d. 25ten April [1865]
Meine gute Cècilie!
Nun fange ich mich doch sehr zu ängstigen an, daß ich so eine <u>Ewig-
keit</u> keine Zeile von Dir oder Deiner Umgebung erhalte wie es Dir
geht. Wie oft schrieb ich Dir schon, auch Deinem lieben Sohn
Richard schickte ich vor mehr als 3 Wochen die gewünschten Briefe
für Zürich und noch weiß ich ob er sie erhalten oder Gebrauch machen will. –
    Ich tat ja nur, was er wünschte – und habe auch schon einen Brief
von meinem Freund Möller, der sich nebst Frau, sowie die Anderen
<u>sehr</u> auf sein Kommen freut. Ich begreife ganz gut, daß, wenn Eins
in der Familie krank ist, es große Aufregung und viel zu thun giebt,
aber ich bitte nur um <u>ein paar Worte</u>, dieses Schweigen regt mich
fürchterlich auf. Die schrecklichste Gewißheit ist wenigstens nicht
schlimmer. –
    Was meine Wenigkeit betrifft, so geht es mir gar nicht gut, mein
Herzzustand ist schrecklich, hatte in Folge dessen die heftigsten Nierenblutungen, bin darauf so matt und athemlos, daß ich nicht zwanzig
Schritte gehen kann, ich falle sofort auf den Stuhl zurück. Gott weiß
es, was und wie das noch mit mir werden wird, ich sieche langsam
dahin. Im Juni gehe ich nach Tharandt, vielleicht in der schönen reinen Luft wird mir besser – oder – –
    Einen sehr aufregenden Trauerfall hatten wir vorige Woche hier,
die liebenswürdige, hübsche Frau Kummer geb. Ritter starb zu schnell
und unerwartet, nachdem sie drei Wochen vorher noch mit ihrem
Mann die Reise nach Würzburg gemacht hatte. Ich verkehrte letzten
Winter viel mit ihr und darum war sie mir erst recht lieb geworden. –
Gott, wie bald ist um den Menschen geschehen – wenn das doch

Richard auch bedenken wollte. – Doch nun bitte nur <u>ein paar Worte</u>
und wenn sie der Ludwig schreibt. –

Von meiner Frommann kann ich auch nichts von Euch erfahren,
sie ist zu sehr beschäftiget. –

Mit Gott und Gruß harret mit Sehnsucht und Bangen auf Nachricht von meinem Cèlchen

Deine

kranke treue

Minna

Frau Flinzer ist bereits vor 3 Wochen von einem Knaben leicht und
glücklich entbunden, das schrieb mir Klara gelegentlich. –

MINNA AN CÄCILIE, Dresden 26. Mai 1865

Dresden d. 26ten Mai 65.

Mein liebes, gutes herziges Cècilchen!

Erst heute besitze ich die Kraft Dir für Deine lieben Briefe danken
und beantworten zu können. Vergieb mir mein langes Schweigen, wie
könntest Du an eine Wiedervergeltung glauben? Aber Dein erster lieber Brief, nach dem ich mich unaussprechlich gesehnt, traf mich ganz
krank an. Eine furchtbare Herzaffektion und gänzliche Athmungs-
losigkeit, welches Alles von dem dummen Herzen herkam, hatte mich
befallen, von diesem auch kommen die Nierenblutungen, wie das
immer zu gehen pflegt, daß ein Leiden das andere nachzieht. – Kurz
ich war wirklich dem Todte nahe, daß mein Arzt, ohne mein <u>Wissen</u>
und <u>Willen</u> an Richard geschrieben hatte, um ihn auf das Schlimmste
vorzubereiten. –

Den zweiten Tag darauf trat eine sichtliche Besserung ein d. h.
ich konnte in Folge der Herzberuhigung auch wieder Athmen und
war für diesmal gerettet. – Auch dieses hatte mein Pusinelli Richard
sofort berichtet, worauf er ihm telegraphisch gedankt,* und mich
anbei grüßen ließ. –

Ich selbst habe R. nichts von meinem Übelbefinden geschrieben, wozu auch? – Ich habe mir fast die Seele aus dem Leib geschrieben, als ich noch einen guten Funken in ihm vermuthete, seitdem er

mich aber überzeugt hat, daß er Herzlos und bös geworden ist, kann ich auch nicht mehr an den Mann schreiben, dem ich ein Menschenalter geopfert, Kummer und Sorge mit ihm getragen. Hätte ich wenigstens nur solch einem Leben, wie ich während den letzten Jahren meines Zusammenseins mit ihm ertragen mußte, meine Gesundheit gerettet, so schwöre ich Dir, daß ich viel zu stolz gewesen wäre, auch nur einen Groschen von diesem Menschen anzunehmen.

Es hat sich mir einige Male eine gute Gelegenheit geboten eine gute Stelle anzunehmen, wo ich mehr gegolten hätte, als die Hausfrau selbst. Nun bin ich krank und elend und muß das Gnadenbrot eines Mannes annehmen, den ich so viel Grund zum – – – habe. Nun lange werde ich nicht mehr leben, das fühle ich nur zu deutlich, und sehen werde ich ihn nicht mehr, das ist auch gut, und sein Wunsch ist dann erreicht. –

Seit cirka 20 Tagen, wo ich so heftig erkrankte, muß ich noch unausgesetzt 3 verschiedene Medizinen des Tages nehmen und ebenso rohes Eis verschlucken, sowie Tag und Nacht welches auf dem Herzen legen, dabei mich ganz ruhig verhalten, weil ich sofort von Schwindel befallen werde. Überhaupt mich ganz schwach fühle. Der Doctor meint die schöne frische Luft und die Bäder in Tharandt, würden mich stärken, was ich hoffen will, denn so zu existiren wäre zu traurig. D. 1ten Juni gehe ich, wenn Gott will, nach Tharandt, vergiß nicht, mein gutes Cècilchen, mich dort nach Deiner Kur in Franzensbad zu besuchen, es ist doch wohl möglich, daß Du mich zum letzten Male siehst, es steht wirklich schlecht mit mir. – Nach Franzensbad Dich zu begleiten wäre mir großes Vergnügen, allein so eine weite Reise zu unternehmen, könnte ich jetzt nicht und dann dort eine Kur zu gebrauchen würde mir nur zum Verderben sein. –

Kein Mineralwasser darf ich diesen Sommer trinken nichts als Alaunenmolken, Luft und Milch, wenn ich sie vertragen könnte. –

Ich bin überzeugt, daß Dir Franzensbad sehr gutthun wird, pflege Dich nur recht und nimm die Überzeugung mit Dir, daß Dein Hausstand und der kleine liebe Ferdel von Deiner vortrefflichen Schwägerin bestens versorgt wird, also ruhe Dich recht aus und genieße die schöne Luft, die sich Gott sei Dank seit gestern durch Gewitter und einen erquickenden Regen bedeutend abgekühlt hat, was hoffentlich überall von Zeit zu Zeit der Fall ist.

Von Klären erhalte ich öfter Briefe, sie scheint sich entsetzlich zu langweilen und bot sich schon öfter auf ein paar Tage zum Besuch an, ich aber war ganz still, Du weißt aus triftigen Gründen. – Vor einigen Tagen schrieb sie wieder, daß sie hierher kommen würde aber im Gasthof wohnen, sie sagt wörtlich, »meine Gasthof Rechnung kostet mich nicht mehr als die Trinkgelder[«], die sie sonst geben müßte, es ist doch eine merkwürdige Frau! –

Louise besuchte mich vorgestern. Ihr sagte ich, daß Kläre kommen würde, sie aber wollte auch nichts von ihr wissen und meinte, daß es sehr undankbar sei, diese bei sich aufzunehmen. Auf das Chemnitzer Schloß, wie es früher bestimmt war und Kläre schon gemiethet hatte, zieht sie nun nicht, warum es unterbleibt ist mir etwas unklar geblieben. Klärchen meint und hofft immer, daß Du doch wieder einmal schreiben würdest. Kannst Du es über Dich gewinnen, so thue es, denn es geht ihr Euer Zerwürfnis sehr zu Herzen, in jedem ihrer Briefe spricht sie davon und meint, Du seiest an der Reihe ihr erst ein paar Worte zukommen zu lassen nun wie gesagt, mache es wie Du kannst, – zureden läßt sich hier nicht viel. –

Am 22ten d. habe ich Richard zu seinem Geburtstage, natürlich telegraphisch gratulirt. Außerdem schreibe ich ihm nur oberflächlich freundlich alle Vierteljahre, wo ich mich für die Geldsendung bedanke. Ich hatte ihm immer noch mittheilend vor einem Jahr noch geschrieben, doch er nahm als so ein berühmter Mann keine Notiz, nicht von den Grüßen seiner alten hiesigen Freunde, von nichts und somit hat er mich Todt geschwiegen. –

Eine Aufführung seines Tristan hat in München noch nicht stattgefunden, dieser Oper ist ein Waidmann gesteckt,* drei Stunden vor der Vorstellung hatte Mad. Schnorr absagen lassen, was wohl sehr schlimm ist. Die Generalprobe soll sehr gut ausgefallen sein und ich las darüber zum Theil günstige und wiederum sehr ungünstige Berichte. – Wenn nur Richard von diesen gemeinen giftigen Menschen, wie diese Bülows lassen wollte, diese sind von dem nachtheiligsten Einfluß für ihn. Ueberall hatten diese die schofelsten Scandäler. – –

Nun kommt die sogenannte Sauregurkenzeit mit dem nicht Vermiethen. Verabscheute ich nicht zu sehr Veränderung oder Wechsel ich hätte schon lange die große theure Wohnung aufgegeben und mir ein paar Stuben gemiethet, das Dienstmädchen abgeschafft. Nun, schenkt Gott mir zum nächsten September das Leben noch oder so viel Gesundheit dergleichen Rumor vornehmen zu können, so wird gekündiget. – Von Deinem Sohn Richard erhielt ich vor 14 Tagen ein Briefchen, worin er mir noch dankt und mir sagt, wie freundlich man ihn bei meinen alten Bekannten aufgenommen hatte, daß er aber einen Abend bei dem Onkel in München zugebracht, davon schreibt er mir allerdings keine Silbe und dies von ihm zu vernehmen, hätte mich gewiß sehr gefreut. Von meinen Freunden aus Zürich erhielt ich ebenfalls Nachrichten, sie haben Deinen Richard Alle sehr lieb und freuen sich immer, wenn er ihren Einladungen folgt.

Jetzt mein einziges gutes Cècilchen, flimmert es mir vor den Augen, daß ich für heut schließen muß. Grüße Alle die lieben Deinigen herzlichst! Vergiß vor Allem nicht mich in Tharandt zu besuchen!

Ich hatte eben die Feder in die Hand genommen um Dir zu schreiben, als Dein zweites Briefchen kam. Deinem armen Arm wünsche ich gute Besserung.

Rienzi können die bösen Rezensenten doch nicht todt machen, er ist ein frischer Jugendquell und solch einen Reichthum von schönen Melodien wird Richard nie mehr componiren, das steht fest.

Sei herzlich gegrüßt und innigst umarmt von

Deiner

treuen

Minna.

[Fehlender Brief von Cäcilie Avenarius]

MINNA AN CÄCILIE, Tharandt 1. Juli 1865

Tharandt d. 1ten Juli [1865]

Obgleich ich Dir erst geschrieben hatte, sende ich Dir gern diesen Nachtrag da sich unsere Briefe gekreutzt.

Mit tausend Freuden, wie wohl Du überzeugt sein kannst, erwarte ich Dich hier, mache mir ja keine Querspäne. –

Ich habe mich in meinem Briefe über die frohe Aussicht Dich bald in meine Arme schließen zu können, hinlänglich ausgesprochen, nimm daher in aller Eile und Kürze mit Liebe die Versicherung, daß ich mich unaussprechlich freue Dich bald zu haben und daß ich die Stunden und Minuten zähle bis ich Dich an mein Herz drücken werde. Zugleich thue ich Dir auf zu wissen, daß Du von dem Leipziger Bahnhof auf den Albertsbahnhof, welcher gleich vor dem Freibergerschlag liegt, per Droschke fahren mußt. Deinen großen Koffer kannst Du getrost in Neustadt auf dem Leipziger Bahnhof lassen.

Die Züge von Dresden bis hierher fahren nur ¾ Stunde, wie sie aber gehen, weiß ich nicht genau aber sehr oft kommt einer, früh 7 Uhr, nach 10 Uhr, gegen 2 und 4, 6, 9 Uhr an. Die Züge wie ich höre, stehen in Verbindung und Du erfährst dies genau trüben. – Halte Dich nicht zu lange in Leipzig auf, damit Du mir nicht einen Tag abbrichst. –

Deine Schwester Ottilie sowie Herrmann grüße von mir und wenn sie bei ihrer Anwesenheit in Dresden, sowie überhaupt – nicht die geringste Notiz von mir, einer ohne Schuld unglücklich gewordenen Frau nehmen, möchten sie sich doch überzeugt halten, daß ich an dem Unglück was sie mit ihrem Schwiegersohn und der armen Tochter betroffen, den innigsten, herzlichsten Antheil nehme. Du wirst es bereits erfahren haben, daß Kettembeil leider wahnsinnig geworden.* Gott gebe, daß er wieder gesund wird.

Leb wohl, mit Sehnsucht und größter Ungedult erwartet Dich grüßt und küßt

Deine

alte treue

Minna.

Versteht sich daß du mit in meiner Stube wohnst wir haben gut Platz.
(Im Fluge geschrieben.)

Ich wohne im Bade.

Wenn ich genau Tag und Stunde wüßte holte ich Dich vom Bahnhof ab, er ist nicht weit.

[Fehlender Brief von Cäcilie Avenarius]

MINNA AN CÄCILIE, Tharandt 15. August 1865

Tharandt d. 15ten August. [1865]

Mein liebenswürdigstes, herziges, gutes, einziges liebes Cècilchen!

In diesem Augenblick erhalte ich Dein liebes Briefchen und beeile mich Dir innigst zu danken, weil Du mir die froheste Aussicht, Dich nächster Tage in meine Arme schließen zu dürfen, darin eröffnest! Es ist mir unmöglich Dir meine große Freude mit Worten an den Tag zu legen. Dich zu sehen, mit Dir zusammen sein zu können, und so bald, ein Glück, was ich mir fast nicht mehr verhofft. –

Möge keine Abhaltung Deiner Seit Dich von Deinem guten lieben Vorsatz abbringen. – Aber nur 8 Tage willst Du mein herziges Cèlchen bleiben? Diese werden mir leider nur zu schnell vergehen, wäre es nicht möglich, daß Du noch einige Tage zugeben könntest, besonders da Du noch Abstecher von hier aus zu machen gedenkst. – Klärchen war vor 8 Tagen mit Röschen hier, es gefiel ihr trotz des grauen Wetters und der Stille ganz ungemein hier. Sie wollte gern hier bleiben aber es war nirgend eine Wohnung frei, hier im Gasthofe, wo ich wohne, war es ihr zu unruhig, es sind nun fast alle abgereist, und auch zu theuer, trotzdem sie für 4 Tage zwei Personen nur 2 Thr. für Logis bezahlte. Sie reisten also nach Loschwitz, wo sie gar nicht zufrieden ist, in keiner Hinsicht. –

Bis d. 24ten D. bleibt sie dort, sie wird sich sehr freuen, Dich dort zu sehen. Ich fand sie sehr sanft geworden, was sie nach dem Todte ihres Sohnes, schon in ihren Briefen an den Tag legte. –

Bei Louisen wirst Du große Betrübtniß finden, da Fritz, ihr Mann, seit dem Sängerfest auf dem Todte krank darnieder liegt. An ein Aufkommen ist nicht mehr zu denken, der Schlag hat repetirt, daß er seit dem bewußtlos und im Sterben liegt. Gott mag den lieben und guten Mann bald von seinem Leiden erlösen! –

Mündlich werden wir uns viel zu erzählen haben. Auch mich wirst Du, über die Freude, Dich zu haben, sehr heiter und froh finden. Das gewünschte Stübchen, woran kein Mangel mehr ist, sollst Du auch finden, kurz, meine Liebe dazu Alles was Du willst. –

Daß ich Deinen Brief noch nicht beantwortet, ist nicht recht, nicht zu entschuldigen, ich hatte viel Besuche, bade und kneipe viel Natur, führe überhaupt ein schreckliches Bummelleben, was mir sehr gut bekommt, wie Du Dich bald überzeugen wirst. – Verzeihe also mein Schweigen, aber ich wollte Dir sehr ausführlich und lang schreiben, was ich von Tag zu Tag verschob, bis wieder eine Abhaltung kam. –

Mündlich bitte ich Dich noch mehr um Verzeihung, nimm für heute noch die Versicherung meiner unaussprechlichen Freude, Dich wiederzusehen und meiner unwandelbaren Liebe und Treue sei ewig versichert von

Deiner

alten

Minna.

Deinem lieben guten Mann danke ich herzlich für seine Einwilligung! – Grüße und küsse ihn in meinem Namen 10 000 Mal!

Deine lieben Schwägerinnen, Nichten sowie alle Deine Lieben bitte ich ebenfalls bekannt und unbekannter Weise herzlich von mir zu grüßen!

Ich wohne hier »zum Bade«.

Ich werde Dich auf dem Bahnhof von Donnerstag an zu erwarten streben – natürlich des Nachmittags und Abends wo ich Deine Ankunft hier vermuthen darf.

[Fehlender Brief von Cäcilie Avenarius]

MINNA AN CÄCILIE, Dresden 14. September 1865

Dresden d. 14ten August [September] 65.

Meine theure, innig geliebte Cècilie!

Tausend und abermal tausend, allerbesten, schönsten Dank für Dein sinniges herrliches Geburtstagsgeschenk!! Du hättest mir mit nichts eine größere Freude bereiten können, als gerade an diesem Tage durch Deine herzigen guten Wünsche nebst diesen wunderschönen Photographien zu senden! Ach, wie beglückt mich die Erinnerung unseres letzten Zusammenseins und daß wir uns ganz verstehen. Ja, mein Cèlchen, wir brauchen Liebe um verstanden zu werden. –

Dieses ist uns so nothwendig als Luft zum Athmen, mir wenigstens, mir, in meinem einsamen trüben Leben. – Du genießest dagegen so viele Liebe von den lieben Deinigen, die Dich täglich umgeben, aber trotzdem weiß ich, daß Du fühlest was und wie ich dies meine. Meine Freundinnen lieben mich, ich sie auch, dennoch empfinde ich nicht so warm wie z. B. gegen Dich, meine geliebte Schwester, das ist ein seeliges Gefühl was ich um keinen Preis der Welt vertauschen und entbehren möchte. –

Behalte auch Du mich, wenn auch nur ein klein bischen lieb, denn auch werde ich gestärkt mein herbes Geschick tragen. Du gingst doch viel zu bald von mir fort, wenn man sich so selten sieht wie wir, gehört unbedingt ein längeres Zusammensein dazu, um so ganz sein Glück fassen und genießen zu können.

Nun, wer weiß, vielleicht schenkt mir Gott das Leben, dann hoffe ich mit Dir, nebst dem kleinen Ferdelchen, lange in dem schönen frischen Tharandt herumwandern zu können. Erst d. 4ten D. konnte ich mich entschließen es zu verlassen, die reine Luft bekam mir zu gut. Die staubige dicke Luft hier, beengt mich, daß ich mich gar nicht mehr recht wohl befinde. Das Athmen wird mir schwer. Vielleicht gelingt es mir, die halb Etage in dem grauen Hause, welche nicht weit vom Bade, quer vorstand, wenigstens Miethweise an mich zu bringen, dann zöge ich schon im Mai mit meiner Hälfte Möbeln und dem Dienstboten hinaus und blieb bis October draußen. Du, mein Cècilchen, wüßtest dann auch wo Du wohntest, es sollte doch besser als im Gasthof werden, wenn auch einfaches ländliches Essen aber doch wenigstens reinlich und kräftig, daß wir beide gedeihen würden. –

Meine hiesige Wohnung würde ich sofort kündigen, mir nur eine kleine miethen, wo das andere Gerumple untergebracht würde. Ich wünschte es, daß es sich erfüllen möchte. Daß Dir der Aufenthalt nicht schlegt bekommen und Dich Dein armer Arm nicht mehr sehr heftig schmerzt, dafür möchte ich fest behaupten, bürgt mir Deine schönen Schriftzüge in Deinem letzten lieben Brief, sie sind ganz so schön, wie sie früher Dir eigen waren; er ist zu den Bildern gelegt worden, wozu ich mir vorläufig eine Mappe bestellt habe, bis ich sie einrahmen lassen werde. Bei dem Anblick solcher wundervollen Kunstwerke weiß ich in der That nicht, ob ich Malerei oder Musik mehr liebe. Ich habe stets ein hohes Interesse für erstere gehabt, das weiß ich, am Ende ist jede Kunst groß, wenn sie auch ein ganz verschiedenes Feld beherrscht. Nochmals danke ich Dir innig und warm für Dein Geschenk! Daß ich Dir erst heute schreiben kann, was ich umgehend schon zu thun mich gedrungen fühlte, war einer Seits wahrlich nicht meine Schuld aber denke Dir diese Besuche, nicht einen Augenblick war ich allein, bis ich heute den festen Entschluß faßte, mich während des Schreibens einzuschließen, für niemanden zu Hause sein.

An meinem großen Geburtstage von dem ich Dir doch auch sagen muß, wie wir ihn verbracht, kamen in der Frühe nur meine nächsten Bekanntinnen, die ihn von früher wußten, brachten Blumen und sonstige hübsche Geschenke, worunter auch zwei weiße mit schwarz benähte Unterrockkanten sich befanden. Auch von dem lieben Tharandt kam mein Nothschlafkamerad,* mit einer größeren Ansicht wie ich mir vorgenommen zu kaufen aber nicht dazu kam, einem Töpfchen frischer Butter mit Gedicht. Die Tochter blieb 4 Tage bei mir. Es ist ein gutes liebes Mädchen und gefiel ihr sehr gut. Die gute Frommann überraschte mich mit ihrem Besuche ebenfalls, sie ist und bleibt noch 8 Tage hier, erfreut mich mit ihrem lieben Gesicht fast täglich, ich führe sie so viel ich kann, besuche sie, kurz, ich freue mich stets sie zu sehen. Also wieder auf meinen Geburtstag zu kommen. Des Mittags trafen wir uns im Zoologischen

Garten, wo man ganz famos ißt und ich einige meiner Freundinnen zum Essen eingeladen hatte. Wir waren 9 Personen, statt daß ich mir zu Hause den Trubel machen sollte. Mein Mädchen kann es einmal nur sehr langsam, hat das mühsam Erlernte schon wieder vergessen und so fand ich es am kürzesten. Fünf Einladungen zum Mittagessen nahm ich mit Freuden an und dort habe ich wie ein Weerwolf gegessen, weil ich mit gänzlich leeren Eingeweihten zurückkam, ich habe die letzten 5 Tage nichts mehr von dem Saufressen in Tharandt genießen können, denn ich bekam nur noch altes verdorbenes Kuhfleisch, das geschied einem wenn man nur noch allein im Gasthaus ist. –

Von meinem ausgezeichneten Mann habe ich noch kein Lebenszeichen erhalten, was ich indirect von ihm höre, ist nichts besonderes und veranlaßt mich nicht ihm zu schreiben, ich brächte wohl auch kaum mehr einen Brief an ihn zustande. Hoffentlich und wie ich von Herzen wünsche, ist Dein lieber Mann von Italien erfrischt und wohlbehalten wieder in Deine Arme zurückgekehrt und wird Dir viel Schönes von seiner Reise erzählt haben, was ich Dir von Herzen gönne.

Meine Besuche veranlaßten mich das Theater drei Abende zu besuchen, es wurde Tannhäuser, Rienzi und der Stern von Sevilla gegeben. Tichatscheck war wieder unübertrefflich! Er sang mit frischer jugendlicher schmelzvoller Stimme, wie ihn sobald keiner nachsingt; bis jetzt fielen noch alle gastirenden Sänger durch. Die Frommann ist ganz entzückt von unserem Theaterpersonal, es mag wohl sein, daß Berlin in dieser Hinsicht weit nachsteht. Das Schauspiel vielleicht ausgenommen.

Schade, daß ich so weit von dem Theater weg wohne, es [ist] immer spät aus und der Weg wird mir doch sehr schwer.

Auf jeden Fall, sobald ich eine Veränderung mit der Wohnung vornehme, ziehe ich ganz nahe, Ostraallee oder dort in einer kleinen seiten Straße, nur recht nahe nicht einen langen Heimweg, den man doch stets allein fortduseln muß.

Von Klären erhielt ich am 3ten d. M. noch einen Brief, sie vermuthete Dich noch bei mir und trug mir Grüße an Dich auf, sagt übrigens gar nichts zu ihrer Entschuldigung, als daß sie ein neues Dienstmädchen erwartet hätte und ihr Alter sich nicht mit den Miethern abgeben wollte, sonst gar nichts. Mir dagegen schreibt sie fast zärtlich, wie sehr es ihr in Tharandt gefallen, pp. In diesen Tagen, wenn ich Zeit gewinne will ich ihr schreiben und doch Einiges über ihr Herzloses flegelhaftes Betragen sagen. Von Dir werde ich ihr natürlich keinen Gruß bestellen. – Nun, mein herziges liebes Cècilchen, nochmals sei für das sinnige Geburtstagsgeschenk bedankt und auf das zärtlichste gegrüßt und geküßt von

Deiner

stets getreuen

Minna.

Deinem lieben Mann ganz besondere herzlichste Grüße! Den übrigen Familiengliedern ebenfalls die besten Grüße!Hierbei übersende ich Dir dennoch einen solchen kleinen D – – von Tharandter Ansicht, – Nimms nicht übel Cèlchen!

MINNA AN CÄCILIE, Dresden 27. September (1865)

Dresden d. 27ten Septemb. [1865]

Mein theures Cècilchen!

Auf jeden Fall hatten sich unsere Briefe gekreuzt, ich hatte den meinigen schon in Deine Wohnung Fried.Straße addressirt, während Du Dich wie begreiflich, noch auf Deinem Sommersitz befindest. – Das Wetter ist und bleibt aber auch fabelhaft schön, daß man nichts besseres thun kann als die schöne Luft noch zu genießen. Meine liebe Frommann war längere Zeit hier, leider sah ich sie nur wenig, mit ihr übersende ich Dein in Tharandt vergessenes Nachthemd, möge es Dich sicher erreichen und Dich mein Cèlchen gesund antreffen. Für Deinen lieben Brief v. 16ten D. danke ich Dir ebenfalls herzlichst. Ach, immer bin ich bei Dir, meine Seele! Wie schade, daß Dein Wohnsitz so weit von hier entfernt ist, wäre das nicht, käme ich oft zu Dir um zu sehen wie es Dir mit Deiner Gesundheit geht und ein Stündchen mit Dir zu plaudern. Ich wünsche von Herzen, daß Du Dich gut befindest, es ist allerdings eine wahre Ironie, wenn man das Land verlassen und nachdem sich unverwüstlich schönes Wetter einstellt, wie es z. B. bei mir der Fall war, und nicht abzusehen ist, wenn es schlegt wird. Der Staub ist hier geradezu unerträglich, mich kratzt er wie eine alte Schuhbürste im Halse, daß ich sehnlichst Regen erwarte. Wollen sehen was das erste Mondviertel bringt. –

Das große Loos habe ich noch immer nicht gewonnen, sonst würde ich mir doch das graue Haus in Tharandt, welches d. 2ten October versteigert wird, doch erstehen. Dort auch ist kein Staub, wie ich mich gestern wieder überzeugte, – als ich mit der Familie Hähnel dort war, um die halbe Etage wenigstens zu miethen, die aber nur 3 Zimmerchen hat. Dennoch haben viel gedultige Schäfchen platz. – Auftrag habe ich gegeben, vielleicht gelingt es sie wenigstens Miethweise an mich zu bringen. –

Meine Wohnung kündige ich morgen auf, ich habe auch schon eine kleinere in der Ostra-Allee in Aussicht. – Wenn man alt wird verändert man sich höchst ungern, mir geht es wenigstens so. Es regt mich Alles gleich auf und seit ich mir vorgenommen habe, meine Wohnung zu verlassen, kommt sie mir viel hübscher vor als vorher. –

Gewiß weißt Du jetzt viel von Italien oder hat die Reise Deines Maxels nach dem rauhen Norden Alles dieses schon verdrängt? – Ja, wenn das Abschiednehmen nur nicht wäre, mir macht es stets ein unsägliches Weh! – Louisen, sowie überhaupt, besuchte ich noch niemanden, es kommt immer jemand, auch war ich einige Tage auf der Besitzung von Frau Bürde in der Lößnitz [Landschaft], die ich zu meinem Erstaunen wunderhübsch mit frischem Grün fand und die ich mir stets kahl und dürr gedacht. Tharandt ist mir aber doch lieber auch für mich gesünder. –

Welch einen harten Verlust hat Deinen Schwager durch den Todt seines kleinen Töchterchens betroffen. Verlieren ist ja so traurig, daß sich zu trösten unser Bestreben, ich möchte sagen Pflicht sein muß. Gott behüte einen Jeden vor schmerzlichem Verluste. Vergieb, mein süßes, gutes Cècilchen, daß ich Dir so im Fluge schreiben muß aber die Wohnungsangelegenheit und Besuche nehmen mich jetzt sehr in

Anspruch. Grüße mir Deinen guten Mann, Maxel recht vielmal herzlichst. Dich grüßt und küßt innigst
> Deine
> alte treue
> Minna.

NATALIE PLANER AN CÄCILIE,
Dresden 30. November 1865
Verehrteste Madame Avenarius!
Im Auftrag Minnas theile ich ihnen mit daß sie seit ziemlich drei
Wochen das Bett hüten muß, was diesmal aber nicht durch ihre ge-
wöhnliche Herzleiden, sondern von einer Nierenentzündung u. Bla-
sencartarrh ist; doch geht es jetzt schon wieder der Besserung zu, der
Arzt hofft sogar, daß sie im Lauf der nächsten Woche das Bett wird
wieder verlassen können. Sobald dies geschehen, wird es nathürlich ihr
Erstes sein an Sie, meine liebe Madame Avenarius zu schreiben und
Ihnen für Ihre lieben freundlichen Zeilen herzlichst zu danken.

Sie waren so freundlich in Ihrem lieben Brief sich nach meinem
Examen zu erkundigen, zu meinem Bedauern kann ich Ihnen leider
nicht viel Gutes darüber berichten, da sich die ganze Sache zerschlägt,
weil der Herr Director der heftigste Gegner ist, und durchaus nicht
leidet, daß Frauen angestellt werden, u. hiernach zu einem Examen
zugelassen werden. Sie können sich leicht vorstellen wie leid mir das
ist, ich hoffte mich schon für die Zukunft geborgen, und nun ist alles
umsonst, von der so schön verheisenen Aussicht bleibt einem weiter
nichts, als sich aufs Neue einen Entwurf für die Gründung einer für
die Zukunft berechneten Existenz zu sichern.

Minna, die Sie und die lieben Ihrigen von ganzem Herzen grüßen läßt, küßt Sie tausendmal in Gedanken und wünscht daß Sie
bald diese Zeilen gesund antreffen. Ein Gleiches geschieht auch von
ganzem Herzen von Ihrer Sie innig verehrenden
> Natalie Planer
> Dresden den 30/11. 1865

MINNA AN CÄCILIE, Dresden 10./12. Dezember 1865

Dresden d. 10ten Dec. 65

Mein theures, herziges Cècilchen!

Wo soll ich nur Worte hernehmen, Dir für Deine liebevolle Theilnahme an meinem Kranksein zu danken? Glaube mir, daß nur Deine Liebe die beste heilsamste Medizin war! Ja, meine geliebte Seele, in solchen Fällen, bei solcher Herzlichkeit, fühle ich mich nicht mehr einsam und verlassen. Du umschwebtest wie ein schützender Genius. Möge Dir, wenn ich es nicht im Stande sein sollte, Dir diese Wohltat, die Du mir erzeugt, Gott vergelten!

Seit 3 Tagen also bin ich aus dem Bette, bin aber so angegriffen, daß ich kaum über die Stube zu gehen vermag, die anhaltenden heftigen Schmerzen mit Fieber. Ich möchte sie selbst meinem ärgsten Feind nicht gönnen.

Vier Tage und Nächte habe ich nichts weiter thun können, ohne ein Auge zu schließen als nur laut zu jammern. Natürlich konnte ich in diesen 4 Wochen fast nichts genießen, höchstens eine halbe pfennig Semmel per Tag. Da kannst Du wohl denken, mein Cèlchen, daß ich dabei nicht sonderlich fett geworden bin, im Gegentheil, meine dicken Backen die mir die schöne Tharandter Luft aufgeblasen und die alle meine Bekannten beschrien, sind total fort, ich sehe sehr holäugig aus. Jetzt kommt allmählig der Appetit, täglich muß ich ein halb Dutzend Austern essen, Hoffschen Malzextrakt ein Weinglas voll austrinken, da werde ich mich schon wieder herran [?] fressen, Du sollst Deine Freude an Deiner alten Minna haben. –

Der Anfang meiner Krankheit war ganz sonderbar. Immer mußte ich daran denken, und zwar nicht ohne größten Schmerz und Kummer, daß am 24. November mein 29. Hochzeits[tag] war, den zu verbringen oder besser zu überwinden ich immer große Furcht hatte. Vierzehn Tage vorher, flog mich eines Abend, die Huber und die alten Heines* waren gerade zum Abend bei mir, ein heftiges Fieber an, mit heftigen Halsschmerzen, plötzlich ließen diese etwas nach und ich bekam die gräßlichsten Kopfschmerzen, es war wie eine glühende Kohle und der Doctor verordnete Eisaufschläge. Darauf stellten sich die abscheulichen Nierenschmerzen ein, die in eine heftige Entzündung ausarteten, daß mehrere Tage Kräuterumschläge, endlich Blutegel angewendet werden mußten, dazu auch noch zum Ueberfluß den Blasenkatharrh, auch nicht übel. – Sprechen konnte ich fast nicht. Die Stimme war ganz gedrückt und wurde mir sehr schwer. Gott sei ewig gedankt, daß die Schmerzen soweit vorüber sind, nur die Schwäche und das Zittern, wie Du an meiner unsicheren Handschrift siehst. Fast muß ich fürchten daß Du sie nicht entziffern kannst; ich strenge mich an es besser zu machen, daß mir wirklich der kalte Schweiß über die Stirne rinnt, es geht aber nicht. Deshalb habe Nachsicht und Gedult. –

So, mein liebes Herz, nun habe ich Dir meine ganze Leidensgeschichte erzählt; jetzt sag Du mir aber auch, wie es Dir mit Deiner Gesundheit geht. Hast Du noch immer Gichtschmerzen? Ich hoffe und wünsche Dir es nicht, denn jede Schmerzen, wenn sie heftig, sind peinigend und qualvoll, das habe ich wohl sehr bitter empfunden. Darum wünsche ich niemandem welche, besonders denen nicht, die ich liebe. Während meines Krankseins habe ich immer an Dich gedacht und Dir in Gedanken lange Briefe geschrieben, sobald es nur einigermaßen die dummen Schmerzen zuließen, daß Du mein Herzens Cècilchen, wenn sie wirklich zu Papier gebracht worden wären, einen ganzen Stoß besitzen würdest. –

Ach, was für Gedanken durchziehen den Sinn, wenn man so schwer und hülflos daliegt, dann erst fühlt man seine Ohnmacht doppelt und wie nichtig überhaupt der Mensch ist. –

Bei Louisen war ich als ich noch frisch war, ich theilte ihr Deinen Wunsch wegen einer Photographie von Deiner seeligen Mutter mit, dem sie nicht abgeneigt war. Vor einigen Tagen besuchte sie mich, weil sie gehört hatte, daß ich sehr krank sei. Ich frug sie, was ich Dir in diesem Bezug antworten sollte, da ich Dir schreiben wollte. Allerdings war der Preis enorm hoch, den ihr Hanfstängl gesagt hatte.* 25 Thr. Mir scheint das wirklich übertrieben, deshalb habe ich mir vorgenommen, sobald ich ausgehen kann, mich noch anderweitig, bei ebenfalls guten aber wohlfeilen Photographen zu erkundigen, was ich Dir sofort berichten werde.

d. 12 ten

Gestern konnte ich nicht mehr schreiben, so will ich denn heut erst zum Schluß kommen. Also nächste Woche gehe ich aus und wenn ich nur latschen kann aber ich habe schon um des lieben Weihnachten willen keine Zeit mehr zu Hause zu bleiben, auch habe ich keinen Mantel, ich muß mir einen kaufen, denn ohne einen solchen kann man im Winter füglich nicht gut existiren. Der Himmel gebe nur solch gutes warmes Wetter wie zeither, daß ich mir beim ersten Ausgang nicht gleich wieder etwas zuziehe, ich habe eine wahre Furcht dafür.

Von Klärchen erhielt ich vor 14 Tagen, gerade als ich am elendsten war, einen Brief worin ich wieder einmal gehörig abgekanzelt wurde. – Gott weiß es, man wird mit ihr nicht fertig, wenn man sich auch noch so sehr mit ihr in Acht genommen zu haben glaubt, ich sollte sie in einem meiner Briefe beleidigt haben, womit weiß ich nicht, ich konnte nicht selbst lesen und ließ ihn gleich bei Seite legen, als Natalie auf dieses Kapitel kam. Ich kann mich überhaupt in Streitereien nicht mehr einlassen, ich will auf dieser Welt nichts mehr als mäßige Gesundheit, Frieden und trockene Kartoffeln. –

Mit wahrer inniger Freude sagt mir Louise, daß Albert auf ein paar Wochen hierher kommen würde, glaubst Du daß er mich besuchen wird? Es würde mir <u>sehr</u> leid thun wenn er es unterließe. –

Auf jeden Fall, mein gutes Cècilchen hat Dein Mann oder Du die Scandäle von Richard in den Zeitungen gelesen. Daß er München verläßt, ist wahr, er selbst hat es Pusinelli geschrieben, dem er seine Büste geschickt hat, also ist wenigstens die Hälfte gegründet. – R. geht zu weit, will gleich Alles umstürzen und fortjagen. – Wenn er doch einmal zur Ruhe kommen wollte, zufrieden sein möchte aber dazu scheint es nie zu kommen, wenn dem – – – zu wohl ist, geht er aufs Eis tanzen. –

Was er Deinem Richard bei seiner Anwesenheit in München von mir, seiner guten armen Frau gesagt, darin liegt so viel Wiederspruch und Charackterlosigkeit daß es mir fast lächerlich dünkt. Er ist ein herzloser Mensch geworden, der sich selbst sagen könnte, »Ausrede muß [sein].[«] – –

Richard würde nur dann den Weg zu mir wiederfinden, wenn er von <u>allen</u> Menschen, der junge liebe König voran, kein Geld mehr bekommen würde, da er sich aber mit einem lebenslänglichen Gehalt wird versehen haben, wird der Fall niemals eintreten, somit werde ich ihn auch <u>nie</u> wiedersehen, worüber ich mich vernünftiger Weise <u>endlich</u> trösten sollte, das sage ich mich stündlich und dennoch – – –

Der Himmel gebe, daß wir uns in Tharandt wiedersehen und daß ich die gewünschte Wohnung bekomme, was bis jetzt immer noch unentschieden ist, weil das Haus Einer dem Anderen abkauft. Diesen Monat wird sich es aber noch entscheiden.

Das liebe Weihnachten ist so nah vor der Thür, was wird das kleine Ferdelchen Alles zum heiligen Fest bekommen und Du? – Na, das wird eine Freude geben! Für heut muß ich schließen damit dieser Brief fortkommt und Du ein Lebenszeichen von mir hast. Leb wohl, sei recht gesund. Nimm 100000 herzlichste Küsse für Deine Liebe, mein liebes einzig gutes Cècilchen und die besten Grüße für Dich und die Deinigen von

Deiner

Dich ewig liebenden

Minna.

Madame Atkinson war eben bei mir und läßt sich Dir herzlich empfehlen. Du hast recht sie ist mir höchst lieb interessante Frau sie besucht mich sehr oft. Von ihrem Sohn wirst Du wohl viel schöne Grüße empfangen haben, er ist ein höchst gediegener Mensch, ganz wie Dein Richard, sie passen ganz gut füreinander.

Frau Tichatscheck hast Du durch Deinen Brief sehr glücklich gemacht, sie sowie alle meine Freundinnen haben sich sehr lieb benommen sie besuchten mich oft. Leider liegt die arme Tichatscheck seit 6 Tagen an der Gelbsucht darnieder daß sie das Bett nicht verlassen kann.

Grüße mir Albert herzlichst.

MINNA AN CÄCILIE, Dresden 17./25. Dezember 1865

Dresden d. 17ten December 65.

Mein geliebtes gutes Cècilchen!

Millionen Male den innigsten, tiefgefühltesten Dank für Deinen lieben theilnehmenden Brief! Solche Liebe thut wohl und stärkt mir Geist und Körper. –

Die Versicherung von Dir in Deinem Schreiben, daß Du es mit mir gut und aufrichtig meinst, waren gänzlich überflüssig. Desgleichen bist Du, meine theuere Seele auch von meiner Seite überzeugt. Daß unsere gegenseitige Liebe keine flüchtige vorübergehende sein kann, dafür bürgt uns wohl die Zeit, die mit kurzen Unterbrechungen durch Mißverständnisse oder durch unbefugtes dazwischen Treten, gestört wurde. –

Sei Du, mein Herzens Cèlchen, so standhaft, treu und fest wie ich, dann wird unser Freundschaftsverhältniß gewiß ewig dauern und ich bin beruhigt. Ein Zerwürfniß mit uns, ist nicht denkbar, wenigstens für mich nicht zu ertragen, darum erhalte mir Deine Liebe an der ich mich erwärmen kann, die mich so glücklich macht, ich bin ja keine Glückliche mir ist Alles entrissen was eine hartgeprüfte Frau, in dem jetzigen Alter aufrecht erhält. –

Deiner liebevollen Besorgniß mit dem nicht Ausgehen, konnte leider nicht Folge geleistet werden, daran war allein der vermeintliche Mantel schuld den ich mir kaufen wollte oder muß. Mein Arzt nehmlich, wollte, daß ich täglich eine Stunde ausgehen sollte um die schöne Luft zu genießen. Noch habe ich keinen, ich konnte nur bis auf den Alt Markt gehen, dort fand ich keinen und [mußte] wegen meiner noch zu großen Kraftlosigkeit von dort zu Hause fahren. Die alte treue Mathilde begleitete mich und wäre diese nicht mit mir gewesen, wäre ich bei uns im Hause kopfüber die Treppe hinunter gepurzelt. Als ich nehmlich den Fuß vertrauungsvoll auf die erste Stufe setzte, stauchte ich gleich vor Mattigkeit zusammen. Seitdem wagte ich mich noch nicht wieder auf, mein Doctor will es auch nicht, mit der Zeit hoffen wir, wird es sich schon wieder finden. –

Mit der Photographie Deiner seeligen Mutter werde ich aber doch erst bei ein paar gut renomirten Photographen gehen und werde Dir dann ein besseres Resultat geben können. Louise ist wahrscheinlich Hrn. Hanfstengl zu reich erschienen, er ist wirklich unverschämt in seinen Forderungen. –

Die Größe des Kopfes von dem Du sagst ist mir doch entfallen, Du wirst darum so gut sein, sie mir genau anzugeben. –

Mit Madame Atkinson ihrer Übersiedlung nach Berlin ist noch sehr unbestimmt. – Sie besucht mich sehr oft, bleibt auch des Abends da. Könnte ich sie Dir doch schicken, diese Frau würde Dir ganz besonders behagen, sie frägt immer nach Dir und trug mir die besten schönsten Grüße für Dich auf. Die wunderbare Frau ängstigt sich förmlich und meint, ihr Sohn belästigt Euch zuviel, ich widerspreche dem geradezu, und glaube recht gehabt zu haben. Ich fühle so recht mit Dir, daß Dir ein lieber weiblicher Umgang fehlt. Darin bin ich freilich glücklich, meine Freundinnen besuchen mich täglich, oft sind 4–5 zufällig bei mir, was mir jetzt lieb ist, weil ich noch nicht ausgehen kann, das wissen sie auch, darum lassen sie mich nicht allein. Sie sind alle so gut und besorgt um meine Wenigkeit, daß wir uns zusammen recht gemüthlich unterhalten, wobei sie tapfer arbeiten. Männer kommen gar nicht in meinen Bereich, darum ist der Ton meistens heiter, ungenirt. – –

Eine Hausfrau kann mit ihren Männern nur selten etwas besprechen, das weiß ich aus früheren Zeiten, entweder sie haben den Kopf voller Geschäfte, sind darüber verstimmt oder sonst launisch. –

Mein liebes Cècilchen, der liebe Gott bestraft nur die <u>Lügen</u>, was Du mir aber von einer gewissen Seeligen sagst – ist die <u>reinste</u> Wahrheit und noch zu wenig. Was könnte <u>ich</u> von dieser für ein Lied anstimmen, was sie mir stets, besonders aber während und nach der Revolution für Nichtswürdigkeiten zugefügt, die ich ihr verziehen, doch so lange ich lebe nicht vergessen kann, davon einmal gelegentlich mündlich – der Himmel möge <u>ihr</u> verzeihen! –

Von Klärchen erhielt ich vor einigen Tagen einen Brief, in dem sie mir mittheilt, daß ihr Richard seine Büste noch von München aus geschickt hat. Vor ganz kurzer Zeit schrieb sie mir, und zog dabei heillos über ihn her, jetzt will sie bei dem Anblick der Büste in Thränen zerfließen und über seinen Brief vor Entzücken vergehen. –

O über die Charakterlosigkeit! ein günstiger Windstoß, ein Brief von ihm springt sie sofort auf die andere Seite. Freilich, was sollen die Münchener mit all den Büsten machen, Richard mußte daran gelegen sein, daß nicht nur seine Verehrer, sondern auch von seiner Familie, nach der er sonst wohl nicht frug, seine Thorheiten beschönigen. – Vielleicht bist Du oder wirst Du auch noch damit beglückt, um Dich mir abhold zu machen? – Vor ohngefähr zwei Jahren, als sie noch nicht ganz beendet war, wollte er sie mir zu meinem Geburtstag schicken, ich antwortete auch sogleich darauf, bedankte mich im Voraus dafür, doch erhielt ich sie bis jetzt nicht, worüber ich mich im Grunde genommen, gar nicht gräme, weil ich mich, ohne sensible zu sein, für solche große Büsten, mit den fürchterlichen Augen – stets gefürchtet habe. Sie hatten mir immer etwas gespenstisches, besonders wenn sie nur im Zimmer stehen, nicht in großen Sälen.

Warum, mein theures Cèlchen, glaubst Du, daß Richard wegen seinem fatalen Fortgang von München, so grenzenlos unglücklich sein soll? – Ich habe, nachdem ich von einem Herrn, der vorigen Frühjahr ihn in München besucht hatte, andere Ansichten, die ich Dir vielleicht zu Deiner Beruhigung hierüber mittheile. Richard hatte also zu dem Herrn, der es mir erzählte, über [die] dortigen Verhältnisse, Persönlichkeiten, kurz über Alles so schonungslos geschimpft, daß es ein Glück war, daß er dieses zu einem Hiesigen [d. h. einem Dresdner] gesagt hatte, der es am Ende gerade dort nicht wieder erzählte. Schon im vorigen Frühjahr hat er also gesagt, daß er nicht lange dort bleiben würde, es sei ein philiströses, langweiliges Nest, er ginge nach Paris pp. Nun ist Genf nur klein Paris,* wohin er mit seinen Möbeln und einem Theil seiner Dienerschaft nebst einer Nichte, wie man sagt, vorläufig übergesiedelt ist, er wird sich auch dort schön einrichten und das eben Geschehene ist für immer vergessen. –

d. 25ten Dec.

Denke Dir, meine theuere Cècilie, daß ich wieder so krank wurde und 8 Tage das Bett nicht mehr verlassen konnte. Nicht ein Rückfall aber ein fürchterlicher – –, daß ich des Nachts, sowie am Tage 10–12 Mal laufen mußte. Keine Medizin schlug an, nicht Schleimsuppen, womit mich noch meine gute Huber fütterte, nichts blieb bei mir, Alles mußte ich auch wieder herausbrechen, es war ein gräßlicher Zustand. Wenn ich meinen Bedürfnissen nachgab, wurde ich endlich so schwach, daß ich umfiel und kaum die Kraft hatte, wieder aufzustehen.

Seit heute erst habe ich das Nest erst auf ein paar Stunden verlassen können, um Dir endlich diesen Brief, wie er auch ausfalle, zu vollenden und zuschicken zu können. Noch war ich nicht von meiner Nierenentzündung her kräftig genug, darum hat mich das letzte Kranksein so furchtbar angegriffen. Ach, wie sehe ich <u>jetzt</u> aus, es ist nicht zu beschreiben und wie matt, meine Beine zittern, wenn ich gehen will.

Eine Pflege hatte ich an Natalien gar nicht, im Gegentheil. – Mein dummen guten Taps von Dienstmädchen hatte sie stets in Beschlag, sie aßen, tranken, lachten in der Küche mit einander aber es kam keine, wenn ich klingelte und so konnte ich ganz gemüthlich in meiner kleinen Stube krepiren, doch darüber einmal mündlich, meine geliebte Schwester, Deine mir bekannte Theilnahme allein, hielt mich in solcher herzlosen Umgebung aufrecht. – Jetzt, wo sich allmählig der Appetit meldet und meine ganzlich leeren Eingeweide etwas murren würde ich ebenso schlimm daran sein. Keine von meinen alten großen Frauenzimmern, verstehen eine einfache Suppe kochen entweder sie ist angebrannt, versalzen oder sonst ungenießbar gemacht. Ein Hühnchen oder Hasenblättchen verbrennen sie auch, daß es wirklich eine Schande ist. Meine gute Huber hat sich nun meiner erbarmt, weil sie mir am nächsten wohnt und schickt mir vorläufig schöne kräftige Suppen und ein Stück Braten, denn ich wäre noch nicht im Stande, mich in die Küche zu stellen und zu kochen. Natalie und das Dienstmädchen kosten mich Geld genug, sie brauen sich ihren Fraß selbst zusammen, der doch alle Tage in Fleisch besteht. Gott schenke einem Jeden Gesundheit und vernünftige gutmüthige Pflegerinnen!

Um jedoch wieder auf Richard zu kommen. Auf jeden Fall ist bei Allem, was man jetzt gegen ihn spricht oder schreibt, viel Übertreibung, welche aus Neid entsprungen. Allein, seine Art und Weise die Leute zum Theil auch mit seinem albernen Luxus zu reitzen und die Aufmerksamkeit auf sich zu ziehen, dann seine Unvorsichtigkeit über Menschen und bestehende Verhältnisse loszuziehen, was ihm doch einmal nicht mehr durch gesehen werden kann, kurz was mischt er sich wieder in politische Verhältnisse, denn nur solche unbefugte Einmischungen sind das Resultat, daß er sich selbst aus München hinausgeblasen hat. Du wirst mich vielleicht hart nennen, daß ich mich so ausspreche, wie es eben geschehen, aber ich sehe das Unglück nicht recht ein, mit einem Gehalt von 8000 fl. verbannt zu sein, für Richard ist diese Summe freilich nur ein kleines Taschengeld ich jedoch und viele ließen sich mit diesem schönen Gelde gleich in die herrliche Schweiz auf immer verbannen. Hätte er mich menschlich behandelt, wahrscheinlich fühlte ich mehr, so aber hat er sich mit Gewalt mir fremd gemacht aus eitlem Übermuth. In seinem verschwenderischen Lebensübermuth ist er bös und herzlos gegen mich, die ich ihm so viele Opfer gebracht geworden, warum also soll ich nicht ruhiger sein als sonst unter ganz anderen Verhältnissen? – – Meinen sonst guten Mann habe ich lange schon begraben, obgleich mir das Herz dabei gebrochen, werde ich doch so lange ich lebe, um ihn trauern. –

Wie groß steht Richard als Künstler da, als solcher wird er unvergeßlich bleiben und man kann nur schmerzlich bedauern, daß er als solcher den göttlichen Genius, den ihm Gott gegeben, nicht besser verwerthete, sich durch elende Genüsse-Dinge abbringen ließ – und durch unwürdige, äußerliche Fadheiten zum ganz gewöhnlichen Gecken herabsank. –

Doch genug, ich will immer nichts von ihm schreiben und dennoch übertrete ich meinen guten Vorsatz. – Hast Du die Büste, mein Cèlchen, und macht sie Dich sehr glücklich, so schreibe es mir ohne Hehl. Dann kann ich auch andere Seiten aufziehen – dann will ich auf meine alten Tage noch ein Weltmensch werden – d. h. wenn Du es willst. –

Das liebe Weihnachtsfest ist nun auch ziemlich vorüber, bei mir ist es sehr ruhig abgegangen, keine Bescheerung die so Gott mich gesund macht zum Sylvester stattfinden soll.

Nichts desto weniger hat man mich mit kleinen Geschenken überrascht, sogar mein Bewohner, ein junger, stolzer Graf hat mir ein hübsches PhotographienAlbum mit seinem Bilde geschickt, mich auch öfteren, während meiner Krankheit am Bette besucht, er hat also doch ein Herz und solche Menschen verdienen hoch verehrt zu werden. –

Was hast Du denn Schönes von Deinem lieben Mann bekommen? Wo ist jetzt das arme Maxel? – Du sagst mir, mein Herzens Cècilchen, daß Du dick wirst, mache es nur nicht zu arg, sonst haben wir in dem engen Badethal zu Tharandt am Ende keinen Plaz. – Na, es sollte mich wirklich recht herzlich freuen, wenn Du so ein recht dickes Deutschelchen würdest. Das viele Schwitzen lasse aber weg das habe ich im höchsten Grade durchgemacht und greift schrecklich an, auch die alten Schmerzen können wegbleiben. – Auf das Zusammensein mit Dir in dem herrlichen Tharandt, ist das Einzige worauf ich mich freue. Bis dahin habe ich aber noch Vieles zu machen, zwei Um- und Einzüge, das ist kein Spaß für mich. –

Daß Albert nicht hierher kommt, bedaure ich sehr und doch verdenke ich es ihm auf der andern Seite nicht. – Grüße ihn herzlich!

Nun aber kann ich doch nicht mehr schreiben, Du, mein liebes Kind, hast auch an diesem Gekritzele genug, um es zu entziffern. Ich wünsche Dir und all den lieben Deinigen ein recht glückliches, heiteres, gesundes Jahr!!!

Behalte mich auch ferner lieb, werde mir nicht ungetreu, dies würde mich namenlos unglücklich machen. Seid alle aufs innigste gegrüßt! Es drückt an ihr Herz und küßt Dich mit der Versicherung meiner aufrichtigsten und zärtlichsten Liebe

Deine
alte treue
Minna.

MINNA AN CÄCILIE, Dresden 25. Januar 1866

Meiner theuren Minna letzter unvollendeter Brief, am Vorabend ihres Todtes geschrieben, wenige Stunden bevor sie gestorben. <u>Friede sei mit der nun Ruhenden!</u> Amen [Eintrag am Kopf des Briefes von Cäcilie Avenarius]

Dresden d. 25ten [!] Januar 66.

Mein geliebtes Cäcilchen!

Millionen Mal herzlichen Dank für Dein liebes Briefchen von d. 31ten v. M. Von Dir Briefe zu empfangen ist mir stets eine unsägliche Freude. Sobald ich Deine lieben Schriftzüge erblicke so ergreife ich hastig denselben und eiligst wird er zunächst verschlungen dann ein zweites Mal mit Ruhe und Wonne gelesen so erst genieße ich mein volles Glück. Fahre auch in diesem Jahre so fort mein Cèlchen Du glaubst nicht wie wohlthuend mir Deine Briefe sind sie sind ein wahrhaft lindernder Balsam für mein noch immer wundes Herz. Könnt ich als Dank dafür all Deine Schmerzen die Deiner armen Hände nicht ausgenommen weg zaubern für alle Zeiten wie gern thäte ich dieses.

Nun warte nur wenn wir erst in Tharandt sein werden will ich meine Kunst, welche ich nur deshalb erlernte, um Dir zu helfen, durch ein bewährtes Sympathiemittel an Dir anwenden, daß Du mir aus lauter Wonnegefühl über die Berge fliegen wirst.

Ich bin nun recht gespannt wie es Dir gehen wird, hoffentlich und wie ich von Herzen wünsche, bei diesem milden Wetter recht gut. Sei mir nur nicht böse meine gute Cècile daß mein Dank und Antwort so spät erst erfolgt aber mir scheint es bekommt eben diese schlaffe Witterung, die zu dieser Jahreszeit immer unnatür[lich] ist, nicht gut, ich hänge die Flügel, kann mich noch gar nicht erheben. Kaum daß ich die Energie habe einen Brief zu schreiben und ich habe viele solche Schulden, nur Dir kann ich schreiben wenn auch etwas spät, ich baue auf Deine mir bekannte Nachsicht. Mit der Arbeit geht es mir eben so ich kann jetzt Stunden sitzen und nichts thun was mir sonst rein unmöglich gewesen wäre, kaum daß ich lese. Dieses Nichtsthun macht mich oft traurig nur der Gedanke und mein Arzt tröstet mich auf besserwerden. Spazieren gehen kann ich seit voriger Woche aber höchstens eine halbe Stunde dann bin ich ganz erschöpft und sehe sehr elend aus. Vorigen Sonntag war ich nach Monaten zum ersten Male im Theater es wurde Cortez gegeben eine Oper die ich ihrer eigenthümlichen charackteristischen Musik wegen liebe. Ich sehnte mich nach so langer Zeit nach anderer Luft nach etwas Kunst. Natürlich mußte ich zurückfahren, darum wird zunächst dieser Genuß bei meiner sonstigen veränderten Lebensweise etwas kostspielig. Du mußt nehmlich wissen mein liebes Kind daß ich auch Austern, überhaupt sehr kräftig essen muß was mir jetzt bei meinem erwachenden Appetit gerade kein Aergernis ist wenn ich mich nur nicht selbst darum kümmern müßte das allerdings schmälert mir den Genuß. –

Nachschrift [eventuell aus einem anderen Brief]:
Liebe Cècilie. In diesem Augenblick war Mama Zacher hier, die dich herzlichst grüßen läßt! Fr. Baumgartner ist ebenfalls aus Ballenstädt, wie mir die Mama sagt gesund und dick zurückgekehrt. Ehrenbezeugungen und sonstiges Wohlleben hatten sie so lange dort gefesselt. Ihr jüngster Sohn sei in Berlin auf die Lehre, ich glaube auch Chemiker, vielleicht besucht er Dich, sie bat mich wenigstens um Deine Addresse. Emmi liegt seit ihrer Zurückkunft von ihrem Onkel H. Rose an der Blasenrose krank darnieder, das ist schlimm und nicht ungefährlich. Gott mag ihr Besserung geben. Rose, ihr Schwiegersohn, sieht so gut, daß er viel vorgelesen hat, welches Glück! – Jetzt könntest Du mich bald besuchen, meine Wohnung ist leer, wie das im Sommer gewöhnlich der Fall ist. Was Du mir von dem Unwohlsein Deines guten Mannes sagst, betrübt mich sehr. Gott gebe, daß dies nur momentane Geschäftsverstimmung ist und da muß er sich mit den allgemeinen Stockungen derselben trösten. – Du hast mir gar nichts mehr von Deiner Freundin Landsberg geschrieben, war der Aerger, den Du kürzlich hattest, durch diese gekommen? Adieu!
M.

... ein gutes gesticktes Kissen, einen Kupferstich Hund und Katze

Die Tage nach Minnas Ableben

Minna Wagner stirbt am 25. Januar 1866 – wahrscheinlich gegen 2.00 Uhr nachts – an den Folgen ihrer langjährigen Herzkrankheit, aktuell an einem Lungenödem. Ihr Hausarzt Pusinelli berichtet Wagner vier Tage später brieflich:

Deine Frau erkrankte im Dezember v. J. nicht unbedeutend an einer katarrh. Halsentzündung zu der sich bald ihr altes Nierenleiden gesellte. [...] Mittwoch den 24 d. besuchte ich sie Vormittags, ohne eine besondere Veränderung an ihr wahrzunehmen. [...] Zur gewöhnlichen Zeit hat sie sich zur Ruhe begeben u. Niemand hat etwas Arges geahnt. Am Morgen kommt das Mädchen gegen 7 Uhr in ihr Zimmer, findet die Fenster geöffnet, die Bettvorhänge zurückgeschlagen, ihre Gebieterin aber zu ihrem Entsetzen in bloßem Hemde halb außer dem Bette, mit dem Oberkörper quer über dasselbe rücklings liegend, die Beine herunterhängend, todt, bereits kalt, Schaum vor dem Munde.*

Die Beerdigung, bei der ein Bläserensemble und ein Männerchor mitwirken, wird für den 28. Januar angesetzt. Pusinelli teilt Wagner mit, sie habe »Sonntag nachmittag um 3 Uhr bei schönem, mildem, sonnigem Wetter stattgefunden, einfach, aber anständig, würdig.«* Außer einer Schwester Brockhaus – gemeint ist vermutlich Luise, nicht Ottilie – hätten sich viele Dresdner Freunde und Freundinnen auf dem Annenfriedhof eingefunden. Dokumente aus dem Nachlass Pusinellis bezeugen, dass er selbst sich um eine würdige Trauerfeier bemüht und nicht nur deren Kosten übernommen hat, sondern auch diejenigen für einen Grabstein. Wagner verspricht brieflich, ihm die Kosten zu erstatten und erbittet von Natalie aus dem Erbe den »Ofenschirm *mit den Falken, den Minna nach dem Muster des früheren für die Dresdener Einrichtung neu stickte.«**

Wagner, der in diesen Tagen auf der Suche nach einer neuen ständigen Bleibe von Genf nach Marseille gereist ist, empfängt dort ein Telegramm Cosimas: »Meine Seele umschwebt Dich in der schweren Stunde. Wenn möglich bitte Nachricht. Cosima.«* Dass er nicht umgehend nach Dresden aufgebrochen ist, mag man ihm nur milde verübeln, denn zur Beerdigung hätte er wohl kaum rechtzeitig eintreffen können. Im Brief an Pusinelli vom 26. Januar zeigt er mit dem Satz »Ruhe, Ruhe dem furchtbar gequälten Herzen der Bejammernswerthen!!« zwar Empathie mit seiner Frau. Doch schon der nächste Satz lautet:

All mein eigenes Vornehmen und Trachten hat nur noch den einen Sinn, mich gegen die unerhörtesten Störungen meiner Ruhe um jeden Preis in der Weise zu schützen, daß ich endlich noch die Fassung finde, meine Werke zu schaffen und zu vollenden, weil ich andererseits ich fühle, dass ich diess noch muss und kann.*

Cosima von Bülow, die ihm gern nachgereist wäre, um ihn zu trösten, telegrafiert er aus Marseille, wo er friert und bei seiner Haushälterin telegrafisch wegen des angeforderten Pelzes nachfragt:

Brief erhalten, morgen Abend wieder Genf, Depesche Pusinelli erhalten, telegrafisch und brieflich Alles angeordnet. Bleibe ruhig. Bin gefaßt, bedarf nur Ruhe; gestriger Brief [stand für] meine [aktuell traurige] Stimmung; bald Wiedersehen. Alles klärt sich. Nur betäubt, doch stark. Wagner.*

Sofern er einige Ruhe findet, ist Wagner vor allem damit beschäftigt, sein aktuell problematisches Verhältnis zu König Ludwig II. zu klären. Ihm telegrafiert er am 1. Februar aus Genf: »In Tönen sanft und süßen,//Soll bald mein Horn dich grüßen.«* Cosima, die ihm auf Schritt und Tritt fehlt, erhält am 4. Februar folgendes Telegramm:

Warum gestern kein Brief? Bin in Sorge. Krankheit? Vorfall? Bitte Beruhigung. Wagner.*

Cäcilie Avenarius, die möglicherweise verspätet über Minnas Tod informiert worden ist, erhält aus deren Erbe laut testamentarischer Verfügung vom 11. Mai 1865 »ein gutes gesticktes Kissen, einen Kupferstich Hund und Katze«.* Wagners Bildnis geht nicht an sie, sondern an ihre Schwägerin Luise Brockhaus. Nach Erhalt der Todesnachricht wünscht Cäcilie alsbald von Natalie Planer zu wissen:

> *Wer hat sie in den Sarg gelegt und womit war sie außer dem weißen Jäckchen und dem Morgenhäubchen gekleidet? O bitte sagen Sie mir das Alles! Ach Gott, meine liebe Natalie, tausend Fragen möchte ich an Sie richten, jeder auch der kleinste Umstand ist für mich von höchstem Interesse.**

An Mathilde Schiffner schreibt sie etwa zeitgleich:

> *Wie könnte ich anders als tief im Herzen darüber trauern, daß sie so unversöhnt mit dem Geschick ohne jede Befriedigung ihres wunden Herzens von dieser unvollkommenen Welt hat scheiden müssen. Sollte ich jemals Richard zu sehen bekommen, so werde ich ihm ein furchtbares Bild vor Augen halten. Das verspreche ich feierlich meiner verklärten Minna.**

Wir wissen nicht, ob Cäcilie, die ihre Freundin um 27 Jahre überlebte, dieses Versprechen eingelöst hat. Jedenfalls ist sie nach Minnas Tod weiterhin auf ein gutes Verhältnis zu ihrem Halbbruder bedacht. Dieser schreibt ihr jedoch am 22. Dezember 1868 aus Luzern die eher ungnädigen Sätze:

> *Für Dich, liebe Cecilie, war auch seiner Zeit der Tag und die Stunde gegeben, die jedem Menschen in bedeutenden Beziehungen zum andren Menschen einmal gegeben sind, und wo es dann sich zu entscheiden hat, welches Wort von ihm gesagt wird.*

Offenbar gut informiert über Cäcilies enges Verhältnis zu Minna, klagt Wagner, der seine Ohren bekanntlich überall hat, im weiteren Verlauf des Briefes:

> Du hast diese Gelegenheit, sehr zur Ungunst Deiner Beziehungen zu
> mir, nicht nur versäumt, sondern Alles, was damals auf mir lastete,
> durch Dein blindes Urtheil über meine Lage zu Minna nur noch
> drückender gemacht.*

Cäcilie lässt sich nicht abhalten: Zum Weihnachtsfest 1869 übersendet sie Wagner Abschriften von in ihrem Besitz befindlichen Briefen, besonders von denen »unsres Vaters Geyer«. Darauf der »Bruder« in seiner höchst freundlichen Antwort:

> Ganz besonders ergreift mich auch der zarte, feinsinnige und hoch-
> gebildete Ton in diesen Briefen, namentlich in den an unsre Mutter.
> Ich begreife nicht, wie dieser Ton wahrer Bildung im späteren Ver-
> kehr unsrer Familie sich so sehr herabstimmen konnte.*

EPILOG

BRIEF DER HINTERBLIEBENEN
NATALIE PLANER AN CÄCILIE AVENARIUS

Dresden den 30 ten März 67
Theuerste, hochverehrte Frau!
Als reuige, demüthige Büßerin, wag ich es, mich durch diese Zeilen
Ihrem Gedächtnis zurückzurufen, und Sie tausendmal auf das Innigste, wegen meines langen Schweigens um Verzeihung zu bitten.
Was hätte ich Ihnen hochverehrte Frau aber auch schreiben sollen, wo
sich das Leben, mit seinen tieftraurigen Ereignissen immer ernster
und sorgenvoller gestaltet, und die bitteren Verhältnisse, die mit eiser-
ner Gewalt hereingebrochen, Manchen ohne sein Verschulden, un-
heilbare Wunden geschlagen hat. Was für eine schwere, prüfungs-
reiche Zeit, liegt nicht in dem Zeitraum, von Heute und damals, als
ich Ihre mir so theuren lieben Zeilen erhielt. Damals fühlte wohl Niemand, welche ereignisreiche Zeit über so viele arme Menschenkinder
hereinbrechen würde, obschon sich wohl in jedem Menschen, ein Gefühl banger Ahnung unwillkürlich regte. Auch für Sie theuerste, hochverehrte Frau, mit Ihrem edlen Herzen, voll des innigsten Mitgefühls,
hat gewiß diese unheilvolle Zeiten, manch Stunde voll banger Sorge
gebracht; inwelchem Ihr, von der reinsten, hingebensten Mutterliebe
erfülltes Herz, für das Geschick Ihrer Ihnen so theuren Söhne gezit-
tert hat. Von ganzem Herzen wünsche ich, daß Gott; alle die lieben
Ihrigen und auch Sie hochverehrteste Frau, mit der reichsten Segens-
fülle, von Gesundheit und Wohlergehen beglücken mag. Wie glücklich, sind Sie doch, hochverehrteste Frau, welch Fülle von Freude hat
der gütige Himmel, auf Ihren Lebensweg gestreut, daß er Ihnen, um-
ringt von Allen Ihrer Lieben, in dem innigen Beisammensein mit
denselben, und der Fülle von Liebe, und Theilnahme, die Ihnen von
Allen zu Theil wird, ein so hohes unausprechliches Glück beschieden

hat. Mag Ihnen Gott dieses irdische Paradies, noch lange lange in, seiner ganzen Fülle von Glückseligkeit erhalten. Wie öde und traurig sieht es da bei mir in meinem kleinen, einsamen Zelte aus, in dem es wohl unendlich still und ruhig geworden ist; so ruhig, daß ich mich manchmal, selbst mich frage, ob ich noch unter den Lebenden, oder den Verstorbenen zu zählen bin. Außer der hochverehrten Madame Atkinson, welche die Güte hat, Ihnen diese Zeilen vielleicht selbst zu übergeben, welche die Einzige ist, welche sich meiner Wenigkeit erinnert, und mich mit ihrem Besuch dann und wann hocherfreut, ist keiner mehr, von allen denen, welche unter der Maske der Freundschaft Minnas Güte, Gastfreiheit, Generosität, genossen, welche mich nun noch kennen. – Die guten edlen Seelen; warum sollten sie auch? – Sie wissen recht gut, daß ich ihnen doch das Nicht zu bieten vermag, was Ihnen Minna in so reichem Maße bieten konnte. Ich hätte der guten verklärten Minna, nicht wünschen mögen, welche Täuschung und bittere Erfahrung, sie vielleicht von Manchen ihrer sogenannten Freundinnen, welche ihr am wohlbesetzten Tisch mit vielen hochstrebenden Worten ihrer Freundschaft versichert, gemacht hätte, wenn die gute, darin so nobel vertraute Minna, plötzlich in Entbehrung und Armuth gekommen wäre. Gott hat sie allgütig vor dieser schmerzlichen Erfahrung bewahrt. Mag sie in jenem unbekannten Jenseits für so manches bittre Weh, was das Leben ihr gesendet, das glücklichste Vergessen, und den Seelenfrieden finden, den ihr armes gequältes Herz ihr hier im Leben nicht finden ließ. Wohl thut es recht weh, wenn uns der Todesengel Eins der Unseren entreißt, und doch sollte man diejenigen glücklich preisen, die von seiner Hand, dem Leben entführt, allem Erdenleid für immer enthoben sind. – –

Was ist denn das Leben eigentlich, als eine Kette von Sorgen, Kränkungen u. Härte und Lieblosigkeiten. Nur wenigen Auserwählten ist ein so inniges Erdenglück, wie es Gott Ihnen hochverehrte Frau geschenkt beschieden.

Ein oft gebrauchter, geistlicher Trostspruch, wenn man eben nicht helfen will, u. doch sich veranlaßt findet, einen beruhigenden Trost oder tröstliche Beruhigung zu geben ist das zu sagen: »wen Gott liebt, den züchtigt er, nun, wenn das an dem ist, so hat mich, seitdem ich

Natalie Bilz-Planer

der Schule entwachsen, der Liebe Gott zu seinem Benjamin ausersehen, auf diese Erde. Wie viel Kränkendes, wie viel Härte, u. Zurücksetzungen, hat das Leben nicht schon auf mich einstürmen lassen. Meine ganze Jugend ist mir damit zerstört u. vernichtet worden, doch das nicht allein, auf jedes Vertrauen, zu mir u. Andern, auch jeden Glauben, jede Zufersicht, auf Menschenliebe, wurde mir mit strenger kalter Hand aus der Seele gerissen. Ich hatte, weit entfernt von meiner guten alten ehrwürdigen Mutter, im fremden Land, Niemanden, dem ich mich, mit dem vollen Vertrauen der Jugend so ganz recht innig u. liebend angeschlossen hätte. Streng und kalt, wurde ich zurückgewiesen, mit der größten Strenge, ohne Nachricht, schwer gezüchtigt, u. bespöttelt. Wie viele heiße, brennende Thränen habe ich oft im Geheimen deshalb vergossen, wenn ich Nachts allein war, und es Niemand sah. So wurde ich um meine Jugend betrogen, da ich mir keine jugendlich heitre, Bewegung, kein Worrt erlauben durfte, was nicht unter vier Augen alsdann streng, als ein unverzeihliches Vergehen, oder eine ausgesuchte Albernheit bestraft worden wäre, während den Andern dies bevorzugt wurden, selbst das Ungezogenste, schön u. witzig zu finden wurde. In wie harten Worten, wurde es mir bei tausend Gelegenheiten, recht rücksichtslos u. kränkend vorgehalten, daß

Gott das äußere meiner Person so stiefmütterlich bedacht; wie schmerzlich weh mir solche Vorwürfe oft gethan, u. wie viel Thränen es mir erpresst, ist nicht zu sagen. Glauben Sie mir, theure hochverehrte Frau, solche Kränkungen und Demüthigungen, solch strenge kalte Lieblosigkeit, Nachsichtslosigkeit, vermag scheinbar ein ganz anderes Wesen aus uns zu machen als man in Wahrheit ist. Man wird, ohne daß man es selbst will, zurückhaltend und verschlossen. An Stelle der Liebe tritt knechtische Furcht, in jeder Miene und Bewegung, bei jedem Wort, ist man linkisch, plump u. dumm, und wird sich u. Andern zur Unnatur, wodurch man Andern einen abschreckenden Eindruck macht. Doch wie gut ist es am Ende doch für mich gewesen, das ich statt der Liebe, mein ganzes Leben lang nur die härteste, schmerzlichste Lieblosigkeit habe kennengelernt. – Wie würde ich jetzt, meine Verlassenheit u. Alleinstehen ertragen können, wäre ich an eine gütige liebereiche Behandlung u. Liebe u. Vertrauen gewöhnt. Gottes Weisheit weiß es schon alles so einzurichten, daß wir die Bürden des Lebens, die es uns auferlegt, tragen lernen u. was es noch für unerforschliche Vorsehung damit beabsichtigt.

Mit dem Vermiethen habe ich Unglückspilz nichts als Unglück u. Sorgen. Ich bin nun schon einmal ein armer verstoßener u. verlassener Pechvogel. Michaelis verlasse ich auch deshalb meine Wohnung und miethe mir eine kleine. Auch mit dem Stundengeben geht es nicht nach Wunsche, so viel Mühe ich mir auch um Schüler gebe, es sind eben zuviel, die sich damit etwas erwerben wollen. Dazu diesen Sommer die mich doppelt hart bedrückenden Einquartierungen, womit unser Stadttheil auch noch zum Ueberfluß reich gesegnet, oder besser gestraft war. Ich habe wirklich den schlechtesten Anfang gehabt u. bin recht bitter u. schwer getroffen worden von allem Kriegsungemach. Würde nicht Richard sich so edelmüthig meiner annehmen, wofür ihn der liebe Gott nicht genug segnen kann, ich wüßte nicht was ich beginnen sollte, Gott mag ihm ein reiches Vergelten sein, was er an mir armen elenden Mädchen thut. Ach wie gern wollt ich mich mit Stundengeben plagen, wenn ich nur recht viel zu unterrichten hätte. Vielleicht segnet der liebe Gott meine Bemühungen bald mit besonderem Erfolg. Ich lebe so eingezogen u. bescheiden wie irgend möglich um ehrlich durchzukommen u. nicht selbst in Schulden zu gerathen. Doch verzeihen Sie, theuerste hochverehrteste Frau, daß ich Sie mir meinem Schreiben belästige, wie ich fast fürchte, da ich Ihnen doch ein zu unbedeutendes armes Mädchen sein muß, u. nur Ihr edles gutes Herz, u. Ihre wahrhaft innige, erhebende Freundschaft, womit Sie Minnas Leben erheiterten und erquickten, läßt Sie aus ferner Pietät für die Verklärte Sie sich meiner Wenigkeit noch gütigst erinnern. Recht beglücken würden mich, einige Zeilen von Ihrer lieben Hand aus welchen ich ersehe wie es Ihnen und Allen Ihren Lieben ergeht. Von ganzem Herzen auf das Innigste wünschend daß Sie und Ihre ganze werthe Familie diese Zeilen recht gesund antreffen, habe ich mit tausend herzlichen Grüßen mit aller Hochachtung u. Verehrung ergebenst zu verbleiben

Natalie Planer

Bald hätte ich es vergessen Ihnen Ihre Frage über Richards Bild zu beantworten. Das Bild ist laut Testamentlicher Bestimmung an Ihre hochverehrte Frau Schwester Madame Brockhaus gekommen.

ANHANG

Anmerkungen

7 *freundlich aufnehmen.*« Richard Wagner, Sämtliche Briefe, Bd. 18, S. 370. – Richard Wagner, Sämtliche Briefe. Gesamtausgabe in 35 Bänden und Supplementen, Leipzig und später Wiesbaden 1967ff. Genaue Angaben s. Literaturverzeichnis.

8 *sträflich unterlassen hat:* Friedrich Herzfeld, Minna Planer und ihre Ehe mit Richard Wagner, Leipzig 1938.
Gewichte neu verteilt. Eva Rieger, Minna und Richard Wagner. Stationen einer Liebe, 2. ergänzte, überarbeitete Aufl., Hildesheim 2019. – Sibylle Zehle, Minna Wagner: eine Spurensuche, Hamburg 2004.

10 *und zu vollenden*«. S. S. 226.

11 *veröffentlichte Briefwechsel* Wir danken Claudia Lubkoll M. A. für die zuverlässige Übertragung der Briefe von Cäcilie Avenarius aus den Autografen des Nationalarchivs der Richard-Wagner-Stiftung Bayreuth. Als Basis für die Übertragung der Briefe Minna Wagners diente deren maschinenschriftliche Abschrift durch Friedrich Herzfeld (1937? SLUB), für den sachkundigen Abgleich mit den Autografen der Briefe Minna Wagners danken wir Dr. Valeska Lembke. Dr. Martin Dürrer, Editionsleitung Richard-Wagner-Briefausgabe, beriet uns und erstellte die Verweise auf die im Briefwechsel erwähnten Briefe Richard Wagners.
dokumentiert hat. Letters of Richard Wagner. The Burrell Collection presented to the Curtis Institute of Music by its founder Mrs Efrem Zimbalist, edited with notes by John N. Burk, New York 1950, 2. Aufl. 1972. – Richard Wagner, Briefe. Die Sammlung Burrell, herausgegeben und kommentiert von John N. Burk. Einleitung, Kommentar und Anhang: deutsch von Karl und Irene Geiringer, Frankfurt a. M. 1953

13 *Alles besser abgegangen.*« Richard Wagner, Sämtliche Briefe, Bd. 5, S. 147.
große Maskje«. Cosima Wagner, Die Tagebücher. Ediert und kommentiert von Martin Gregor-Dellin und Dietrich Mack, Bd. 2, München und Zürich 1977, S. 1094.

14 *immer sehr angenehm.*«) Cosima Wagner, Die Tagebücher, Bd. 1, München und Zürich 1976, S. 142.

17 *deren »Veranlassung*« Eva Rieger, Minna und Richard Wagner, S. 17.

18 *Wesen sich ihm weihte!*« Cosima Wagner, Die Tagebücher, Bd. 2, S. 1041.
unterrichtet sein könnte«. Friedrich Herzfeld, Minna Planer, S. 215f.

19 *Schwester Dienste tut.* Aus heutiger Sicht betrachtet, wurde Natalie viel herumgeschoben. Im April 1875 erinnert sich Wagner gegenüber Cosima, Natalie einmal »in einer Herrenhuteranstalt besucht« zu haben. Cosima Wagner, Die Tagebücher, Bd. 1, S. 909.

25 *an Hh. Tischendorf.* Herren aus dem Umfeld des Verlages Vieweg.

26 *ausführlicher melden, warum?* Die Rede ist vom böhmischen Kurort Teplitz, wo Wagner später an seinem »Lohengrin« arbeitete.

meiner Schwester, Gemeint ist nicht Natalie, sondern Henriette Wilhelmine Planer.

27 *Die Duanisten* Zöllner.

32 *Unmöglich kann ich Richards Brief* RW an Cäcilie Avenarius, 25. Februar 1849 – SBr 2 (= Richard Wagner, Sämtliche Briefe, Band 2 – Die Hinweise auf die erwähnten Briefe Wagners hat uns freundlicherweise Dr. Martin Dürrer gegeben), Nr. 290.

32 *für die Schiffner* Mathilde Schiffner, Minnas beste Freundin.

kleinen Pflegling Gemeint ist offenbar Natalie, nach der sich Cäcilie womöglich erkundigt hat.

35 *ein Seidenkleid tragen* Friedrich Herzfeld, Minna Planer, S. 290.

36 *nach Schandau gehst* Minna fuhr des Öfteren nach Bad Schandau bei Dresden zur Kur.

38 *für seinen liebenBrief gedankt* RW an Cäcilie Avenarius, 28. Januar 1859 – SBr 10, Nr. 158.

39 *aus der Welt ginge.* Die Bedeutung des Satzes ist unklar. Aus dem zwischenzeitlich bei Cäcilie eingetroffenen Brief Minnas geht jedoch hervor, dass es um die sterbenskranke, von Richard Wagner als Künstlerin zeitlebens hochgeschätzte Sängerin Wilhelmine Schröder-Devrient (1804–1860) geht, der Minna Wagner womöglich aus Konkurrenzgründen nicht gewogen war.

41 *Fenster zu öffnen* RW an Minna Wagner, 9. April 1859 – SBr 11, Nr. 5.

46 *letzten Brief von Richard* RW an Minna Wagner, 6. August 1859 – SBr 11, Nr. 89.

Meine Schwester Amalie von Meck.

48 *Röschen auf Marcolinis* Das ehemalige Marcolinische Palais hatte den Wagners zeitweilig als Wohnung gedient.

Brockhausens Prossen Rittergut Prossen bei Bad Schandau. Friedrich Brockhaus kaufte es 1850, um dort womöglich seinen Ruhestand zu verbringen, verkaufte es jedoch schon 1861 wieder an Olga Gräfin Chotek von Chotkowa und Wognin geb. Freiin von Moltke.

53 *von Richard aus Paris* RW an Minna Wagner, vor 21. Juli 1860 – nicht identifiziert.

54 *schmutziges Nest,* Kurort, den Minna gelegentlich aufsuchte.

55 *vervollständigt wird.* Richard Wagner, Sämtliche Briefe, Bd. 14, S. 109.

56 *meines Schwagers ab.* Richard Wagner, Mein Leben. Herausgegeben von Martin Gregor-Dellin, vollständig kommentierte Ausgabe, München 1976, S. 691.

in seiner »Herzensnoth«. Richard Wagner, Sämtliche Briefe, Bd. 14, S. 89.

eingewickelte Veilchen!« Richard Wagner, Briefe. Die Sammlung Burrell, S. 540.

Schlaf- und Arbeitsraum dienen. Friedrich Herzfeld, Minna Planer, S. 321.

60 *meinem Hund und Vogel* Minna Wagner liebte Papageien. Der hier von ihr erwähnte hieß Jacquot und überlebte seine Herrin. – Minnas Hund Peps (s. Abbildung S. 17) war während des Pariser Aufenthalts zum großen Kummer des Ehepaars vergiftet worden.

61 *Tristan eingeladen,* Die Wiener Uraufführung von »Tristan und Isolde« kam nicht zustande.

65 *in dem gestrigen Brief* RW an Minna Wagner, 19. Oktober 1861 – SBr 13, Nr. 207.

Der Frommann Alwine Frommann (1800–1875), Künstlerin, Gönnerin Wagners.

67 *den letzten Brief von ihm* RW an Minna Wagner, 19. Oktober 1861 – SBr 13, Nr. 207.

72 *bei Euch wohnen würde* Siehe dazu RW an Cäcilie Avenarius, 7. Januar 1862 – SBr 14, Nr. 5.

73 *wie er mir schrieb* RW an Minna Wagner, 28. Dezember 1861 – SBr 13, Nr. 279.

75 *Spanische Fliege* Heilmittel.

77 *menschliche Briefe* RW an Minna Wagner, 27. Juni 1862 bzw. 9. Juli 1862 – SBr 14, Nr. 126 und 142.

79 *keine Familie, nichts!«* Richard Wagner, Sämtliche Briefe, Bd. 14, S. 37.

80 *wirklich gesund zu sein.«* Richard Wagner, Sämtliche Briefe, Bd. 16, S. 325. – Richard Wagner, Briefe. Die Sammlung Burrell, S. 562.
falsches zu berichten [...].« Richard Wagner, Briefe. Die Sammlung Burrell, S. 719.

81 *Wohnsitz Bibrich* Biebrich am Rhein.

83 *Tichatscheck* Pauline Tichatschek, Gattin des bekannten Wagner-Sängers Josef Tichatschek, war mit Minna seit frühen Dresdner Zeiten befreundet.
Februar stattfinden. Eine Wiener Aufführung von »Tristan und Isolde« kam nicht zustande.

84 *Fr. v. Kessinger* Clara von Kessinger, dritte Tochter von Wagners Schwester Luise Brockhaus.

88 *oder auch dem Hirsch,* Weißer Hirsch, Villenvorort von Dresden.

89 *Kammer monatlich 5 rl,* Das Weitere an den Briefrändern.

90 *300 fl. gemiethet hat,* Gemeint ist Biebrich.

99 *dagegen Alberts, Johanne,* Johanna Jachmann-Wagner, Richard Wagners Nichte, eine bekannte und von ihm geschätzte Sängerin.

104 *schrieb mir Anfang D.* RW an Minna Wagner, 1. April 1863 – SBr 15, Nr. 97.

105 *von den Verwanden* Gemeint sind Mitglieder der Familie Avenarius, die sich damals in Moskau aufhielten.

106 *noch nicht besucht.* Auf ihrem Dresdner Gut.

108 *sehr herzlosen Zettel,* Gemeint ist Richards Brief vom 20. April 1863. – Vgl. Richard Wagner, Sämtliche Briefe, Bd. 15, S. 137f.

111 *er mir drauf schrieb* RW an Minna Wagner, 10. Mai 1863 – SBr 15, Nr. 139.
meiner Ruhe beitragen.« Wörtliches Zitat aus Richards Brief vom 10. Mai
1863. Vgl. Richard Wagner, Sämtliche Briefe, Bd. 15, S. 157.

112 *diese elenden Bülows* Hans und Cosima von Bülow werden hier im Briefwechsel zum ersten Mal erwähnt.

114 *in ihrem Hibersdorf* Hibersdorf bei Chemnitz.
Salzbrunnen in Schleßgen, Bad Salzbrunn im damaligen Schlesien.

126 *doch menschlichen Brief* RW an Minna Wagner, 4. Oktober 1863 – SBr 15,
Nr. 302.

127 *Herrn und Frau v. Bronza,* Hans und Ingeborg Bronsart.

130 *R[ußland] abzureisen.* Unvollständig erhaltener Briefbogen.

132 *Johanne* Johanna Jachmann-Wagner.

137 *Tichatscheck sagen* RW an Pauline Tichatschek, 16. Dezember 1863 –
SBr 15, Nr. 320.
Krietens hier abbezahlen, Hans Kriete, Dresdner Schauspieler, Gläubiger
Wagners.

138 *keinem eigentlichen Krieg* Deutsch-Dänischer Krieg, Februar bis Oktober
1864.

140 *u. a. m. einladen wird.* Die Uraufführung mit dem Sänger-Ehepaar
Schnorr fand am 10. Juni 1865 in München statt.

141 *ein Tausig, Ritter* Karl Tausig und Karl Ritter waren Wagners Freunde seit
Zürcher Zeiten

146 *Schauspielerin Friederike Meyer* Frankfurter Schauspielerin, damals in
engem Kontakt mit Richard Wagner.

147 *gingen nach Schöningen* Schöningen bei Helmstedt?

150 *will auch seinen Brief* RW an Cäcilie Avenarius, 27. November 1863 –
SBr 15, Nr. 302.

156 *Brief von Richard* RW an Minna Wagner, 15. Februar 1864 – SBr 16,
Nr. 22.
von ihm erhielt RW an Minna Wagner, 20. November 1863 – SBr 15,
Nr. 298.

157 *in seinem Brief* RW an Minna Wagner, 15. Februar 1864 – SBr 16, Nr. 22.
Griseldis? Literarische Frauengestalt, die von ihrem Gatten unmenschli-
chen Treue-Prüfungen unterzogen wird.

159 *drei Briefe* RW an Anton Pusinelli (3 Briefe): 14., 20., 21. März 1864 –
SBr 16, Nr. 44, 49, 50.

160 *Familie Dr. Wille* Das Ehepaar François und Eliza Wille zählte zu den in
die Schweiz geflüchteten deutschen Oppositionellen der Revolution von
1848/49 und wird von Minna vielleicht deshalb »verrufen« genannt. Der
Sinn des nachfolgenden Absatzes ist unklar. Offenbar vermutet Minna,
dass der vertrauliche Briefwechsel zwischen Mathilde Wesendonck und
ihrem Mann über die Willes gehen sollte.

165 *hat er deshalb geschrieben* RW an Anton Pusinelli, 3. April 1864 – SBr 16,
Nr. 64, und RW an Pauline Tichtscheck, 25. April 1864 – SBr 16, Nr. 85.

168 *hat mir das geschrieben* RW an Minna Wagner (Telegramm), 9. Oktober 1864 – SBr 16, Nr. 285.

unbegründet einrücken, Die entsprechende Zuschrift konnte ich in den Dresdner Zeitungen nicht nachweisen. – Zum Sachverhalt vgl. die Einleitung zu diesem Kapitel.

175 *Schon in Misdroy* Ostseebad Misdroy

178 *für ihn fürchete.* Es handelte sich um eine Verwechslung mit dem Münchner Sänger Wilhelm Richard.

182 *4 traurigen Lieder geschah,* Vermutlich sind die »Wesendonck-Lieder« gemeint, obwohl deren Zahl fünf beträgt.

183 *mir Senfteich* Mit Senf gefüllter Umschlag.

185 *Existenz verschafft.«* Richard Wagner, Briefe. Die Sammlung Burrell, S. 565.

bringen zu können.« Martin Gregor-Dellin, Richard Wagner. Sein Leben, sein Werk, sein Jahrhundert, München und Zürich 1980, S. 560f.

186 *mit Laywein* Weinsorte.

189 *gar keine Briefe* RW an Minna Wagner, 20. Dezember 1864 – SBr 16, Nr. 331.

191 *All. schon vorgelesen,* Dem Brief liegt ein Zeitungsausschnitt bei, der unter der Überschrift »*Tagesgeschichte*" vom 6. Februar 1865 berichtet, Wagner habe die Gnade des Königs verloren. In der Erstaufführung des Fliegenden Holländers sei die Loge des Königs leer geblieben, obwohl er nicht unwohl sei, denn man habe ihn an demselben Nachmittag spazieren fahren sehen. Dies sei mit Wagners unmöglichem Verhalten zu erklären. Hoffentlich werde sich dadurch der König der Kunst nicht ganz entfremden.

193 *Allgemeine No. 50 dort gelesen,* Oskar Redwitz, Richard Wagner und die öffentliche Meinung, Augsburger Allgemeine Zeitung vom 19. Februar 1865.

194 *Erwiederung von R.* Richard Wagner, Zur Erwiderung des Aufsatzes »Richard Wagner und die öffentliche Meinung«, Augsburger Allgemeine Zeitung vom 23. Februar 1865.

199 *telegraphisch gedankt,* RW an Anton Pusinelli, 15. Mai 1865 – SBr 17, Nr. 134.

201 *Waidmann gesteckt,* Redensart für »verhext«.

203 *wahnsinnig geworden.* Gemeint ist Carl Kettembeil (1828–1867), Sohn von Karolina Brockhaus.

207 *mein Nothschlafkamerad,* Gemeint ist offenbar eine Zimmergenossin während eines Kuraufenthalts in Tharandt.

212 *die alten Heines* Ferdinand Heine und Gattin, Freunde aus Wagners Dresdner Kapellmeisterzeit.

213 *Hanfstängl gesagt hatte.* Dresdner Fotograf. Es geht vermutlich um eine Fotografie des Porträts Johanna Rosine Geyer, das vor vielen Jahren ihr Mann Ludwig Geyer von ihr angefertigt hatte.

218 *Genf nur klein Paris,* Wagner zog nicht definitiv nach Genf, sondern in die Villa Triebschen bei Luzern.

225 *Schaum vor dem Munde.* Friedrich Herzfeld, Minna Planer, S. 347.

aber anständig, würdig.« Richard Wagner, Sämtliche Briefe, Bd. 18, S. 404.

226 *Dresdener Einrichtung neu stickte.«* Richard Wagner, Briefe. Die Sammlung Burrell, S. 726.

Nachricht. Cosima.« Friedrich Herzfeld, Minna Planer, S. 349.

noch muss und kann. Richard Wagner, Sämtliche Briefe, Bd. 18, S. 57.

doch stark. Wagner. Ebda., S. 58.

Horn dich grüßen.« Ebda., S. 64.

Bitte Beruhigung. Wagner. Ebda., S. 68.

227 *Hund und Katze«.* Richard Wagner, Briefe. Die Sammlung Burrell, S. 722.

von höchstem Interesse. Ebda.

verklärten Minna. Friedrich Herzfeld, Minna Planer, S. 332.

228 *drückender gemacht.* Richard Wagner, Sämtliche Briefe, Bd. 20, S. 312.

herabstimmen konnte. Richard Wagner, Sämtliche Briefe, Bd. 22, S. 47.

Literatur

Gregor-Dellin, Martin, Richard Wagner. Sein Leben, sein Werk, sein Jahrhundert, München und Zürich 1980

Herzfeld, Friedrich, Minna Planer und ihre Ehe mit Richard Wagner, Leipzig 1938

Rieger, Eva, Minna und Richard Wagner. Stationen einer Liebe, 2. ergänzte, überarbeitete Aufl., Hildesheim 2019

Wagner, Cosima, Die Tagebücher. Ediert und kommentiert von Martin Gregor-Dellin und Dietrich Mack, 2 Bände, München und Zürich 1976–1977

Wagner, Richard, Zur Erwiderung des Aufsatzes »Richard Wagner und die öffentliche Meinung«, Augsburger Allgemeine Zeitung, 23. Februar 1865

Wagner, Richard, Sämtliche Briefe. Gesamtausgabe in 35 Bänden und Supplementen. Herausgegeben von Gertrud Strobel, Werner Wolf, Hans-Joachim Bauer, Johannes Forner, Klaus Burmeister, Andreas Mielke, Martin Dürrer, Isabel Kraft, Margret Jestremski, Angela Steinsiek, Leipzig und später Wiesbaden 1967ff.

Wagner, Richard, Letters of Richard Wagner. The Burrell Collection presented to the Curtis Institute of Music by its founder Mrs Efrem Zimbalist, edited with notes by John N. Burk, New York 1950, 2. Aufl. 1972

Wagner, Richard, Briefe. Die Sammlung Burrell, herausgegeben und kommentiert von John N. Burk. Einleitung, Kommentar und Anhang: deutsch von Karl und Irene Geiringer, Frankfurt a. M. 1953

Wagner, Richard, Mein Leben. Herausgegeben von Martin Gregor-Dellin, vollständig kommentierte Ausgabe, München 1976

Zehle, Sibylle, Minna Wagner: eine Spurensuche, Hamburg 2004

Bildnachweis

14 Cäcilie Avenarius in Paris, 1844, Pastell von Ernst Benedikt Kietz, akg-Images

15 Minna Planer, um 1835, Fotografie, Privatbesitz

17 Minna Wagner mit Hund Peps in Zürich, 1853, Nationalarchiv der Richard-Wagner-Stiftung, Bayreuth, Aquarell von Clementine Stockar-Esche

20 Luise Brockhaus, 1830, anonym, akg-Images; Klara Wolfram, Privatbesitz; Ottilie Brockhaus

49 Minna Wagner in Paris, 1859, Fotografie, Nationalarchiv der Richard-Wagner-Stiftung, Bayreuth

57 Portrait von Richard Wagner, Cäsar Willich, um 1862, Öl auf Leinwand. © Reiss-Engelhorn-Museen, Foto: Jean Christen

109 Richard Wagner in St. Petersburg, 1863, Fotografie, alamy

231 Natalie Bilz-Planer, Fotografie, in: Richard Wagner, Briefe. Die Sammlung Burrel, Frankfurt a. M. 1953